GIGANTEN
Herausgegeben von Hans-Christian Huf

GIGANTEN

Große Wegbereiter der Moderne

Herausgegeben
von Hans-Christian Huf

List

List ist ein Verlag der Ullstein Buchverlage GmbH

ISBN-13: 978-3-471-79544-6
ISBN-10: 3-471-79544-8

© Ullstein Buchverlage GmbH, Berlin 2006
Alle Rechte vorbehalten
Lektorat: Susanne Ibisch, Leipzig
Gesetzt aus der Bembo bei LVD GmbH, Berlin
Druck und Bindung: OAN, Zwenkau
Printed in Germany

Inhalt

Günther Klein
Martin Luther — 9

Ingo Hermann
Johann Wolfgang von Goethe — 75

Hans-Christian Huf
Alexander von Humboldt — 127

Hermann Glaser
Ludwig van Beethoven — 175

Hans Helmut Hillrichs
Sigmund Freud — 221

Gero von Boehm
Albert Einstein — 269

Die Autoren — 329
Literatur- und Quellenverzeichnis — 331
Namensregister — 339
Ortsregister — 347
Bildnachweis — 350

Michelangelo: Die Erschaffung des Adam. Fresko in der Sixtinischen Kapelle (Ausschnitt).

Sie haben die Götter herausgefordert! In der griechischen Mythologie sind Giganten himmelsstürmende Wesen, Nachfolger der Titanen, die Zeus vernichtet hatte. Es sind die riesenhaften Söhne der Erde, die gegen die olympischen Götter kämpften und damit auch gegen die dem Menschen gesetzte Begrenztheit aufbegehrten.

MARTIN LUTHER
(10.11.1483 – 18.02.1546)

VON
GÜNTHER KLEIN

Sein Geist ist zweier Zeiten Schlachtgebiet.
Mich wundert's nicht, dass er Dämonen sieht.
　　　　　　C. F. Meyer: Luthers letzte Tage

1.
FRÜHLING

Eine kalte Mainacht des Jahres 1521. Den ganzen Tag über hat es heftig gestürmt. Seit einigen Stunden aber hat der Wind nachgelassen, nur leise vibrieren noch die Bleiverglasungen in den verschlissenen Fensterrahmen und der kalte Wind treibt Nässe durch die Fugen und Risse im morschen Fachwerk. Der beinahe 40-jährige, hagere Mann im schlecht sitzenden Lederwams, den sie hier »Junker Jörg« nennen, reibt sich die kalten Beine: Seit ein paar Wochen ist dieses »Kavaliergefängnis« nun sein Exil, Gefängnis und Schutzraum zugleich. Draußen, außerhalb der Burg, darf ihm jeder, dem es gefällt, ungestraft den Kopf abschlagen. Der Kaiser hat über ihn die so genannte Reichsacht verhängt, man nennt ihn »Ketzer«. Er ist vogelfrei – ein hübsches Wort für eine schlimme Sache.

Wie es weitergehen wird? Er weiß es nicht. Aber zunächst einmal ist er in Sicherheit. Und Gott steht bei ihm. Außerdem verlief seine »Entführung« so geordnet, dass er gleich zwei Bibeln mitnehmen konnte: eine griechische und eine hebräische Ausgabe. Die lateinische hat er sowieso im Kopf. Was will er mehr?

Alles ist hier sehr einfach gehalten. Es erinnert ihn an das Leben, das er einst als Mönch im Erfurter Augustinerkloster führte. Die klare Schlichtheit der Ausstattung ist fast anheimelnd: Die spärliche Möblierung, der nackte Steinboden, die mit grob gehobelten Brettern verkleidete Wand, ein Tisch, ein Stuhl, ein Strohlager – immerhin gibt es ein Fenster, durch dessen schadhafte Verglasung aber ein eisiger

Wind pfeift. Er blickt durch die gebrochenen Bleiglasscherben. Kein Zweifel: Die Wartburg, oberhalb des hübschen Städtchens Eisenach gelegen, die einst der ganze Stolz des thüringischen Grafengeschlechts war, ist in die Jahre gekommen.

Luther drückt die grob zusammengehauene Brettertür, die zu dem winzigen Schlafraum führt, mit einer energischen Handbewegung ins Schloss. Wie oft hat er das heute schon getan! Immer wieder haben freche Kobolde die Tür aufspringen lassen, haben den kalten, feuchten Wind in sein Arbeitszimmer geblasen, und dann haben sie ihm die Finger steif gemacht, seine Finger, die doch die Wahrheit Gottes zu Papier bringen müssen. Auch die Füße wollen sie ihm erfrieren, diese Gesandten des Teufels! Aber da weiß er einen Trick: Er legt die Beine auf den kniehohen Fischknochen, der hier als Kuriosum im Raum herumliegt. »Knochen eines Walfischs«, hatte man ihm anfangs mit geheimnisvoller Miene erklärt, und er musste wieder einmal staunen, was für merkwürdige und wunderbare Dinge Gott in seiner großen Güte doch hervorbringt. Wie riesig muss so ein Fisch sein, der einen so gewaltigen Knochen hat! Gott allein weiß, wie dieser Fischknochen hier auf die Burg gekommen ist ... Aber nun liegen seine Füße, während er am Tisch liest und schreibt, ganz bequem auf diesem Knochenschemel und der kalte Wind, der über den Boden zieht, kann ihnen nichts mehr anhaben. Man muss den Teufel und seine Spießgesellen nur geschickt zu betrügen verstehen!

»Jetzt schreiben. Schreiben! Den Teufel mit Tinte besiegen! Dem Teufel das Wort Gottes entgegenschleudern. Den Feinden der Wahrheit das Maul stopfen mit Tinte. Mit dem Schreibrohr das Gesicht der Lüge zerkratzen! Mit der Druckerpresse die Lüge zerquetschen ...« Denn eines ist gewiss, dort steht es schwarz auf weiß! Luther blättert erregt in dem griechischen Bibeltext, und sein tintenbefleckter Finger findet schnell die Stelle bei Lukas 10,18. Da steht, was Jesus sagte, als er zu seinen Jüngern sprach: »Ich sah den Satan wie einen Blitz vom Himmel herabfallen. Aber ich habe euch die Vollmacht gegeben, auf Schlangen und Skorpione zu treten, und über jede Macht des Feindes zu obsiegen ...« Man *kann* den Teufel besiegen! Man *muss* es!

1. Kapitel

Dr. Martinus Luther im Alter von 43 Jahren. 1526 hatte er die größten Kämpfe seines Lebens hinter sich gebracht (Porträt von Lucas Cranach).

Aber der Teufel ist hartnäckig. So einer lässt sich nicht einfach so vertreiben. Dieser Kampf wird nicht leicht werden. Viel härter als der, den er erst vor wenigen Wochen ausgefochten hat, an diesem denkwürdigen 18. April 1521 in Worms, als er all seinen Mut und sein ganzes Gottvertrauen zusammennahm. Vor den versammelten Vertretern des deutschen Reiches und dem Kaiser hat er da mit fester Stimme seinen Glauben bekannt, als sie ihn fragten, ob er seine Schriften widerrufen wolle. »Revocare non possum – widerrufen kann ich nicht!«, hatte er formuliert, durchaus vorsichtig und diplomatisch: Er *könne* nicht – selbst wenn er wolle! Oder besser gesagt: Er *wolle* deswegen nicht, weil er eben nicht *könne*. »Denn gegen das Gewissen etwas zu tun, ist weder sicher noch heilsam …«, hatte er hinzugefügt, um eine plausible Begründung zu liefern. Man sollte ihn nur nicht für eigensinnig und für verstockt halten, er hatte schließlich gute Argumente. Biblische Argumente, die man im Hinblick auf das eigene Gewissen nicht übergehen durfte. Und sollte er tatsächlich etwas übersehen haben und könne man ihm mit der Heiligen Schrift beweisen, dass er im Unrecht sei – ja, dann wolle er auf der Stelle widerrufen.

Aber sie fanden kein solches Wort. Nichts davon, dass der Papst von den Gläubigen Geld kassieren dürfe zur Vergebung ihrer Sünden. Denn eine solche Stelle gab es nicht, in der ganzen Bibel nicht. Er kannte seine Bibel in- und auswendig, auch wenn er erst spät – mit über zwanzig Jahren – zum ersten Mal eine Ausgabe in die Hand bekommen hatte. Das war in der Erfurter Bibliothek gewesen, und bis zu diesem Augenblick hatte er doch tatsächlich geglaubt, dass in der Bibel nichts anderes stand als die wenigen Sprüche, die sonntäglich und alljährlich wiederkehrend im Gottesdienst verlesen wurden. Doch inzwischen hatte er den gewaltigen Reichtum dieses versteckten Buches entdeckt. Und so hatte er in Worms auf die Heilige Schrift, die er so liebte, seine Hand gelegt und selbstbewusst vor aller Welt den dramatischen Schlusspunkt gesetzt: »Gott helfe mir! Amen!«

Vergebens hatte ihn der Reichsanwalt noch bis zum letzten Augenblick zum Widerruf zu bewegen versucht, ermutigt wohl durch das Verhör am Vortag, als »das kleine Mönchlein« – eingeschüchtert durch die ganze goldglänzende und perlenschimmernde Versammlung – noch reichlich zaudernd, ja geradezu mutlos gewirkt hatte. »Bedenkzeit« hatte er sich leise und tonlos erbeten, als man ihn streng fragte, ob er der Verfasser jener Schriften sei, die man vor ihm aufgestapelt hatte, und ob er ganz oder teilweise widerrufen werde. Bedenkzeit? Warum?

»Meinst du etwa«, hatte anderntags der Reichsanwalt mit schneidend scharfer Stimme aufgetrumpft, »meinst du etwa, dass du allein Recht habest und das ganze heilige Konzil, so viele weise Bischöfe und Herren, hätten geirrt?« In diesen Worten, die er mit gekünstelter Geste übertrieben hervorstieß, lag aller Hohn und Spott – als gäbe es nichts Lächerlicheres, als wenn ein Augustinermönch aus einem deutschen Provinznest es am Ende besser wissen wolle als alle Weltenherrscher zusammen. Aber er wusste es tatsächlich besser! Ja, sie irrten. Sie irrten alle und besonders diejenigen, die draußen vor der Tür wie besessen ihr abscheuliches »Al fuego, al fuego!« – »Ins Feuer, ins Feuer!« – skandierten, diese blutrünstigen spanischen Soldaten, die ihm, als er herausgeführt wurde, gefährlich nah auf den Pelz rückten: »Ins Feuer mit ihm!« Nur das vom Kaiser persönlich verfügte freie Geleit hatte ihn vor einem schnellen Ende bewahrt. Sonst wäre es ihm wohl genauso ergangen wie hundert Jahre zuvor dem mutigen Jan Hus, dem böhmischen Reformator, den die »Rechtgläubigen« auf dem Konzil zu Konstanz kurzerhand auf den Scheiterhaufen gestellt hatten ...

Der Teufel hatte ihnen die Köpfe verdreht. Aber ihn, den jungen Doktor Martinus Luther von der neuen, noch keine zwanzig Jahre alten Universität Wittenberg, ihn hatte Gottes Gnade von Lug und Trug frei gemacht. Endgültig, für immer und ewig! Niemand konnte ihm jetzt noch diesen Genuss an seinem ewig gültigen Bekenntnis nehmen – diese göttliche Lust, die seinen ganzen Körper durchströmt hatte und wie ein himmlisches Feuer aus ihm herausbrach, als er schließlich sein festes »Amen!« in den Versammlungssaal rief. Sein wild pochendes Herz hatte in diesem Augenblick beinahe seine Brust zerrissen. Und es schien sie immer noch sprengen zu wollen, immer dann, wenn er sich diese Szene wieder und wieder ins Gedächtnis rief. Ja, er war tatsächlich hindurch …

Manche Bestsellerautoren erklären uns heute, dass der »Verlust von wirklicher Identität« eine Spätfolge der Aufklärung sei, ein »modernes Phänomen«. Ein Ergebnis der »westlichen Zivilisation«. Da wird behauptet, dass mit der Betonung einer verstandesmäßigen Weltsicht und der Aufrichtung kapitalistischer Gesellschaftsstrukturen »die Seele« auf der Strecke bleibe. Und dass der moderne Mensch seine inneren Ressourcen vernachlässigt habe, dass er auf den Altären wissenschaftlichen Forscherdrangs und wirtschaftlichen Fortkommens alles geopfert habe, was ihm einstmals heilig gewesen sei.

Sinnsuche und Befreiung – diese beiden Worte scheinen heute eine tiefe gesellschaftliche Sehnsucht zu umreißen, die uns moderne Menschen ergriffen hat, wie der enorme Erfolg der populären Beratungsliteratur beweist. Aber ist die Suche nach sich selbst und nach dem Sinn des Lebens wirklich ein pures Phänomen der Neuzeit? Keineswegs! Der erste Bestsellerautor der Weltgeschichte, Dr. Martinus Luther, hat schon vor gut fünfhundert Jahren auf genau dieses Thema gesetzt und damit seinen, auch publizistischen, Sensationserfolg ausgelöst. Zum ersten Mal in der Geschichte der Menschheit liefen Druckmaschinen auf Hochtouren, wurden Buchhändlern immer wieder neue Titel zum gleichen Thema aus den Händen gerissen, brachen der Sachbuchautor und seine Mitarbeiter komplizierte, philosophisch-religiöse Theorien auf das Niveau dünner Broschüren herunter, die dann in breiten Volksschichten reißenden Absatz fanden.

Darin liegt ein wesentlicher historischer Grund für den Erfolg der Reformation: Sie kam als Medienkampagne daher, wusste die allerneuesten technischen Möglichkeiten mit Geschick auszureizen und traf den Zeitgeist punktgenau. Während die katholische Lehre damals eingegossen war in die sperrige kirchenlateinische Sprache von Konzilien und Kirchenvätern – erstarrt, verkrustet, verbogen und undynamisch –, gingen die zugkräftigen Thesen der Reformatoren leicht über die Lippen und noch leichter in die Köpfe. Was sich da in Gestalt billiger Flugschriften über das Volk ergoss, war in seiner Aktualität und Öffentlichkeitswirkung all dem weit überlegen, was an ebenso dicken wie kostbaren Prachtbänden aus den Druckereien und Scriptorien des Papstes kam: diesem erschöpfenden Sammelsurium aus geballtem Traditionswissen, diesen gewaltigen dogmatischen Lehrgebäuden, die sich Schwindel erregend auftürmten und sich weder den Machtpolitikern auf dem Papstthron noch dem gewöhnlichen Klerus wirklich erschlossen. Dem Volk schon gar nicht.

Die neue, revolutionäre Nutzung von Sprache und Schrift als allgemeines Vermittlungsmedium zur Klärung brennender Lebensfragen traf die traditionalistische Kirche in Rom völlig unvorbereitet. Die Buchdruckkunst, als »schwarze Kunst« zunächst misstrauisch von ihr beäugt, war ja gerade erst ein halbes Jahrhundert alt. Es war eine hochmoderne Technologie, der sich die Reformatoren sogleich pragmatisch und ausgiebig bedienten. Ehe sich Papst und Kaiser versahen, bewahrheitete sich die Erkenntnis, dass Bücher tatsächlich die Welt verändern können. Und die überraschten Katholiken hatten dem rasanten publizistischen Eifer der Reformatoren zunächst kaum etwas anderes entgegenzusetzen als die altbewährte Drohung mit der Autorität der Kirche.

In der Wahl ihrer publizistischen Mittel hatten die Reformatoren von Anfang an die Nase vorn. Insbesondere Luthers ausgeprägter Sinn für Medienwirksamkeit erscheint geradezu atemberaubend modern und könnte einem Handbuch für Boulevardjournalisten entnommen sein: »Fast jeder verurteilt an mir meine Heftigkeit ... Doch was in unsrer Zeit mit Ruhe behandelt wird, das sehe ich bald in Vergessenheit geraten, ohne dass jemand seiner achtet.«

Neuigkeiten müssen »lärmen«. Sie müssen laut und schrill daherkommen und die Menschen regelrecht anspringen, so Luthers Ansicht. Und dass ein derart randalierender Boulevardstil durchaus den apostolischen Segen hat, davon war er fest überzeugt: »Auch Paulus nennt seine Widersacher bald ›Hunde‹, bald ›die Beschneidung‹, bald ›unnütze Schwätzer‹, bald ›trügliche Arbeiter‹, des ›Satans Diener‹ und so mehr … Und wer sieht nicht, wie heftig die Angriffe der Propheten waren? Aber alle diese Stellen sind altbekannt, und daher machen sie keinen Eindruck mehr.« Neue, originelle Schlagworte müssen also her – und das Medientalent Luther liefert sie in Gestalt seiner eigenen Person. In seiner aufbrausenden Authentizität und mit seiner deftigen Wortwahl wäre Luther heutzutage zweifellos ein äußerst begehrter Talkshow-Gast.

Doch was hilft die schönste Medienkampagne, wenn ihre Inhalte zu komplex sind, um sie in einen Satz, besser noch in wenige Schlagworte zu fassen? Gerade auch in diesem Punkt, was die werbewirksame Verknappung des theologischen Programms angeht, war die Lehre der Reformation unschlagbar. Auch das war zweifellos ein Verdienst des Doktor Martin Luther. Georg Wilhelm Friedrich Hegel hat im Jahr 1812 in seiner berühmten »Philosophie der Geschichte« zusammengefasst, was tatsächlich so knapp zusammengefasst werden kann und in seiner attraktiven Kürze den Verheißungen moderner Rezept-Religionen nahe kommt: »Dies ist der wesentliche Inhalt der Reformation: Der Mensch ist durch sich selbst bestimmt, frei zu sein.«

Da ist es also, dieses moderne »Sei endlich frei und lebe!«. Dieses grandiose Konzentrat einer das ganze Leben umspannenden Verheißung, die heute ebenso gut ankommt wie damals. Dieser frische Daseinsjubel, der in seiner Prägnanz einer Agitationsparole gleicht, die ganze Revolutionen entfesseln kann. »Diese Einfachheit, diese Schlichtheit«, wie sie Hegel preist, die purer Sprengstoff ist und eine veritable Explosion auslösen kann. »Während andere auf weltliche Eroberungen und Herrschaft aus waren, hat ein einfacher deutscher Mönch die Vollendung gesucht und hervorgebracht«, konstatiert er.

Genauso war es – und die Frage, warum die Reformation im 16. Jahrhundert einen derartigen Erfolg erzielen konnte, ist damit auch fast schon beantwortet: Luther und seine Mitstreiter propagierten eine einfache, gleichwohl zentrale Botschaft, die sie den Menschen medial perfekt vermitteln konnten und die als griffiger Dreiklang voll ins Schwarze traf: »Sola gratia, sola fide, sola scriptura«. Diese drei Dinge sind es, die man beherzigen muss. Erstens *sola gratia*, »allein durch

Gottes Gnade« wird der Mensch von Gott angenommen, d. h. er kann sich seine Anerkennung durch Gott nicht mit Leistungen erkaufen und muss sich in dieser Hinsicht nicht mühen, stattdessen darf er auf Gott vertrauen. Zweitens *sola fide,* »allein mit seinem Glauben« an Gott erfüllt der Mensch alles, was dieser von ihm verlangt. Und drittens *sola scriptura,* »allein die Heilige Schrift« ist die Grundlage für ein wahrhaft christliches Leben. Es gibt nichts, was die Botschaft der Bibel überbieten könnte: kein Bischof, keine Kirche und schon gar kein Papst.

»Das Christentum ist eine klar erkennbare und sehr einfach zu begreifende Sache«, so formuliert es Luther in einem seiner 38 erhaltenen Briefe, die er von der Wartburg aus, seinem »Reich der Vögel«, sendet. »Es erkennt die Dinge so, wie sie sind, und spricht das aus.« Basta! Damit ist alles gesagt.

Solche Erfolge rufen freilich auch jene Kritiker auf den Plan, die in der populären Wirkung einer Sache den eigentlichen Makel wittern. Das war damals so wie heute. Der Philosoph Friedrich Nietzsche, der Ende des 19. Jahrhunderts eine Lanze für die Zeitepoche *vor* Luther brach und die Ära des Renaissancepapsttums als »das eigentlich goldene Zeitalter unseres Jahrtausends« lobte, reihte sich ein in den Chor derer, die angesichts der populistischen Wirkung der Reformation die Nase rümpften. Gerade im Erfolg Luthers sah der studierte Altphilologe, der bereits mit 24 Jahren Professor wurde, etwas äußerst Negatives, nämlich eine »Verflachung des europäischen Geistes«, die »Entrüstung der Einfalt«, die »halbseitige Lähmung des Christentums«, den »Rückfall ins Mittelalter« und so weiter. Dass die »Schlichtheit der Botschaft« letztlich aber den Erfolg der Reformation ausmachte, das freilich musste schließlich auch der Intellektuelle Friedrich Nietzsche eingestehen.

Gewiss, noch viele andere Gründe für das Gelingen der Reformation sind zu nennen: Luthers Rebellion passte ins Kalkül vieler deutscher Fürsten, die eine größere Unabhängigkeit von Rom anstrebten und den sächsischen Mönch auf dem Reichstag zu Worms für ihren Zweck zu instrumentalisieren suchten. Außerdem herrschte ein

Klima der gesellschaftlichen Verunsicherung in der Zeit des Epochenwechsels um 1500, dem Übergang vom Mittelalter zur Neuzeit. Neue gesellschaftliche Perspektiven waren gefragt, und die Reformation bot sie zuhauf.

Zugleich ließ die anstehende Kaiserwahl, die der Tod Kaiser Maximilians I. im Jahr 1519 nötig gemacht hatte, den Papst politisch vorsichtig taktieren, denn er suchte unter den deutschen Fürsten nach Verbündeten, um die Wahl Karls V. zu verhindern – jenes Machthabers, dessen großer Territorialbesitz in Italien seinen Vatikanstaat bedrohlich umschloss. Die Samthandschuhe des Papstes, vor allem im Umgang mit dem einflussreichen sächsischen Kurfürsten, kamen auch der aufkeimenden Reformbewegung zugute. Karl V. wiederum, der entgegen der päpstlichen Bestrebungen schließlich doch zum neuen deutschen Kaiser gewählt wurde, kam aus Spanien und war der deutschen Sprache kaum mächtig. Sowohl innen- als auch außenpolitisch war er schwach, in die Defensive gedrängt durch die ständige Auseinandersetzung mit dem Gegner Frankreich und die von Osten heraufziehende türkische Gefahr.

Noch weitere – wirtschaftliche, soziale, machtpolitische – Konstellationen wirkten günstig auf die Reformation, vor allem die Unterstützung Luthers durch den ebenso mächtigen wie klugen Kurfürsten von Sachsen, Friedrich III., den Weisen. Dieser Gönner Luthers, der übrigens – entgegen der Darstellung im großen Hollywood-Film – niemals mit dem Reformator persönlich zusammengetroffen ist, hielt bis zu seinem Tod 1525 seine schützende Hand über ihn. Allerdings keineswegs aus rein religiösen Motiven! Auch hier spielten, wie fast immer in der Politik, ökonomische Erwägungen eine Hauptrolle: Friedrich wollte vor allem den Abfluss großer Kapitalmengen aus Sachsen verhindern. Das Geld, das in die Taschen der Ablasshändler geflossen wäre, wenn er ihnen das Geschäft auch in Kursachsen hätte erlauben müssen, wäre für seinen Staat verloren gewesen, sollte es doch einzig und allein der prachtvollen Ausgestaltung des Vatikans dienen. Vor allem dem Bau der neuen Peterskirche in Rom, die hauptsächlich mit deutschem Ablassgeld finanziert wurde.

Friedrich der Weise befand sich in einer direkten Konkurrenzsituation zum Papst, besaß er doch eine ansehnliche Sammlung von mehr als 19 000 (!) heiligen Reliquien – jede Menge Knochen und Gegenstände aller Art, die angeblich in irgendeiner Beziehung zu Heiligen und Märtyrern standen –, angefangen von den drei Milchtropfen aus der Brust der Jungfrau Maria über einen Strohhalm aus der Krippe Jesu bis hin zu einem mit dem Blut Christi besprengten Stein vom Ölberg nebst zahllosen »Gebeinknochen«. Von deren Anbetung und »frommer Betrachtung« versprachen sich die Menschen des 16. Jahrhunderts eine ebenso seelenrettende Wirkung wie vom päpstlichen Ablass. Mit diesen Reliquien konnte man sozusagen eine »kostenpflichtige Jenseitsvorsorge« betreiben, in der klare Tarife galten – etwa so wie heute bei unserer Rentenversicherung. Alles in allem waren die kurfürstlichen Reliquien gewaltige 1,9 Millionen Jahre Ablass wert! Den historischen Dokumenten ist zu entnehmen, dass beispielsweise allein im Jahr 1517 in Betrachtung dieser kurfürstlichen Seelenretter 9000 Messen gefeiert und 40 932 Kerzen verbraucht wurden. Die 3300 Kilo Wachs, die sich dabei in Rauch auflösten, kosteten allein 1112 Gulden. Und alles Ablassgeld floss in die kurfürstliche Kasse.

Die Reformation war so gesehen ein einträgliches Geschäft – und die günstigen politischen Umstände beförderten die weitere Entwicklung entscheidend. Das allein hätte aber sicher nicht ausgereicht, um dem reformatorischen Protest zum Durchbruch zu verhelfen. Es bedurfte einer inhaltlichen, substanziellen Kraft – und diesen Kern der Bewegung hat Luther geschaffen. Mehr noch, in seiner Person ist die Reformation sozusagen Fleisch geworden: Die grundlegende, attraktive Verheißung, die mit den Worten »Selbstbestimmung« und »Freiheit« zu umreißen ist – das ist Luther.

Damit rückt Martin Luther, der »Mann der ersten reformatorischen Stunde«, mit dessen Thesenanschlag am 31. Oktober 1517 gemeinhin der Beginn der Reformationszeit geschichtlich markiert wird, ganz nah an unsere Gegenwart heran. Er und seine Botschaft sind nicht einfach als »historisch« abzuhaken. Luther bedient vielmehr das zentrale, aktuelle Bedürfnis unserer modernen, individuell geprägten Gesellschaft. Seine Botschaft hat Gültigkeit bis heute, vielleicht weniger, was ihre konkreten Inhalte angeht, aber ganz sicher im Hinblick auf die neue Ausrichtung seines Menschenbildes. Er war der Erste, der mit einer neuen gesellschaftlichen Fokussierung, mit der Individualisierung letzter Sinnfragen, grandiosen Erfolg hatte. Und der, ohne es je wahrhaben zu wollen, zu spüren bekam, dass eine solche Botschaft, die das Zentrum des menschlichen Lebens berührt, so politisch ist, wie nur irgendetwas politisch sein kann.

2.
SOMMER

Schon tagelang trommelt es in seinen Ohren. Sanfte, aber unablässige Hammerschläge im Inneren seines Kopfes. Als wenn die Fingerknöchel des Leibhaftigen auf die Innenseite seines Schädels klopften. »Puckpuck, puckpuck« macht es. Fortwährend »puckpuck«. Er notiert es genau, dieses teuflische Geräusch. Er beschreibt es in seinen Briefen von der Wartburg. Er bringt in allen Details zu Papier, womit ihn der Satan quält.

Von Anfang an, seit dem 4. Mai 1521 schon, seit dem Augenblick, da Luther diese Burg als Schutzhäftling betreten hat, peinigt der Satan ihn unablässig. Mit ständigem Lärm in seinen Ohren, mit tiefer Schwermut und zermürbenden Grübeleien. Aber auch mit körperlichen Qualen! Denn das ist so recht die Domäne des Teufels: Der hinfällige Leib und dessen elende Bedürfnisse und Gelüste, die sich ständig und überall einmischen – er kennt das. Schon als Student und dann später als Mönch hat er oft Wege aus diesem Elend gesucht. Er hat all das schon mitgemacht in der Zeit seiner großen verzweifelten Einsamkeit, als er im Augustinerkloster zu Erfurt hockte und Gott niemals genügen konnte.

»Niemals genug!«, so sehr er sich auch mühte, Gott mit seiner In-

2. Kapitel

Johann Wolfgang von Goethe, größter deutscher Dichter und Hobbymaler, aquarellierte bei seinem Besuch den »nüchternen, öden Kasten« – die Wartburg.

brunst und endlosen Gebeten gnädig zu stimmen. Einmal hatte er über sechs Stunden gebeichtet, wo es doch gar nichts zu beichten gab, wie sein Mentor und geistlicher Vater Johann von Staupitz kopfschüttelnd befand. »Nicht Gott zürnt dir, sondern du zürnst Gott!«, hatte ihn Staupitz endlich erschöpft zurechtgewiesen. Und die Worte, mit denen der Prior des Klosters, Winand von Diedenhofen, seine ernsthaften Bußbemühungen kommentiert hatte, klangen beinahe wie Spott: Er gehöre wohl zu jenen Hitzköpfen, »die zwölf Kegel treffen wollen, obwohl doch nur neun Kegel dastehen …«. Aber er war blind gewesen damals, »wie ein geblendet' Pferd«. Er hatte sich nicht beruhigen lassen. Unablässig hatte ihn diese eine brennende Frage gequält: »Wie bekomme ich einen gnädigen Gott? Einen, der mich Unwürdigen nicht ins ewige Höllenfeuer verdammt, sondern mich erlöst …?« Die Frage, wie er den strengen, strafenden Gottvater endlich befrieden könne, hatte ihn zermartert und zuletzt beinahe zugrunde gerichtet.

Damals schon, in einem gewaltigen inneren Aufruhr, hatte ihn Satan zu mancher Nachtstunde heimgesucht und zur Sünde gepresst. Und jetzt auf der Wartburg – wo er doch längst begriffen hat, dass Gott nicht straft, sondern vergibt, ja dass er seine Geschöpfe liebt und mit Gnade reich beschenkt, *ohne* dass sie irgendetwas leisten müssen –, jetzt hat der Teufel sich noch andere körperliche Qualen für ihn ausgedacht: Er hat ihm den Darm verstopft, sodass er nur unter großer Pein und oft stundenlang auf dem Abtritt sitzt. »Der Herr hat mich am Hintern geschlagen mit großen Schmerzen.« Geradezu flehentlich schreibt er an die Freunde nach Wittenberg: »Zehn große Wunden könnte ich besser ertragen als diese kleine Verletzung am Mastdarm …« Aber die Mittelchen, die sie ihm schicken, helfen wenig. Kopfschmerz und Schlaflosigkeit kommen dazu. Wie sollte er denn auch ruhig schlafen, wenn der Teufel nachts die Nüsse vom Tisch rollen lässt und sie klappernd auf dem Steinboden aufschlagen? Oder wenn die dämonischen Helfershelfer, Hexen und Geister, in tiefer Nacht auf der Außentreppe ein wildes Gepolter veranstalten? Oder, was ihn einmal mächtig erschreckt hat, wenn der Teufel plötzlich in seinem Bett liegt – in Gestalt eines bösen schwarzen Hundes? Ja, auch das hat er schon erlebt! »Der Teufel ist im Überall auf Erden. In jedem Ding. Er ist auf die Erde gefallen, und nun ist er in Allem. Er hört nur auf, wenn man ihn bezwingt. So ist es! Den Teufel muss man bezwingen.«

Aber der Teufel wehrt sich. Auch für ihn geht es jetzt um alles oder nichts. Schließlich kämpft er seine letzte Schlacht. Aus dem Himmelreich vertrieben, tummelt er sich auf Erden und versucht mit allen Mitteln zu verhindern, dass Gottes Wahrheit unter die Menschen kommt. Er will Luthers Werk sabotieren, vor allem die deutsche Übersetzung der Heiligen Schrift verhindern – und da ist ihm jedes Mittel recht. Aber er, der Doktor Martinus Luder von der Universität Wittenberg – der seinen Familiennamen geändert hat, weil »Luther« auf das griechische *eleuteros,* zu Deutsch »der Befreite«, anspielt –, er hat sich wirklich frei gemacht, wurde befreit von Gottes Gnaden. Und nun wird er mit allem Mut und mit aller Kraft dieser Freiheit kämpfen.

Freiheit in Christo! Noch keine zwei Jahre ist es her, da hat er vor dem Stadttor in Wittenberg ein munteres Feuer seiner neuen Freiheit entzündet – gleich hinter dem Elstertor, wo man zündeln darf, ohne dass der Funkenflug die Fachwerkhäuser der Stadt gefährden würde. Da hat er also die Urkunde des Papstes verbrannt. Das edle Dokument, in dem ihm der Kirchenbann höchst amtlich angedroht wurde, ging in lustigen Flammen auf. Und ein Dutzend kirchlicher Lügenbücher gleich mit. Da hat er sich frei gemacht von der Angst, mit der der Papst die Menschen klein zu halten pflegt. Alle, vor allem seine Studenten, haben sehen können, wie gut Papsterlasse und Lügenbücher brennen. Und außerdem: Er hatte nur Gleiches mit Gleichem vergolten. Denn zwei Monate vorher hatte der päpstliche Nuntius *seine* Schriften verbrennen lassen. »Auge um Auge, Zahn um Zahn.«

Woher er den Mut nahm? Nun, er hatte sich ganz einfach zur Freiheit entschlossen. In einem ganz bewussten, sachlich begründeten Akt, dem ein sorgfältiges, jahrelanges Bibelstudium vorausgegangen war. Zwei, drei Wochen vor der Verbrennung der Bannandrohungsbulle hatte er seinen vielleicht wichtigsten Traktat geschrieben. Und darin gleich zu Anfang seinen vielleicht wichtigsten Satz: »Ein Christenmensch ist ein freier Herr über alle Dinge und niemand untertan.«

Völlige Freiheit also? Auflösung aller Regeln? Alles erlaubt, was gefällt? Nein, *so* meinte er es nicht! Die christliche Freiheit entgrenzt nicht, sie verbindet. Mit Gott, und mit den Menschen. Diese Freiheit schenkt und wird beschenkt. »Liebe« ist das Schlüsselwort. Wie hatte schon der Apostel Paulus im Brief an die christliche Gemeinde zu Rom geschrieben: »Ihr sollt niemand gegenüber zu etwas verpflichtet sein, als dazu, dass ihr euch untereinander liebet!« (Röm 13,8) Diese Verpflichtung bleibt für einen Christenmenschen immer bestehen: Er muss lieben! Und seine Liebe limitiert seine Freiheit, denn »die Liebe ist dem dienstbar und untertan, was sie lieb hat …«. Daher kommt es, dass man den ersten Satz noch ergänzen muss durch einen ebenso wichtigen zweiten: »Ein Christenmensch ist ein dienstbarer Knecht aller Dinge und jedermann untertan.«

Frei sein! In christlicher Liebe frei sein – und zugleich seinem Nächsten und Gott untertan. Wie auch Gott reine Liebe ist und seine Kinder, die Menschen, liebend annimmt. Auch wenn sie vom Wesen her sündhaft sind. Auch wenn sie nichts leisten. Denn nicht durch Taten, nicht mit Geld oder durch fromme Werke gelangt man zu Gott. Sondern indem er selbst zu den Menschen kommt. Und er ist bereits gekommen, in Gestalt seines Sohnes Jesus Christus hat er sich offenbart. Man muss sich nur dafür öffnen und das göttliche Geschenk annehmen. Gottes Wort auf sich wirken lassen, die Bibel, die von Jesus und seinem Opfertod erzählt. Dann erfährt man die Gnade des Glaubens.

»Man muss die Bibel lesen, statt den Papst hören!« Aber der Papst versteckt das Buch der Bücher. Er ist der »Antichrist«, die böse Fratze des Teufels. Er verstellt den menschlichen Blick auf Gottes einfache Wahrheit, mit seinen Regeln, seinen Gesetzen, mit all seinem Brimborium, mit dem er eine undurchdringliche Mauer zwischen dem

Himmel und den Menschen aufgerichtet hat. Und warum hat er das getan? Ja, da braucht man nur nach Rom zu gehen und mit eigenen Augen sehen, wie der Papst seine Welt vergoldet – auf Kosten der Gläubigen. Habgier, das ist es, was den Papst und die Seinen umtreibt, Gier nach unermesslichem Luxus!

Er hat das alles ja selbst erlebt. Mit eigenen Augen gesehen als junger Augustinermönch, als er im November 1510 von Erfurt zu Fuß nach Rom ging und dort vier Wochen blieb. Damals freilich war sein Blick noch von falscher Frömmigkeit vernebelt. Viel später erst erkannte er, dass dieses Rom in Wahrheit Sodom und Gomorrha ist. Wie leichtgläubig er doch damals war! Zunächst sank er beim Anblick der Heiligen Stadt ergriffen auf die Knie, und dann lief er »wie ein toller Heiliger durch alle Kirchen und Klüfte«, erinnert er sich jetzt. Mit seiner übertriebenen Erlösungssucht hatte er es sogar so weit getrieben, dass es ihm schier leidtat, dass seine Eltern noch lebten – denn die hätte er hier so wundervoll aus dem Fegefeuer herausbeten können … Er war blind gewesen. Blind!

Und doch hatte sich schon damals ein ungutes Gefühl in seinem Herzen geregt. Ein unklares, aber nagendes Gefühl. Es war Enttäuschung, irgendetwas war hier nicht richtig, nicht ernst und wahrhaftig. Wie die Messen »ritsch, ratsch« heruntergeleiert wurden – das hatte ihn verwirrt. Wie der Neubau des Petersdoms, der gerade begonnen wurde, in den Himmel wachsen sollte, so wie einst der Turm zu Babel – das hatte ihn skeptisch gestimmt. Er hatte die vatikanischen Sammlungen besucht und unzählige Kirchen, und bei der Gelegenheit sogar einen kurzen Blick in die neue, riesige Hauskapelle des Papstes werfen können. Alles war dort Baustelle. Aber er hatte gesehen, wie so ein eigenartiger Künstler, er hieß wohl Michelangelo, gerade dabei war, das Haus Gottes in einen Kunsttempel zu verwandeln und in schwindelnder Höhe nackte Leiber an die Decke zu malen. Da hatte er sich schnell abgewandt und diesen unschönen Augenblick seines Lebens schnell zu vergessen gesucht. Wo sollte hier Christus zu finden sein? Bestimmt nicht zwischen all den Tiegeln, Töpfen und Farbpaletten! Aber es war noch schlimmer gekommen.

Als er mit aller Inbrunst die 28 Stufen der Heiligen Stiege auf Knien emporrutschte, da hatte man ihn in seiner tiefsten Frömmigkeit sogar belästigt: Die römischen Patres hatten ihn mit lauten Worten und gestenreich gedrängt, dass er schneller machen solle. Die Tiefe seiner Empfindungen nahmen diese Leute gar nicht ernst ...

All das hatte er aber damals nicht dem Papst zugerechnet – undenkbar, dass der Heilige Vater einen solchen Jahrmarkt dulden würde, wenn er nur davon wüsste! Vielleicht lag es ja daran, so hatte er gedacht, dass der Papst und sein Kardinalskollegium gar nicht in der Stadt weilten, sondern in Bologna, »wegen eines Kriegszuges«, wie es hieß. Das war ihm allerdings merkwürdig vorgekommen: wegen eines Kriegszuges? Warum trug der Papst statt seiner Tiara eine Rüstung? Er hatte dann nicht mehr viel gefragt, sondern schnell bei den zuständigen Stellen das Anliegen seiner Ordenskongregation erledigt: die Überbringung eines Protestes gegen die Ausweitung einer Reform, die die Eigenständigkeit der einzelnen Klöster beschneiden sollte und letztlich eine Aufweichung der strengsten Regeln bedeutete. Die mönchischen Regeln aufzuweichen – das war ganz bestimmt nicht seine Sache!

Jetzt erst – zehn Jahre später – weiß er die ganze Wahrheit: Der Papst selbst ist es, der sich und den Seinen eine goldene Nase verschaffen will! Vor allem mit den Ablassbriefen verfolgt er dieses schamlose Ziel. Mit wertlosen Papierfetzen, die den armen Menschen für viel Geld schnelle Sündenvergebung versprechen. »Sobald das Geld im Kasten klingt, die Seele aus dem Fegefeuer in den Himmel springt«, rufen die Agenten des Papstes auf allen Gassen. Nicht nur, dass der Papst damit seinen Säckel füllt und in Kostbarkeiten schwelgt, er martert mit seinen Höllendrohungen die Gewissen der Menschen auf das Jämmerlichste. Er nimmt den Christen all ihre Freiheit, die ihnen naturgemäß von Gott zukommt. Dabei darf es doch niemanden geben, der sich über einen Christen stellt, als Gott allein. Denn alle Getauften sind Nachfahren Jesu, alle sind Priester. Es gibt keine Hierarchie des Glaubens. So und nicht anders steht es in der Bibel geschrieben!/

Nun, wo er weiß, wie der Teufel aussieht, muss er bitter lachen, wenn er daran zurückdenkt, wie naiv er selbst noch vor kurzem an die Heiligkeit des Papstes geglaubt hatte. Erst vier Jahre ist es her, da veröffentlichte er seine 95 Thesen über die Missstände der Kirche in Deutschland. Über die zweifelhafte Praxis des Ablassbriefhandels hatte er damals diskutieren wollen, keineswegs über Amt und Würde des Papstes. Ganz im Gegenteil: Hatte er nicht in These 91 ausdrücklich formuliert, dass er im Großen und Ganzen sogar mit der Ablasspraxis einverstanden wäre, wenn alles doch nur so abliefe, dass »der Ablass nach dem Geist und Sinn des Papstes gepredigt würde«? So papstergeben hatte er es formuliert. Und außerdem hatte er seine Thesen in lateinischer Sprache abgefasst – damit von Anfang an klar würde, dass es ihm um einen rein akademischen Disput ging. Die Universitäten *mussten* sich dieser Fragen annehmen, die doch allgemein unter den Nägeln brannten, und es war längst gängige Praxis, dass in solchen strittigen theologischen Fragen nicht der Papst oder die Kirche, sondern die Universitäten klärende Gutachten verfassten.

Wie es akademischer Brauch war, hatte er sein Diskussionspapier anlässlich des großen Ablassfestes am 1. November auf den amtlichen Dienstweg gegeben: Er hatte seine Thesen am 31. Oktober einigen Professoren zukommen lassen und sie natürlich auch an den obersten Chef der zuständigen Ablassbehörde geschickt, an Albrecht von Brandenburg. Tenor des Begleitschreibens: Er wolle mit den 95 Thesen keineswegs die kirchliche Praxis rüffeln – was ihm auch gar nicht zustehe –, doch er »beklage die falsche Auffassung, die das arme, einfältige, grobe Volk daraus entnimmt«. Das Volk »in seiner Einfalt« nämlich glaube, jeglichen moralischen Fehltritt mit einer schnellen Geldzahlung wieder wettmachen zu können, ohne dass es zu wirklicher Reue verpflichtet sei. Darin liege das eigentliche Übel. Gegen die Bagatellisierung der Reue wolle er zu Felde ziehen, nicht gegen die Gebote der Kirche oder gar den Papst!

Sein Diskussionsanstoß war wahrlich kein Aufruf zur Revolution gewesen. Und keinesfalls hatte er beabsichtigt, damit das Volk aufzuwiegeln. Die nachfolgende heftige öffentliche Reaktion hat ihn selbst wohl am meisten überrascht. Die interne Angelegenheit hatte über Nacht riesigen Wirbel ausgelöst – es ging sogar das Gerücht um, er höchstpersönlich habe die Thesen an die Portaltür der Schlosskirche zu Wittenberg genagelt, mit markigen Hammerschlägen, fast wie in einem Gewaltakt. Aber das war nichts als Propaganda. Als schon sehr bald die ersten kirchlichen Amtsträger wütend gegen ihn Front machten, gehörte übrigens der Papst keineswegs dazu. Leo X. – ein besserer Feldherr und Kunstliebhaber als Theologe, wie viele meinten – hatte es zunächst abgelehnt, ihn als Ketzer anzuklagen, trotz des massiven Drucks der Ablasshändler, die ja gut verdienten, auf großem Fuß lebten und nun um ihre Provisionen fürchten mussten.

Gewiss hatte es dabei auch eine Rolle gespielt, dass der Papst Rücksicht nehmen musste auf eine politische Lage, die besonderes diplomatisches Fingerspitzengefühl verlangte. Denn schließlich galt es zu bedenken, dass der Doktor Luther zwar ein »kleines deutsches Mönchlein« war, aber eben doch nicht *irgendein* kleines deutsches Mönchlein. Immerhin war dieser Luther ordentlicher Professor an der neuen Universität Wittenberg – und damit ein direkter Angestellter des sächsischen Kurfürsten, den wiederum der Papst gerne als zukünftigen deutschen Kaiser gesehen hätte. Sollte er da wegen einer bloßen Lappalie seinem Hoffnungsträger Scherereien bereiten?

Ein Brief aus der Feder des Mönchs hatte ihn zudem beruhigt. Denn willfähriger als Luther hätte ihm wohl kaum einer schreiben können: »Heiligster Vater, zu Deinen Füßen hingeworfen, bringe ich mich Dir mit allem dar, was ich bin und habe. Belebe, töte, widerrufe, billige, verwerfe, wie es Dir gefällt. Deine Stimme werde ich wie Christi Stimme erkennen, der in Dir wohnt, in Dir redet ...« Ja, so hatte er damals tatsächlich geschrieben, hatte er doch immer noch geglaubt, dass der Heilige Vater nicht wisse, wie es um seine Kirche stand. »Dass Pfaffen, Bischöfe, Mönche Dich betrügen und belügen, das glaubte ich. Ich wollt Dir sagen, wie es steht, so wie ein Kind, das zu seinem Vater läuft, um ihm die Wahrheit zu beichten ...« Die »Wahrheit«, die wirkliche Wahrheit, hatte er damals, an diesem

31. Oktober 1517, noch nicht einmal in vagen Umrissen erfasst. »Der Teufel ist im Überall auf Erden … man muss ihn nur erkennen!«

Und jetzt schabt es wieder an der Tür zu seinem Wartburgzimmer. Wieder vibriert das Fensterglas und die schmiedeeisernen Angeln knarzen, als ginge ein kräftiger Wind ums Haus. Aber das ist nicht der Wind. Es ist Satan! Wer wäre denn jetzt noch so dumm, die Verfärbung auf der gegenüberliegenden Wand für einen feuchten Schimmelfleck zu halten? Er, der jetzt alles weiß, der sich in der Nacht auf den 18. April 1521 dazu entschlossen hat, nie mehr in seinem Leben zu zweifeln, er bestimmt nicht! Wer Augen hat zu sehen, der sehe! Es ist die Gestalt des Teufels, die da steht und ihn anglotzt. Aber warte, Satan! Du willst den Kampf deines Lebens kämpfen?

Die Augen unverwandt auf die Wand gerichtet, die Hände zu Fäusten geballt. Den Atem angehalten. Die rechte Hand öffnet sich, vorsichtig schiebt sich die Handfläche auf dem stumpfen, abgenutzten Holz der Tischplatte vor. Zentimeter um Zentimeter. Nur jetzt keine hastige Bewegung! Die Fingerspitzen ertasten das hölzerne Tintenfass, umgreifen es, ziehen es an sich. Genussvoll spürt er, wie sich seine ganze Hand, diese schwere, bäuerliche Pranke, um das tintenpralle Fass spannt. Und indem er jetzt langsam, ganz langsam den Arm hebt, atmet er tief durch. Gleich wird sich die Luft aus seinen Lungen in einem wilden Schrei entladen. Und dann wird er zugleich mit einer heftigen Armbewegung all seine jämmerliche Angst und seinen wütenden Zorn hinausstoßen. All die Furcht und Qual, die sich ein Leben lang in ihm aufgestaut haben. Ach, wie gewaltig wächst doch die Kraft des Menschen, wenn er seine Angst hinter sich zurücklässt!

3.
DER SCHWARZE FLECK

»Ganze Generationen von Verwaltern haben den Tintenfleck wieder und wieder nachgemalt!« Andreas Volkert, Leiter der Öffentlichkeitsarbeit auf der Wartburg, lächelt nachsichtig und weist auf die Stelle an der Wand, wo jetzt nur noch abgebröckelter Putz zu sehen ist. »Irgendwann haben meine Vorgänger es dann aufgegeben ...« Sehr zum Verdruss mancher Burgbesucher, denn jedes Jahr werden hier in der Lutherstube gut 430 000 Touristen durchgeschleust. Blickt man in das Gästebuch, findet man Kommentare wie: »Wo ist der Tintenfleck?« oder »Schade ... kein Tintenfleck!«

Im 19. Jahrhundert war es für jeden Burgbesucher geradezu Pflicht, sich ein Krümelchen jener Verputzstelle herauszubrechen, an der das Tintenfass zerplatzt war, das Luther angeblich gegen die Teufelserscheinung an der Wand warf. »Man hat den Fleck immer dann nachgearbeitet, wenn nicht mehr genug davon da war«, erklärt Volkert. Dass das »Original« immer wieder künstlich aufgefrischt wurde, war übrigens kein Geheimnis und hat die Souvenirjäger über Jahrhunderte überhaupt nicht gestört. Ein frommer Betrug. Die Geschichte ist einfach zu schön, um *nicht* wahr zu sein. Schon der russische Zar Peter der Große soll bei einem angeblichen Besuch die befleckte Wand mit detektivischer Sorgfalt inspiziert haben und zu dem Schluss gekommen sein: »Es kann schon sein – die Tinte ist aber neu!« Das war im Jahr 1712 und man kann sich vorstellen, wie viele vor ihm und wie viele dann noch nach ihm mit einem gewissen Kribbeln im Bauch gekratzt haben mögen: »Es kann schon sein ...«

Irgendwie ist dieser Tintenfleck ein ideales Symbol für die Reformationsgeschichte. Vielleicht gibt es gar kein besseres, auch wenn Andreas Volkert die historische Wirklichkeit des Vorgangs vollständig in Zweifel zieht: »Alles bloß Legende!« Die Touristen aller Zeiten spürten intuitiv, dass in dieser anfassbaren und abkratzbaren Anekdote all

3. KAPITEL

Der Maler Lovis Corinth schuf im 20. Jahrhundert einen Zyklus von Luther-Bildern, darunter auch den legendären Wurf mit dem Tintenfass.

das zusammenkommt, was die Reformation Martin Luthers ausmacht: das Rebellische, das Kraftvolle, das Angriffslustige, das Mittelalterlich-Düstere, das Heroische, die Bezwingung eines mächtigen Gegners, des Teufels gar, das Soldateske der Attacke, der wütende Mut in einer scheinbar ausweglosen Situation und vor allem – die Wirkung der Tinte. »Der Geschichte ganz nah!«, hat Willy Brandt bei seinem Besuch in das Gästebuch geschrieben.

Dass er »den Teufel mit Tinte vertrieben habe«, reklamierte Luther selbst mehr als einmal. Aber er meinte es natürlich anders, symbolisch. Er wollte zum Ausdruck bringen, wie entscheidend es für die Reformation gewesen sei, Flugschriften, biblische Postillen, Predigten und natürlich die Bibelübersetzung unter die Leute zu bringen. Tinte, mehr noch Druckerschwärze, war für die reformatorische Bewegung überlebenswichtig.

Darüber hinaus lässt sich wohl behaupten, dass in einem noch umfassenderen Sinn »Tinte« als Grundlage der gesamten geistigen Ausrichtung der Reformation verstanden werden kann, insofern, als der Protestantismus von Anfang an das Wort in den Mittelpunkt der Verkündigung stellte. »Sola scriptura«, hatte Luther gepredigt. »Allein die Heilige Schrift« solle als höchste Autorität gelten, und nicht die Tradition der Kirche oder die Beschlüsse der Konzilien. Schon gar nicht die Anordnungen des Papstes oder der Bischöfe. Eine Folge dieser Wortzentriertheit war es dann, dass im protestantischen Gottesdienst Bibel und Predigt bald in den Vordergrund rückten und das »Kultische« mitsamt der jahrhundertealten Tradition stark in den Hintergrund gedrängt wurde. Tinte – das ist im übertragenen Sinn tatsächlich der Lebenssaft dieser Religion. Und in dem starken Bild des am oder besser gleich *den* Teufel zerschmetternden Tintenfasses verschmelzen alle historischen Aspekte zu einer hübschen Geschichte. Da übersieht man gern auch den kleinen Schönheitsfehler, dass Luther selbst niemals von dieser Tintenattacke auf den Leibhaftigen erzählt hat.

Was aber nicht heißen muss, dass es diesen Wurf definitiv nicht gegeben hat. Oder eine ähnliche Attacke, wie sie anekdotisch von der

Feste Coburg 1530 oder von Luthers Aufenthalt in Eisleben berichtet wird. Vorstellbar ist es allemal, dass Luther – der phantasiebegabte, durchaus feinsinnig-musische Mensch von cholerischem Temperament – in einer physischen wie psychischen Ausnahmesituation schlichtweg die Nerven verloren hat. Von Geistererscheinungen, von Hexen und Teufeln redete dieser Mann des Mittelalters ohnehin ständig. Solche Vorstellungen waren ihm seit Kindesbeinen vertraut und bis zu seinem Lebensende höchst real.

Sucht man im zeitlichen Umfeld seines Wartburgaufenthalts nach Belegen für Geister- und Teufelsvorstellungen, wie sie in der Bedrückung seiner Einsamkeit auf der Wartburg eher noch reicher geblüht haben dürften als sonst, wird man nicht nur in seinen Briefen fündig, sondern auch in jenem Predigttext, den er vier Jahre später, am 6. Mai 1526, in Wittenberg vor aller Ohren vortrug. Als biblischer Fundamentalist nimmt er darin die Aussage des Alten Testaments »Die Zauberinnen sollst du nicht am Leben lassen« (2. Mose 22,17) durchaus ernst und empfiehlt sie seiner Gemeinde als wortwörtliche Handlungsanleitung: »Es ist ein überaus gerechtes Gesetz, dass die Zauberinnen getötet werden, denn sie richten viel Schaden an … Sie können ein Kind verzaubern … Auch können sie geheimnisvolle Krankheiten im menschlichen Knie erzeugen, dass der Körper verzehrt wird … Schaden fügen sie nämlich an Körpern und Seelen zu, sie verabreichen Tränke und Beschwörungen, um Hass hervorzurufen, Liebe, Unwetter, alle Verwüstungen im Haus, auf dem Acker, über eine Entfernung von einer Meile und mehr machen sie mit ihren Zauberpfeilen Hinkende, dass niemand heilen kann …« Und er kommt zu dem klaren Fazit: »Die Zauberinnen sollen getötet werden, weil sie Diebe sind, Ehebrecher, Räuber, Mörder … Sie schaden mannigfaltig. Also sollen sie getötet werden, nicht allein, weil sie schaden, sondern auch, weil sie Umgang mit dem Satan haben.«

So mittelalterlich kann es klingen, wenn ein großer Wegbereiter der Neuzeit spricht – und wenn man ihn vom Ehrensockel des wackeren Volkshelden herunterholt und seine weniger populären Aussagen unter die Lupe nimmt. Als Befürworter der Todesstrafe für »Satansbuhlschaft« erweist er sich gleichzeitig als ein typischer, höchst unorigineller Wiederkäuer der verbreiteten öffentlichen Meinung seiner Zeit – vor allem auch, was den unerträglich frauenfeindlichen Einschlag seiner Sichtweise betrifft. Hier ist Luther ganz Mann des Mittelalters, und besonders in diesem Punkt wird an seiner Person der gewaltige Fortschritt sichtbar, den die Menschheit seit damals gemacht hat, vornehmlich durch die Aufklärung des 18. Jahrhunderts, deren ersten Ansätzen Luther wiederum mit seiner Entdeckung der »Freiheit des Christenmenschen« den Boden bereitet hat, wie man auch anerkennen muss. Die Schwierigkeit, Luther in all seinen Facetten zu erfassen, besteht eben gerade darin, dass sich in seiner Person Mittelalter und Neuzeit begegnen und merkwürdig vermischen. Aus welcher geschichtlichen Perspektive aber soll man sich einer solchen »Zwischenperson« nähern? Mit dem kritischen, aufgeklärten Blick des modernen Menschen? Oder mit der milderen Sichtweise historischer Betrachtung?

Zieht man Luthers geschichtliche Wirkung in Erwägung, die ja bis heute anhält, fällt es schwer, ihn als bloße Geschichtsgestalt von der Gegenwart gleichsam abzukoppeln. Was bliebe denn von seiner Vorbildfunktion übrig, die er doch zumindest in protestantischen Kreisen genießt? Wie könnte man ihn dann noch so feiern, wie es etwa 1983 zum 500. Geburtstag des Reformators das »TIME Magazine« in einer Sonderausgabe tat, als es dort titelte: »Martin Luther – 500 Jahre *jung*«? Luther für die Gegenwart fruchtbar zu machen, ihn »jung« und aktuell aussehen zu lassen, bedeutet nichts anderes als seine Mittelalterlichkeit auszublenden. Seinen bizarren Hexen- und Teufelsglauben zum Beispiel, und seinen unversöhnlichen Judenhass. Oder seine hinterwäldlerische Vorstellung von der Rolle der Frau in der Gesellschaft. Seinen altertümlichen Staatsbegriff allemal. Und seine Rückständigkeit in sozialen Fragen. Sein haarsträubend provinzielles Weltbild im Ganzen. Aber darf man das? Und was bliebe dann? Was wäre von dem historischen Luther noch übrig, wenn man ihn zeitgemäß entschlackte? Wäre er da nicht nur bloße Projektionsfläche für die Wünsche und Befindlichkeiten der jeweiligen Epoche, die sich ihr Lutherbild so zurechtrückt, wie es ihr gerade gefällt?

Wohin so etwas führt, offenbart sich eindrücklich, wenn man die große Eichentür zum Festsaal der Wartburg öffnet. Fast vermisst man da einen Fanfarenstoß, der das pathetische Historienbild vervollkommnen würde. Hier ist alles Projektion der Nachwelt, pures, historisierendes 19. Jahrhundert. Heldenhaftes, gereinigtes Mittelalter mit dem Charme einer Wagner-Oper, wie eine Märchenfilmkulisse für Prinzen und Prinzessinnen – und als solche auch für den Lutherspielfilm mit Joseph Fiennes genutzt. Luthers Welt in deutschtümelnder, folkloristischer Ausgabe. So gefällt es offenbar auch den Touristen.

4.
HERBST

Schmutz, nichts als Schmutz. Und Kälte. Der Sommer auf der Wartburg ist vorüber und sein »Reich der Vögel« verwandelt sich wieder in sein »Patmos«, in eine karge, schmutzige Insel, gleich dem Verbannungsort, auf dem einst der Evangelist Johannes geschmachtet haben soll, als ihm die göttliche Offenbarung zuteil wurde. Ja, Luther vergleicht sich mit dem Evangelisten. Ist er jetzt nicht auch ein verfolgter und verfemter Verkünder biblischer Wahrheiten? Ein einsamer Rufer in der Wüste? Auch ihm wurde Offenbarung zuteil und er will, ja er muss sie aller Welt laut verkünden. »Ich muss es hinausschreien in alle Ohren! Wer das Evangelium einmal erkannt hat und dann noch für sich allein lebt, der lebt für den Teufel!« Sein Schicksal ist verwoben mit dem göttlichen Heilsplan, fühlt er. Er spürt geradezu körperlich die Anwesenheit Gottes. Gott steht neben ihm, das ist gewiss. Und er spürt auch, was Gott von ihm verlangt.

Aber die Feuchtigkeit kriecht jetzt aus allen Ritzen. Es wird Winter. Und die kalte Hand der Angst greift wieder nach seiner Kehle, besonders nachts, wenn sich der Teufel in Gestalt des Zweifels in seine

Gedanken mischt. Sogar in die Träume dringt die Angst ein. Da hilft dann beten – und singen. Und schreiben.

An die dreißig Briefe hat er schon geschrieben. An Philipp Melanchthon, den treuen und hoch gebildeten Professorenfreund und Griechischlehrer. An Nikolaus von Amsdorf, den Theologieprofessor, der ihn auf jener letzten Fahrt begleitet hatte, als urplötzlich vermummte Reiter den Reisewagen stoppten und Luther »entführten« – er war eingeweiht und hatte nur zum Schein gegen die Entführung protestiert, derweil der etwas einfältige Augustinerbruder Petzensteiner alles für bare Münze nahm und schreiend floh. Luther muss lächeln, wenn er an diese Szene zurückdenkt. Es liegt etwas Humoriges in diesem Coup, der doch einen so ernsten Hintergrund hat.

Auch an Johann Agricola hat er geschrieben, den »verheirateten Theologen und durch Christus Befreiten«, wie Luther ihn mit einem Seitenhieb auf das ihm verhasste Gebot der priesterlichen Ehelosigkeit nennt. An den treuen Justus Jonas sowieso, den Propst des Wittenberger Allerheiligenstifts. An das ganze »arme Häuflein Christi zu Wittenberg«. Und an Georg Spalatin, seinen vielleicht wichtigsten Vertrauten, Hofprediger und enger Mitarbeiter des sächsischen Kurfürsten, den Luther als »den zuverlässigsten Diener Christi in Altenburg«, dem kurfürstlichen Schloss, bezeichnet. Spalatin ist Luthers direkter Kontakt zum Kurfürsten, seinem Schutzherrn. Der allerdings lässt sich vorsätzlich nicht einmal den Aufenthaltsort Luthers verraten, um notfalls vor dem Kaiser schwören zu können, er wisse nichts von seinem Verbleib. Später hat man Friedrich III. »den Weisen« genannt.

Schreiben, gegen Depressionen und Ängste anschreiben. Seitenlange Erörterungen über theologische Fragen. Anweisungen an die Freunde und Mitstreiter in Wittenberg, wie nun weiter zu verfahren sei. Gemütszustände, Persönliches, Intimes. Luther lässt sich über jede Kleinigkeit genau informieren und führt »aus seiner Wüstenei« heraus immer noch Regie in Wittenberg, so gut er kann. Doch darf er sich ängstlich verstecken, wenn um ihn herum der Kampf um Gottes Sache entbrennt? »Nur widerwillig bin ich vom öffentlichen Schauplatz abgetreten«, gesteht er seinem Freund und Juristen Nico-

Das Porträt, das Lucas Cranach 1527 von Luthers Vater schuf, zeigt einen abgearbeiteten Mittsechziger, dessen Züge von Härte geprägt sind.

laus Gerbel in Straßburg brieflich, »und ich bin ungewiss, ob Gott mit diesem Schritt zufrieden ist ...«

In der kleinen Spiegelscherbe aus venezianischem Glas, die an einem Bindfaden an der Holzwand baumelt, sieht er ein Gesicht. Es muss wohl sein Gesicht sein, das ihn da anstarrt – aber es bleibt ihm doch ganz fremd. Ein Vollbart verdeckt die aufgedunsene Wangenpartie und das Doppelkinn. Die fettreiche Nahrung der Burgbesatzung, die ihm hier täglich vorgesetzt wird und die sein Magen bis dahin nicht kannte, hat sein Gesicht in nur wenigen Monaten verändert. Nur die tiefen, sengenden, aber auch müden Augen erinnern daran, dass der Besitzer dieses Leibes sich noch vor kurzem als Augustinermönch bis an den Rand des Menschenmöglichen kasteite, um Gottes Vergebung zu erlangen.

Nachdenklich streicht er sich mit der tintenbefleckten Hand über den Bart. Aus dem abgezehrten Mönch ist nun ein Junker geworden. »Junker Jörg!« Er spricht den Namen laut aus, missbilligend. Und was ist aus dem tapferen Martin Luther geworden, dem aufrechten Bekenner göttlicher Wahrheit? Versteckt der sich jetzt ängstlich hinter dieser albernen Maskerade? Warum flieht er, anstatt anzugreifen?

Er war viel auf der Flucht in seinem Leben, schon als Kind. Vor der Strenge des Vaters und der frommen Härte der Mutter. Mehr noch: vor der Angst, die beide ihm machten. Als Kind hatte er niemals gewagt, seiner Mutter direkt ins Angesicht zu schauen – in dieses verhärmte, niemals lachende, stockfromme Gesicht. Einmal hatte sie ihn bloß wegen einer fehlenden Nuss so geprügelt, dass Blut floss. Ein anderes Mal, als der harte Vater ihn schwer strafte, war er drauf und dran gewesen, aus seinem Herzen alle Liebe für seine Eltern zu verlieren. Das hatte er schmerzhaft gespürt und es hatte ihm noch größere Angst eingejagt. Er würde es einmal anders machen, sollte er je Kinder haben, hatte er sich damals geschworen: Neben der Rute muss immer auch der Apfel liegen!

Leistung, immer nur Leistung! Der Vater hatte viel von ihm verlangt. Der brave Bergmann Hans Luder aus Möhra, der sich mit aller Kraft vom einfachen Grubenarbeiter zum Mitbesitzer einer kleinen

Bergwerksanlage und zum angesehenen Mansfelder Stadtrat hochgearbeitet hatte. Im Bergstollen hatte er ihm erklärt, dass die wahren Schätze des Lebens nur unter großen Mühen zu heben seien. »Nur in mühsamer Arbeit holt man das wertvolle Kupfer aus dem schwarzen Gestein hervor!«, hatte er mit erhobenem Zeigefinger gemahnt und dann abschätzig auf das wunderbar glitzernde Gestein an der gegenüberliegenden Wand gezeigt: »Aber dieser Glimmer dort ist nichts als bloßer Schein. Verführerisch leuchtend wie Gold – aber wertlos. So wie die Werke des Teufels ...«

Harte Arbeit – das war der einzige Weg zur Seligkeit, so viel hatte er verstanden. Und die Verführungen der Welt durften ihn von diesem Weg nicht abbringen. Aus ihm sollte einmal etwas Besseres werden, ein Doktor vielleicht, ein Jurist, ein Bürgermeister. Die Familie sammelte alles Geld zusammen, um dem Begabtesten unter den drei Söhnen und drei Töchtern ein Studium zu ermöglichen. Schon mit 21 Jahren wurde er dann auch tatsächlich zum Magister promoviert, als Zweitbester seines Jahrgangs. Nein, enttäuscht hatte er seine Eltern nie.

Bis zu diesem furchtbaren Schicksalstag, Anfang Juli 1505. Da hatte der frischgebackene Magister, von dem nunmehr erwartet wurde, dass er fleißig Jura studieren und Karriere machen sollte, seinen Eltern, die mit offenen Mündern vor ihm saßen, verkündet, dass er ins Kloster gehen wolle. Ins Schwarze Kloster der Augustiner-Eremiten zu Erfurt, das für seine strenge und gewissenhafte Ordensdisziplin bekannt war! Nach einer Weile völligen Schweigens hatte sein Vater einen jener Tobsuchtsanfälle bekommen, wie sie ihn mit Schrecken an seine früheste Kindheit erinnerten. Plötzlich hatte Luther das Gefühl, wieder fünf Jahre alt zu sein, und sein Blick war ängstlich auf jenen Eckplatz neben dem großen Schrank gefallen, dorthin, wo früher der Stock lag. Aber der Vater schlug nicht. Stattdessen ging er mit schweren Schritten in der Stube auf und ab, zuletzt schüttelte er nur noch den Kopf. Ratlos, schweigend. Dieses Schweigen war furchtbarer als alle Schläge.

Er hatte den schrecklichen Zorn des Vaters vorausgeahnt, und deshalb hatte er sich eine gute Geschichte zurechtgelegt. Viele Tage hatte er darüber nachgedacht, wie er den Eltern seine Entscheidung plausibel machen könne. Irgendwann auf dem langen beschwerlichen Weg von Erfurt nach Mansfeld hatte er dann die Lösung gefunden, wenn sie vielleicht auch ein wenig zu abenteuerlich klang, um wirklich wahr zu sein: Auf dem Weg zum elterlichen Haus sei er von einem schrecklichen Gewitter überrascht worden – wollte er erzählen – und ein Blitz habe gleich neben ihm eingeschlagen, sodass ihm Hören und Sehen vergangen sei. Zweifellos ein göttliches Zeichen, ein Hinweis für sein ganzes weiteres Leben! Und in seiner Todesangst habe er die Heilige Anna, die Schutzpatronin der Bergleute, um Hilfe angefleht und sie habe ihn errettet. »Heilige Anna hilf, ich will ein Mönch werden!«, habe er gerufen und sie habe ihn erhört, die große Schutzpatronin des Vaters. Und was man der Schutzpatronin gelobt habe, das müsse man doch halten. Oder etwa nicht? So hatte er zum Vater gesprochen. Was sollte der ihm da noch entgegnen? Er schwieg mit gesenktem Haupt, doch dann hatte er plötzlich zornesrot aufgeblickt: »Die Heilige Anna, wie?«, und es lag ein böser Zweifel in seiner Stimme. »Nun ... gebe Gott, dass es kein teuflisches Gespenst gewesen ist!« Die Tür zur Wohnstube fiel krachend ins Schloss.

Der Vater hatte die Dürftigkeit seiner Geschichte durchschaut. Natürlich war der Entschluss, Mönch zu werden, in Wirklichkeit keine spontane Eingebung während eines Gewitters gewesen. Lange schon hatte ihn die Frage gequält, wie er echten Anteil an der Wahrheit Gottes gewinnen könne. Der Keim seiner Gottessehnsucht war ihm früh ins Herz gepflanzt worden. Als 14-jähriger Lateinschüler hatte ihm die fromme und gebildete Frau Cotta, bei der er als Kostgänger in Eisenach ein und aus ging, von den Schönheiten des Himmels erzählt. Herrliche christliche Gesänge hatte er da einstudiert und Frau Cotta hatte ihn freundlich angelacht, ihn gelobt und ihm manchen süßen Apfel zugesteckt. Dort hatte er zum ersten Mal die Freundlichkeit des christlichen Glaubens gespürt. Und dann war etwas passiert, was ihm die furchtbare Hinfälligkeit des menschlichen Lebens drastisch vor Augen führte. Zwar sah er allenthalben um sich herum, dass in dieser unruhigen Welt schnell geboren und noch schneller gestorben wurde, aber die Zerbrechlichkeit des Lebens am eigenen Leib zu spüren – das war doch etwas ganz anderes. Der Fall hatte sich ereignet, als er noch keine zwanzig war.

Es war auf einem sonnigen Spaziergang gewesen. An nichts Böses hatte er gedacht, da hatten sich seine Beine in dem Degen, den er damals stets bei sich trug, verfangen. Er war gestolpert und die Spitze des scharfen Messers hatte seine Beinader geschlitzt. Von einem Moment auf den anderen spürte er, wie das Leben aus ihm herausfloss und wie er im schönsten Leben plötzlich vom Tod umfangen war. Gewiss, trotz des hohen Blutverlustes konnte man ihn schließlich doch noch retten – aber was hätte er vorzuweisen gehabt, wenn er in diesem Augenblick vor seinen Schöpfer hätte treten müssen? Dieser Gedanke ging ihm immer wieder durch den Kopf in all den Tagen, da er das Bett hüten musste. Ohne Zweifel: Er hatte sein Leben bisher in keiner Weise genutzt, um sich die Anwartschaft auf einen Himmelsplatz zu erwerben. Er hätte Gott niemals genügt. In dieser Hinsicht war er nie fleißig und strebsam genug gewesen, seine Leistungen hätten nicht ausgereicht. »Ungenügend!«, hätten alle Engel des Himmels gerufen. Er hätte im ewigen Höllenfeuer schmoren müssen!

Von diesem Tag an hatte er gewusst, dass andere Dinge wichtiger waren als Gut und Geld. Und es schmerzte ihn, dass gerade darüber mit seinem Vater nicht zu reden war. Wie auch? Wie sollte der Vater, der sich und sein Leben dem gesellschaftlichen Aufstieg verschrieben hatte und nun im Sohn die Früchte all seiner Mühen und Entbehrungen ernten wollte, ihn je verstehen können? So war sein Entschluss ganz einsam gefallen, aber wohl überlegt und gut vorbereitet. Sein »Geständnis« im elterlichen Hause mitsamt der Gewittergeschichte hatte er bis auf den letztmöglichen Augenblick hinausgezögert, bis zu dem Moment, da er seinen Magister in der Tasche hatte und gerade mit dem Sommersemester das Jurastudium beginnen sollte. Er hatte sie vor vollendete Tatsachen gestellt. Er wollte nichts diskutieren. Und schon vierzehn Tage später, am 17. Juli, war er als Postulant in das Erfurter Kloster eingezogen.

Er war ein guter Novize und Mönch – das glaubte er jedenfalls damals. Ein sehr guter Mönch, der Beste! Seine Ordensbrüder – etwa fünfzig an der Zahl, gut die Hälfte von ihnen Priester – neideten ihm seinen gelehrten Ehrgeiz, das spürte er wohl; genauso wie es später die altehrwürdigen Erfurter Professoren taten, als die Uni Wittenberg ihm mit nur 28 Jahren die Doktorwürde verlieh. Als Novize jedenfalls hatte er rasend schnell Karriere gemacht und bereits 21 Monate nach seinem Klostereintritt wurde er im Erfurter Dom zum Priester geweiht.

Zu diesem Anlass hatte sein Vater sich nicht lumpen lassen. Die Primizfeier hatte er nicht nur großzügig ausgestattet, sondern er war auch mit großem Gefolge eigens aus Mansfeld angereist. Wie sehr hatte er sich damals vom Vater ein freundliches Wort der Anerkennung gewünscht! Eine kleine Geste der Versöhnung und Zuneigung nur, ein Signal, dass sein Vater, dieser unüberwindliche, brachiale Erfolgsmensch, auch ihn und seine ureigenste Entscheidung endlich akzeptieren würde. Stattdessen sagte er ihm ein Wort, das ihn tiefer als alles Bisherige erschütterte. Ein Wort, das ihn mitten ins Mark traf. Das ihn, der doch stets so bedacht darauf war, alles richtig zu machen, geradezu umwarf.

Es war mitten bei dem festlichen Mahl. Da hatte er versucht, dem Vater eine Freundlichkeit zu entlocken. Es sei doch sicher nicht falsch gewesen, der Stimme Gottes zu folgen, hatte er zum Vater gesprochen. Wenn Gott ihm nun einmal geboten habe, Mönch zu werden, dann habe er willig folgen müssen, das sei doch einzusehen, oder etwa nicht? Und schließlich habe er es doch schnell zu einem guten Erfolg gebracht, zu guten Leistungen … Da hatte der Vater den Fleischbrocken, den er eben vor sich hielt, wieder auf den Teller zurückgeworfen, sich über den Mund gewischt, tief durchgeatmet und mit lauter Stimme gedröhnt, sodass es alle hören konnten: »Und hast Du nicht auch gehört das Gebot Gottes ›Ehre Vater und Mutter‹?!«

Das hatte ihn wie ein Keulenschlag getroffen. Sein Lebtag hatte er niemals aus eines Menschen Mund ein Wort gehört, das ihm mächtiger geklungen und fester gehaftet hätte als dieser kurze Satz seines Vaters. Ja, er hatte das vierte Gebot gebrochen, der Vater hatte Recht! Gegen den Willen der Eltern war er Mönch geworden. Aber er hatte es doch nur getan, um einem *anderen* Gebot Gottes zu folgen. Welche Forderung Gottes war denn mehr wert als die andere? Gab es eine Rangliste der Gebote? In diesem einen Augenblick hatte er das ganze Dilemma seiner Entscheidung erkannt.

Jetzt sitzt er in der kalten, feuchten Wartburg und schreibt das Datum dieses Tages auf das klamme Papier: den 21. November 1521. Mit ruhiger Hand schreibt er dieses Datum. Und er wird nun einen Traktat schreiben über die Mönchsgelübde – und warum man sie brechen *darf*. An den Anfang dieses bedeutenden Werkes wird er ein Vorwort setzen. Ein Vorwort, mit dem er des Vaters gedenken wird. Seinen wahren und richtigen Worten. Es wird ein Wort werden, das dem Vater zeigen soll, wie sehr es ihm immer darum ging, ein eigener Mensch zu sein. Ein Mensch mit einem eigenen Kopf. Aber zugleich wird es dem Vater deutlich machen, dass sein Gelübde nicht mehr wiegt als der Gehorsam, den er ihm schuldet. Es wird ihn endlich, endlich versöhnen … »Vater … ich schicke dir dieses Buch, damit du daran sehen kannst, durch welche Zeichen und Kräfte Christus mich vom Mönchsgelübbde losgemacht hat … und mich mit einer so großen Freiheit beschenkt hat, dass ich – obwohl jedermanns Knecht – jetzt niemandem mehr untertan bin als ihm allein …«

5.
DIE DEUTSCHE EICHE

Als Johann Wolfgang Goethe im September 1777 die Wartburg besuchte, fand er einen »nüchternen, öden Kasten« vor, erfüllt von »unbeschreiblicher Unbehaglichkeit«. Seit Luthers Exilzeit war damals ein gutes Vierteljahrtausend vergangen, in dessen Verlauf die Burg mehr und mehr verkam – schon Luther war in eine Burganlage gebracht worden, die abseits des allgemeinen Interesses lag und ihren historischen Zenit längst überschritten hatte. Strategisch von keinerlei Bedeutung mehr, wurde diese »deutscheste aller Burgen« hauptsächlich ihrer Vergangenheit wegen gewürdigt.

Bereits im 12. Jahrhundert erbaut, hatte hier einst die Heilige Elisabeth von Thüringen ihr karitatives Wesen entfaltet; für Luther war sie übrigens – trotz seiner grundsätzlichen Ablehnung der Heiligenverehrung – ein wirkliches Vorbild, wie schon die Tatsache zeigt, dass er seine erste Tochter auf den Namen Elisabeth taufte. Der berühmte, sagenhafte Sängerwettstreit im Jahr 1206, dessen Minnelieder als früheste Werke deutschen Kulturschaffens gelten, soll auf der Burg ausgetragen worden sein. Richard Wagner hat mit seiner Oper »Tannhäuser« dieses erste Musikgroßereignis der deutschen Geschichte noch einmal nachhaltig in Erinnerung gerufen.

Dass nun auch Luther, der »Papst der Deutschen«, ausgerechnet an diesem Ort das wichtigste reformatorische Kapital beisteuerte, indem er in den zehn Monaten seines Aufenthalts das Neue Testament aus dem griechischen Urtext ins Deutsche übersetzte, vervollkommnete die Wartburg zum perfekten deutschen Denkmal. Der Geheimrat und Minister Goethe erkannte sogleich das nationale Potenzial. Auf ihn gehen denn auch die ersten Wiederbelebungsversuche des Gemäuers zurück, und 1838, sechs Jahre nach Goethes Tod, wurde die Burg einer gründlichen Renovierung unterzogen, die sie bis heute zu »einer der besterhaltenen Burganlagen Deutschlands« hat werden lassen, wie Burghauptmann Günter Suchart stolz bemerkt.

Denkmalpflegerisch eine schöne Sache, zugleich aber auch eine Crux der Geschichtsbetrachtung. Denn im Zuge der nationalen Identitätsfindung, die sich in deutschen Landen über das gesamte 19. Jahrhundert hinweg vollzog, wurden die Wartburg und Luther zu dem Stoff, aus dem Deutschlands nationalstaatliche Träume gemacht sind. Fast alles, was heute an allgemeinem Geschichtswissen über Luther kursiert, hat bereits den Filter dieser Interpretation durchlaufen. Unser Lutherbild ist – ob wir es wollen oder nicht – nachhaltig von

5. Kapitel

Luther incognito. Als »Junker Jörg« ließ er Bart und Haare sprießen. Der Holzschnitt von Lucas Cranach machte ihn gerade in diesem Aufzug weltberühmt.

der politischen Aufbruchstimmung des 19. Jahrhunderts geprägt, und hinter dieser nationalen Folie ist die mittelalterliche Religiosität des Martin Luther nur noch unscharf zu erkennen.

Einige Beispiele mögen verdeutlichen, wie massiv sich die Beschlagnahme Luthers für den deutschen Nationalstolz spätestens seit dem ausgehenden 18. Jahrhundert vollzog. So zieht ein Zeitgenosse und Freund Goethes, der einflussreiche Prediger Johann Gottfried Herder, jene abschließende Bilanz, die in ähnlicher Weise aus den Federn fast aller seiner Zeitgenossen tropft, nämlich »dass Luther es war, der durch seine Reformation eine ganze Nation zum Denken und Fühlen erhoben« hat. Und mit einem kleinen Gedicht setzt er die Standardmarke der allgemeinen Verehrung:

Mächtiger Eichbaum! Deutschen Stammes! Gottes Kraft!
Droben im Wipfel braust der Sturm,
du stehst mit hundertbogigen Armen
dem Sturm entgegen und grünst!
Der Sturm braust fort …
Du Eichbaum stehst.
Bist Luther.

Luther – die deutsche Eiche. Wie sehr Luther mit diesem Bild schon früh zum politischen Vorkämpfer stilisiert worden ist, zeigen die Worte eines Mannes, der wirklich etwas von Politik verstand und der nachhaltig mit dem Protestantismus Politik zu machen wusste, des Königs von Preußen, Friedrichs des Großen: »Hätte Luther weiter nichts getan, als die Fürsten und Völker von der kirchlichen Sklaverei befreit, in welcher sie die Herrschaft der römischen Päpste hielt, er hätte verdient, dass man ihm Altäre errichtete wie einem Befreier des Vaterlandes!« Eine aufschlussreiche Vermischung von politischen und religiösen Begriffen: Sklaverei, Papst, Befreiung, Altar, Vaterland. Religion wird hier zum Staat und der Staat zur Religion. »Preußen« nennt man dann das Ganze.

Und Luther wird zur Messlatte des preußischen Einbürgerungstests: »Wer je deutsch schreiben und reden lernen will, der muss empfinden lernen, was in Luther gelebt hat!«, davon ist der Dichter Ernst Moritz Arndt überzeugt. »So lange deutsches Volk lebt und deutsche Sprache erklingt, wird Luther leben und erklingen!« Eine ebenso pathetische wie mutige Prognose, mit der Moritz Arndt aber gar nicht so falsch liegt. Als das Zweite Deutsche Fernsehen im Jahr 2003 »Unsere Besten« zu ermitteln suchte, entschieden sich mehr als eine halbe Million Bundesbürger für Martin Luther. Das bedeutete für ihn Platz zwei, gleich hinter Konrad Adenauer! Als Volksheld und Wegbereiter Deutschlands ist Luther nach wie vor vollkommen intakt.

Doch ganz sicher ist es *nicht* der Inhalt von Luthers Botschaft, der heute seinen populären Status begründet. Die theologische Dimension seines Werkes dürfte den meisten Menschen, die ihn zu einem der größten Deutschen erklären, wohl eher fremd sein. Interessant ist in diesem Zusammenhang, was Ende der 1990er Jahre das Umfrageinstitut EMNID zum Glauben der Deutschen erhob: Zwar waren 57 Prozent der Befragten davon überzeugt, dass es eine göttliche Kraft gibt, aber als geradezu dramatisch stellte sich die inhaltliche Distanz dar, die die Gläubigen gegenüber dem, was Luther einst lehrte, entwickelt haben. Gerade das Kernstück seines Glaubens, nämlich das personal vorgestellte Verhältnis zu einem »lebendigen Gott«, verliert heute als Glaubensbasis mehr und mehr an Boden, folgt man den Ergebnissen der Studie. Schöpfte Luther noch seine ganze Überzeugungskraft und Energie aus der »ganz gewissen Überzeugung«, einem persönlichen Gott gegenüberzustehen und im Gebet persönlich mit ihm zu kommunizieren, so sieht der moderne Gläubige eine göttliche Kraft eher woanders »walten«: in der Natur verborgen, in den Sternen, im kosmischen Geschehen, in den Molekülen, im Bauplan der Zellen oder als bloße Energiequelle.

Dieser Haltung entspricht der Trend, dass immer weniger Menschen etwas mit der Kirche anfangen können und sich daher außerkirchlichen Sinnangeboten öffnen – vor allem Frauen, wie es die Umfrage ausweist. Seelenwanderung, Astrologie, Gedankenübertragung und dergleichen sind die neuen religiösen Attraktionen. Luther hätte mit Grausen registriert, dass im Zuge dieses religiösen Rückfalls in uraltes, heidnisches Verhalten die Bibel mehr und mehr in den Hintergrund gedrängt wird – ganz wie zu seiner Zeit, als das kultische Zeremoniell der Kirche den Blick auf die biblische Botschaft verstellte und er gerade deswegen rebellierte.

Übrigens – so zeigt die Umfrage auch – kann die Mehrheit der Befragten nicht mehr recht nachvollziehen, warum es überhaupt unterschiedliche Konfessionen gibt. Die große Mehrheit ahnt zwar einen historischen Zusammenhang, kann aber den Inhalt des Konflikts nicht mehr genau benennen. Geschweige denn, dass sie darunter leiden würde. 62 Prozent der Befragten sprechen sich demzufolge für einen schnellen Zusammenschluss von Protestanten und Katholiken aus. Es scheint für die Kirchen immer schwieriger zu werden, selbst ihren eigenen Anhängern plausibel zu machen, warum es etwa unzulässig sein soll, dass Protestanten und Katholiken gemeinsam das Abendmahl feiern. Die Differenzierung theologischer Programme, um die es Luther so sehr ging, wird heute in der breiten Öffentlichkeit gar nicht mehr nachvollzogen und auch nicht mehr akzeptiert. Einstmals eherne Stützpfeiler der christlichen Tradition, die für Luther unverrückbare Wahrheiten darstellten, wie zum Beispiel die Gottessohnschaft Christi oder die leibliche Auferstehung, sind als Vorstellung selbst unter Gläubigen mehr und mehr in Auflösung begriffen.

Aber einzig und allein um die Verkündigung dieser Vorstellungen ging es Luther! Das genau ist das Zentrum seines Lebenswerks, die Quintessenz all seiner Anstrengungen. Sein reformatorisches Programm spiegelt sich vielleicht am greifbarsten in jenem Bild wider, das Lucas Cranach malte: der predigende Luther auf der Kanzel in der Stadtkirche zu Wittenberg. Es zeigt den gereiften, inzwischen gut fünfzigjährigen Reformator. Luther steht auf einer Kanzel, die keineswegs mittig, sondern ganz an den rechten Bildrand gesetzt ist. Predigt und Prediger, ebenso wie die Zuhörer, sind vom Maler ausdrücklich nicht ins Zentrum des Geschehens gerückt, sondern an den jeweils äußersten Rand des Bildes. Zudem ist Luthers Mund geschlossen. Der Maler will uns zu verstehen geben: Es sind nicht Luthers Worte, die das Publikum faszinieren. Es ist etwas anderes. Vor Luther liegt die aufgeschlagene Bibel, in die er mit seiner ganzen linken Handfläche so hineingreift, als ob er den Strom der geschriebenen Worte in sich aufnähme.

Nun wird klar: Hier spricht nicht der Reformator selbst, sondern die biblische Botschaft spricht aus ihm, durch ihn hindurch. Seine Person scheint unwichtig und austauschbar. Und wie zur Bekräftigung dieser personalen Dezentralisierung weist Luther selbst mit seiner rechten Hand weit von sich selbst fort. Direkt in die Mitte des Bildes und damit in den Mittelpunkt seiner Botschaft: auf den gekreuzigten Jesus Christus. Hier liegt das Zentrum der lutherischen Verkündigung: Jesus Christus, am Kreuz gestorben, am dritten Tage auferstanden, aufgefahren zum Himmel, Gottes einziger Sohn, den er aus Liebe zu den Menschen hingab, zur Vergebung der Sünden, der nunmehr zur Rechten Gottes sitzend und den Tod überwunden habend – der wahrhaft lebendige Gottessohn.

Leibliche Auferstehung? Kreuzestod zur Vergebung unserer Sünden? Himmelfahrt? Gottes eingeborener, lebendiger Sohn? Der Auferstandene im Zentrum des Glaubens? Betrachtet man die EMNID-Studie, dann sind es vor allem solche Inhalte, die das Gros der Bevölkerung kaum mehr erreichen. Wenn aber der Publikumsliebling Luther heute nicht mehr für seine theologischen Inhalte steht – woher bezieht er dann seine ungebrochene Popularität?

6.
WINTER

In langen Tagen und Nächten hat er darüber nachgedacht, wie alles weitergehen soll. In seinem kleinen Wartburgzimmer ist er auf und ab gelaufen und hat auf diesem kurzen Weg schon viele Meilen zurückgelegt. Er ist weit, sehr weit gewandert – und hat jetzt eine entscheidende Station erreicht. Er hat etwas Neues herausgefunden. Etwas, was letzten Endes über Wohl und Wehe der Reformation entscheiden wird. Doch von der Tragweite seiner Entdeckung ahnt er in diesem Moment selbst noch nichts. /

Es ist vielleicht weniger eine Entdeckung, die er gemacht hat. Es ist vielmehr ein Entschluss, den er angesichts der neuesten Entwicklungen fasste. Etwas, das seiner Intuition entsprang, als er merkte, wie da draußen in Wittenberg die Dinge liefen. Gewiss: Vieles, was da in den Briefen der Freunde und Verbündeten berichtet wurde, machte Mut und gab Anlass zur Freude. Die Reform der Gottesdienstordnung wurde vorangetrieben. Man erzählte ihm davon, dass drei Priester die Ehe eingegangen waren, Mönche die Klöster verließen und sich der reformatorische Geist im ganzen Land wie ein Lauffeuer verbreitete. Aber eben darin lag auch ein Problem.

Denn ein Lauffeuer birgt viele Gefahren. Es verbrennt alles, was sich ihm in den Weg stellt, und aus der Asche erwächst nicht immer Gutes. Statt die zarte Pflanze der Reformation zu hegen und ihr sorgfältig Raum zu schaffen in Gottes großem Garten, wo vieles durchaus trefflich geordnet ist, verursacht eine radikale Brandrodung immer Brachland, auf dessen Boden dann allerlei Wildwuchs gedeiht. Spalatin und Melanchthon haben in ihren Briefen so etwas angedeutet. Bilder und Kirchenschmuck sollen aus der Stadtkirche zu Wittenberg gewaltsam herausgerissen worden sein. Eine schmerzliche Vorstellung für Luther – wie oft hat er in der Werkstatt seines Freundes Lucas Cranach gesessen und mit eigenen Augen gesehen, wie viel Mühe und Talent es braucht, um schlichte Holztafeln in Kunstwerke zu verwandeln. Und dann kamen obendrein selbst ernannte ›Propheten‹ aus Zwickau in die Stadt und schürten noch größeren Aufruhr. ›Mordpropheten‹ sind es! Das arme, unwissende Volk rufen sie zum Umsturz auf. Solche Schwärmer gefährden die gute Sache aufs Äußerste. Ihr fanatischer Eifer lenkt davon ab, worauf es eigentlich ankommt: auf Glaube und Liebe. Es könne doch wohl nicht sein, schreibt Luther besorgt dem Grafen von Stolberg, dass »unser Christsein nur im Niederreißen von Bildern, dem demonstrativen Fleisch-

6. Kapitel

Das Bild von dem Maler Karl Bauer ist eines von unzähligen markigen Luther-Porträts des 19. Jahrhunderts.

essen an Fastentagen und anderen Äußerlichkeiten« zur Schau getragen werde.

Luther will keinen radikalen Neuanfang. Keinen Bruch mit dem Bestehenden. Er will Kontinuität. Er will verändern – aber als Reformer, nicht als Revolutionär. Seine Vorschläge möchte er eingebettet sehen in den schon immer wechselvollen, aber doch kontinuierlichen Verlauf der Kirchengeschichte. Er ist und bleibt ein Mann der einen und einzigen Kirche, davon ist er zu diesem Zeitpunkt noch fest überzeugt. Erst 15 Jahre später, 1537, wird er in seinen so genannten Schmalkaldischen Artikeln eine Positionsbestimmung der Reformation durchführen, die den geschichtlichen Bruch und die Trennung von der alten Kirche als unumgänglich anerkennt. Noch aber hat er nicht erkannt, dass er längst außerhalb der Kirche steht.

Ganz anders als viele seiner Anhänger. Einige haben schon Brandfackeln entzündet, um die alte Kirchenordnung in Flammen aufgehen zu lassen, das weiß er. Und eben das ist es, was ihm jetzt schlaflose Nächte bereitet. Was tun, wenn alle Ordnung zu wanken beginnt? Wenn die Funken der Reform gegen seinen Willen einen schrecklichen Weltenbrand entfesseln? Schon fangen die unzufriedenen Bauern an, mit Hinweis auf die befreiende Botschaft Christi ihre Pflichten zu vergessen. Sie murren und beginnen der Obrigkeit zu trotzen, die doch von Gott eingesetzt ist. Aber wie, bitte schön, sollen denn Reformen jemals gelingen, wenn man jene Fürsten verärgert, die für die reformatorische Sache einstehen? Ja, ist es denn nicht so, dass sogar sein eigenes Leben vom Wohlwollen eines Fürsten abhängt, der seine schützende Hand über ihn hält? Wie könnte er es je dulden, wenn seine Anhänger nun versuchten, diese hilfreiche Hand abzuschlagen?

Nein, er muss jetzt eingreifen. Und daher ist er Anfang Dezember für wenige Tage heimlich nach Wittenberg gereist, um diese Dinge zu klären. Er hat sich über die Ermahnungen und Befehle des Burghauptmanns Hans von Berlepsch hinweggesetzt und ist einfach losgeritten. Sozusagen inkognito, als unbekannter »Junker Jörg«. Dort hat er in kleiner Runde seinen Mitstreitern eingeschärft, was er vier

Monate später im März 1522 noch einmal, öffentlich vor den Ohren aller Wittenberger predigen wird: »Ihr müsst unterscheiden zwischen dem, was unbedingt sein muss, und dem, was der Entscheidung des Menschen freigestellt ist!« Nicht alles, was aus alten Zeiten überkommen ist, müsse verschwinden. Man solle nichts übers Knie brechen. Warum schöne Kirchenbilder vernichten, wenn sie niemandem schaden? Warum zum Aufruhr anstacheln, wenn doch Gewalt niemals der Sache Gottes dient? Luther predigt Mäßigung und Ruhe. »Wenn ich hier gewesen wäre, hätte ich es niemals so weit kommen lassen!«, hat er ihnen unmissverständlich klargemacht.

Vor allem hat er Andreas Karlstadt ins Gewissen geredet, dem übereifrigen Wittenberger Priester, dem es mit den Reformen nicht schnell genug gehen kann und der am liebsten auf der Stelle alle Kirchenbilder auf dem Scheiterhaufen sehen möchte. »Zwar sind die Reformen an sich nicht im Geringsten zu verurteilen«, gesteht Luther zu, »aber das Tempo, in dem sie durchgeführt werden, ist viel zu groß.« So hat er es auch dem einflussreichen Apotheker, Künstler und Ratsherrn Lucas Cranach nachdrücklich erklärt, dem verständigen Mann und guten Freud, dem er bei dieser Gelegenheit als Junker Jörg für ein paar Stunden Modell sitzt. Darin liege doch die größte Gefahr für das Gelingen der Reformation: dass alles wie ein Strohfeuer aufflamme und zuletzt nichts als Asche zurückbleibe!

Nicht nur, dass es taktisch unklug ist, die Fürsten zu verärgern. Es ist darüber hinaus rücksichtslos und falsch, aus der Erneuerung des Glaubens ein unbarmherziges Gesetz zu machen, das allen überall und sofort übergestülpt werde, ob sie nun wollen oder nicht. »Das Erste ist doch der Glaube!« Dieser müsse zunächst in die Herzen der Menschen einziehen. Und dann komme es darauf an, die Botschaft der Heiligen Schrift gegen alle Anfechtungen und Verfälschungen zu verteidigen. Alles andere könne man getrost auf später verschieben.

So hat er in Wittenberg gesprochen. Und seine Rede gründet auf seiner neuen Entdeckung: Er hat bei allem Eifer für Gottes Sache nämlich erkannt, dass es *Menschen* sind, mit denen er zu tun hat. Menschen, die Anfang und Ziel der Reformation sind – und die Zeit brauchen, um zu erkennen. Zeit, um über den ersten Begeisterungstaumel hinaus zum wahren Inhalt der Christusbotschaft vorzudringen. Er erkennt jetzt ganz deutlich die Chancen, aber auch die Gefahren: »Das Evangelium wird vom einfachen Volk begeistert aufgenommen. Aber sie verstehen es als eine Anleitung zur Durchsetzung ihrer Interessen. Sie sehen, dass es die Wahrheit ist, aber sie gehen nicht richtig damit um. Und diese Entwicklung wird nun noch von denen gefördert, die eigentlich die Gefahr eines Aufstandes abwehren sollten …«

Nun ist er auf die Wartburg zurückgekehrt. Es sind die Tage, da der Dezember mit kräftigen Hagelstürmen gegen das kleine Fenster seines Zimmers anrennt. Da prasselt es an der Glasscheibe, als ob der Teufel immer wieder ganze Hände voller Kieselsteine dagegenschleudern würde. Doch das hört er jetzt nicht. Auch den kalten Wind, der ihm anfangs so zusetzte, spürt er nicht mehr.

Zwei Dinge sind es, die Gott von ihm verlangt und die nun seine ganze Aufmerksamkeit in Anspruch nehmen. Zum einen wird er eine kleine Schrift verfassen. Ihr Titel: »Eine gut gemeinte Ermahnung Martin Luthers an alle Christen: man solle sich vor Aufruhr und Unruhe hüten!« Darin wird er jenen zentralen Satz schreiben, den er hier auf der Wartburg für sich entdeckt hat und der von jetzt an fester Bestandteil seines reformatorischen Programms werden wird: »Ich halte es und werde es immer halten mit denen, gegen die sich der Aufruhr richtet, wie sehr sie auch im Unrecht sein mögen.« Und weiter: »Ich werde mich denen widersetzen, die den Aufruhr anzetteln, wie sehr sie auch im Recht sein mögen. Aufruhr ist nichts anderes, als dass man Richter in eigener Sache sein und die Strafe rachgierig selbst vollziehen will. Das aber kann Gott nicht leiden.« Zeitlebens wird er dieser Maxime treu bleiben. Er wird eine »Schaukelpolitik« betreiben: Härte und Unnachgiebigkeit, was seine theologischen Ziele betrifft; Geschmeidigkeit und Kompromissbereitschaft dort, wo es um politische Angelegenheiten geht. Luthers intuitive Taktik wird sich als erfolgreich erweisen.

Und noch etwas wird er tun, etwas, das mindestens ebenso wichtig für die Reformation ist. Es hat Melanchthon in den langen Gesprächen, die sie beide in Wittenberg geführt haben, nicht viel Anstrengung gekostet, ihn von der Notwendigkeit dieser schweren Aufgabe zu überzeugen: Er wird in der Einsamkeit der Wartburg die Bibel ›verdolmetschen‹, zunächst das Neue Testament, später dann die ganze Heilige Schrift. Es ist keine Zeit zu verlieren, auch wenn es eine Arbeit ist, die »über meine Kräfte« geht, wie Luther in einem Brief erschöpft gesteht. Doch das Wort muss so schnell wie möglich unter die Menschen, »nur das Wort allein«. Und zwar so, wie es das Volk versteht, in *seiner* Sprache, einfach und klar! Er sei der richtige Mann für diese Arbeit, das hatte auch Melanchthon, der Griechischprofessor, der danach alles noch einmal prüfen und überarbeiten wird, gemeint. Als Mönch hatte sich Luther wieder und wieder in die Bibel vertieft, er kennt sie auswendig! Und er hat »dem Volk aufs Maul« geschaut, er weiß, wie die einfachen Menschen sprechen, welche Worte sie verstehen, was sie fühlen, was sie denken, er kommt ja von dort. Und wenn es gelingt, Gottes Wort den Menschen zu geben, dann geht von ihm in diesen wirren Zeiten Orientierung und Besserung aus, davon ist er fest überzeugt. Denn »die Heilige Schrift ist durch sich selbst zuverlässig, zugänglich und verständlich. Sie ist ihr eigener Ausleger.«

Er wird mit seinem Lieblingskapitel, dem Evangelium nach Johannes, beginnen. Und indem er jetzt auf den wenigen Metern seiner kleinen Insel auf und ab geht – die griechische Bibel in der linken Hand, das Schreibrohr in der rechten –, perlen im Rhythmus seiner Schritte schon die Worte, die er laut ausspricht, geradezu singt, wie klangvolle Musik, wie ein großer göttlicher Hymnus: »Im Anfang war das Wort / und das Wort war bei Gott / und Gott war das Wort … und das Wort ward Fleisch / und wohnete unter uns / und wir sahen seine Herrlichkeit …« Am Ende werden es kaum mehr als siebzig Arbeitstage sein, in denen Luther das gesamte Neue Testament ins Deutsche übersetzt.

Die Verdeutschung der Bibel – vielleicht ist dies die nachhaltigste, die kühnste Tat Martin Luthers. Jedenfalls ist es jene, die sich dem kollektiven Gedächtnis bis heute am stärksten eingeprägt hat. Dabei ist es keineswegs so, dass Luther der Erste war, der sich der Übersetzung und wissenschaftlichen Bearbeitung der Bibel angenommen hat. Im Gegenteil: Bereits vor 1500 gab es mehr als hundert verschiedene Drucke lateinischer Bibeln, und die so genannte Vulgata – jene lateinische Bibelfassung, die der Kirchenvater Hieronymus im vierten Jahrhundert n. Chr. als für die Kirche verbindlichen Text aus verschiedenen griechischen Handschriften kompiliert hatte – war zu dieser Zeit bereits in alle europäischen Sprachen, mit Ausnahme des Englischen, übersetzt und gedruckt worden. Der erste Druck einer deutschen Bibel erfolgte bereits 1466 bei Johannes Mentel in Straßburg, also 56 (!) Jahre vor Luthers Übersetzung. Im Jahr 1522 kursierten bereits 14 hochdeutsche und vier niederdeutsche Bibelübersetzungen – und es wäre falsch, wenn man behaupten würde, dass gerade Luther die wissenschaftlich solideste Textgrundlage geschaffen hätte. Eher das Gegenteil ist der Fall.

Seine Übersetzung beruht nämlich auf der zweiten Ausgabe des griechischen Neuen Testaments, die der berühmte Gelehrte Erasmus von Rotterdam 1516 in großer Hast und Eile unter dem Druck des Verlegers Froben in Basel ediert hatte. Diese aus neun alten griechischen Handschriften zusammengesetzte Textvariante litt vor allem darunter, dass der Gelehrte ausgerechnet seine zuverlässigste Quelle, eine Handschrift aus der Baseler Universitätsbibliothek, verwarf – in der irrigen Annahme, es handle sich um einen relativ jungen und daher wenig ursprünglichen Text. So stützte er sich hauptsächlich auf die übrigen, fragmentarischen Handschriften aus byzantinischer Zeit, die historisch gesehen von der ursprünglichen apostolischen Überlieferung viel weiter entfernt waren als jene Quellen, die Ende des 4. Jahrhunderts Hieronymus für seine Vulgata verwendet hatte. Luther arbeitete somit zwar auf der Grundlage eines griechischen Urtextes, dieser war aber der lateinischen Vulgata nicht unbedingt überlegen. Es liegt eine gewisse philologische Tragik darin, dass ausgerechnet in dem Moment, in dem Luther seine Übersetzung des Neuen Testaments abschloss, die erste vielsprachige Bibeledition veröffentlicht wurde, die wissenschaftlich ernst zu nehmen war und die neutestamentliche Textkritik über weitere drei Jahrhunderte nachhaltig bestimmen sollte: die so genannte Polyglotten-Bibel, die der spanische Kardinal Francisco Ximenes de Cisneros schon 1502 in Auftrag gegeben hatte. An diesem bahnbrechenden Werk arbeitete eine große Zahl Gelehrter mehr als 15 Jahre lang und unter Sichtung zahlloser antiker Handschriften. Luther hat diese wichtige Quelle bei seiner Bibelübersetzung aber nicht in Händen gehalten.

Und noch etwas macht Luthers Bibelübersetzung eher unwissenschaftlich, erfüllt sie auf der anderen Seite aber durchgängig mit einem besonderen reformatorischen Kolorit: Luther *wertete* die Bedeutung der vielfältigen Texte »von Christus her«. Er wertet die unterschiedlichen Schriften und gibt ihnen eine deutliche Tendenz, und zwar in einem sehr radikalen Sinn: »Die Schrift muss auf Christum zu beziehen sein, oder sie hat nicht als echte Schrift zu gelten … Wir müssen Christum gegen die Schrift treiben.« Die Frage, welche der Schriften des Alten und Neuen Testaments besonders wichtig seien, welche eher unbedeutend und welche gar als »nicht kanonisch« anzusehen sind, klärt Luther in seinem Verständnis ein für alle Mal: »Kanonisch ist, was Christum treibet!«

Nicht, dass bei dieser Sichtweise das Alte Testament, in dem Christus als Person ja nicht vorkommt, völlig auf der Strecke bliebe: »Man darf das Alte Testament nicht verachten … Hier wirst du die Windeln und die Krippe finden, in der Christus liegt.« Aber der Schwerpunkt der biblischen Aussage ist ganz selbstverständlich im Neuen Testament zu verorten: bei dem Kind, das in der Krippe liegt, in der Botschaft Christi von Gottes vergebender Liebe. Und von hier aus muss nach Luther die ganze Heilige Schrift beurteilt werden. Christus steht in ihrem Zentrum und er allein liefert den Schlüssel dafür, wie die Bibel insgesamt zu verstehen ist, nämlich als Schrift, die Gottes Güte und sein Heilshandeln an den Menschen offenbart. Die Bibel ist Gnade, nicht Gesetz: »Pass auf, dass du aus Christus keinen Moses machst. Und aus dem Evangelium kein Gesetzbuch, wie es immer wieder geschehen ist …«

Trotz – oder vielleicht gerade wegen – dieses glaubensstarken, aber eher unwissenschaftlichen Zugriffs auf die biblischen Texte wurde

Luthers Übersetzung nach ihrer Veröffentlichung im September 1522 sogleich zu einem publizistischen Renner. Sie stellte eine konsequente Fortsetzung, besser noch: den Triumph des medialen Erfolgs der Reformation dar. Die vorlutherischen Bibelfassungen wurden binnen kurzem gar nicht mehr gedruckt, und die lutherische fand eine Verbreitung sondergleichen. Achtzig Auflagen erschienen in kurzer Folge, was schätzungsweise 80 000 Einzelexemplaren entspricht. Kam noch im Jahr 1500 auf jeden 300. Deutschen statistisch ein Druck oder Teildruck einer deutschen Bibel, so besaß nach wissenschaftlicher Schätzung 1546, im Todesjahr Martin Luthers, jeder 13. Deutsche eine Bibelübersetzung. Wie ist dieser atemberaubende Erfolg zu erklären?

Mit Luthers außergewöhnlicher Sprachbegabung! Da ist zunächst einmal die überregionale Verständlichkeit: Indem Luther der so genannten sächsischen Kanzleisprache folgte, wählte er einen Sprachmodus, den sowohl ober- als auch niederdeutsche Menschen verstehen können. Ganz wesentlich ist darüber hinaus, dass er dem sperrigen lateinischen Satzbau der Vulgata nicht so sklavisch folgte, wie es alle anderen Übersetzungen taten (Luther selbst nennt das abschätzig »Männlein gegen Männlein malen«), sondern einen eigenen melodisch-rhythmischen Sprachstil entwickelte. Es ist äußerst wahrscheinlich, dass Luther die Sätze, die er niederschrieb, laut sprach, vielleicht gar im Rhythmus der Schritte, die er bei seiner Übersetzungsarbeit machte. Zweifellos kam ihm hier seine Musikalität zugute, die bereits früh gefördert worden war. Besonders hilft ihm auch seine umfassende Bildung, um alle günstigen rhetorischen Elemente in Anwendung zu bringen: Mit der präzisen Sprache der Juristen ist er ebenso vertraut wie mit der blumigen Rhetorik der Mystiker. Luthers ungewöhnlich großer Wortschatz, aber auch sein Sinn für dramaturgische Entwicklung schöpft aus all diesen Ressourcen, mehr noch: Seine erkennbare Freude an den biblischen Texten und seine gefühlte Freiheit ermuntern ihn zu immer neuen, einprägsamen und originellen Sprachschöpfungen. Sprichwörtlich geworden sind seine griffigen Übertragungen schwieriger Wortbilder, etwa »Das Fleisch ist willig, aber der Geist ist schwach«. Es ist ein frischer, liebevoller und befreiter Umgang mit der Bibel.

Damit erweist sich Luther, jenseits aller anderen Verdienste, als Sprachgenie. Und in Zeiten der Buchdruckerkunst war eine solche Begabung vielleicht die entscheidende.

7.
GLAUBE, LIEBE, SCHULD

Bei aller Intelligenz und intuitiven Klugheit war Luther gleichwohl politisch naiv. Er konnte an seinem recht stabilen Weltbild so unbeirrt festhalten, weil für ihn die Welt nur in engen Ausschnitten sichtbar wurde. Es ist ganz unwahrscheinlich, dass er auch nur annähernd eine geografische Vorstellung von den Ausmaßen und machtpolitischen Verhältnissen Europas hatte, von Afrika, Asien oder dem eben erst entdeckten Amerika ganz zu schweigen. Erst etwa zur Zeit seines Wartburgaufenthalts entsteht in Nürnberg der erste Globus – den Luther nie zu Gesicht bekam. Und genau an dem Tag, an dem er in Worms dem Kaiser sein »Revocare non possum« entgegenschleudert, wird auf einer fernen Philippineninsel der erste Weltumsegler von Eingeborenen massakriert: der Portugiese Fernão de Magalhães. Sein Schiff wird erst eineinhalb Jahre später mit nur noch 18 Mann Besatzung die Stadt Sevilla erreichen – als halbes Wrack zwar und ohne Kapitän, aber es wird in die Geschichte eingehen als das erste Schiff, das die ganze Welt umrundet hat. Der Beweis ist erbracht: Die Welt ist tatsächlich eine Kugel!

Von diesen gewaltigen Fortschritten hat Luther nur wenig mitbekommen. Bis auf die Romreise, die er als 27-jähriger Mönch zu Fuß unternahm, hat er von der Welt nicht viel gesehen. Geografische Erkenntnisse haben ihn offenbar auch nicht interessiert, wie der Blick in sein Werk und in seine Briefe zeigt. Im Großen und Ganzen spielte sich sein gesamtes Leben in einem Umkreis von 200 Kilometern ab, auf dem Territorium Sachsens – und Luther hat sich offenbar nie die Frage gestellt, warum sich Gott für sein kosmisches Heilshandeln ausgerechnet das kleine Städtchen Wittenberg und ausgerechnet ihn, den zum Doktor aufgestiegenen Bergmannssohn, ausgesucht hat. So wie einem Kind, das ganz selbstverständlich glaubt, dort wo es spiele, sei das Zentrum von allem, muss es Luther ganz selbstverständlich erschienen sein, dass seine kleine Welt zum Austragungsort des kosmischen Endkampfes zwischen Gott und Teufel werden sollte. Geografische Dimensionen, die für uns heute die zentralen Kategorien unseres globalisierten Weltverständnisses sind, spielten in seiner mittelalterlichen Denkungsart offenbar keine Rolle, ebenso wenig wie die politischen Konsequenzen der reformatorischen Botschaft, von denen er erst allmählich begriff, dass es sie überhaupt gab, und die er abzuschütteln versuchte, wo immer es möglich war.

Freilich ohne dies wirklich zu können, selbst wenn er sich noch so sehr nur auf das eine berief: dass einzig und allein das Wort Gottes zähle, die Bibel, die er den Menschen zurückbringen wolle; mehr noch: dass nicht einmal er es sei, der diese Tat eigentlich vollbringe, sondern Gott in seiner Güte ihn als bloßes Werkzeug nutze, um gnädig an den Menschen zu handeln. Er selbst sei nichts, Gott alles. »Wir sind Bettler. Das ist wahr« – diese Worte werden die letzten sein, die er am 14. Februar 1546, zwei Tage vor seinem Tod, zu Papier bringt.

Dass Luther gerade in der Rücknahme seiner Person bereits zu Lebzeiten zu einem deutschen, durchaus politischen Helden stilisiert wurde, hat ihn denn auch selbst irritiert und beunruhigt. »Was kann ich mehr sagen, als dass es mir ja nie um mein Leben geht, sondern immer, immer um die Lehre Christi!«, schreibt er 1521 seinem Vater von der Wartburg. Geradezu flehentlich klingen solche Begründungen, mit denen er zeitlebens von seiner Person weggewiesen hat, gleichwohl aber seinen heftigsten Trotz und seinen dickköpfigsten Eigensinn – auch seine persönliche Schuld, etwa im Bauernkrieg – rechtfertigen und relativieren konnte. »Gottes Wille geschehe …«, in

7. Kapitel

Luther als nationalsozialistisches Vorbild. Wie kaum eine andere Person der Geschichte eignete er sich für Projektionen aller Art.

gewisser Hinsicht ist das eine durchaus bequeme Maxime für radikale Weltveränderer.

Im Rückblick erscheint es heute wie eine Ironie des Schicksals, dass ausgerechnet Luther im weiteren Verlauf der Geschichte dann doch zu dem wurde, was er selbst niemals zu werden anstrebte. Ja, mehr noch: Er hätte sich mit größter Wahrscheinlichkeit von seiner eigenen Wirkungsgeschichte nachhaltig distanziert. Denn niemals hätte er ertragen, dass gerade er, der doch »niemals ändern, sondern immer nur bessern« wollte, zu einem Spalter der Kirche werden sollte. Nie hatte er angestrebt, Initiator einer neuen Menschheitsepoche zu sein. Das Gegenteil war doch der Fall: Indem er re-formieren, also »zurückformen« wollte, wandte er seinen Blick ausdrücklich weit zurück in die Geschichte – zu den allerersten Anfängen. Er war ein Konservativer im radikalen Sinne, manchmal war er dabei geradezu reaktionär. Die Wahrheit lag für ihn in der Vergangenheit, nicht in der Gegenwart, die in seinen Augen das »reine Beginnen« schrecklich entstellt hatte. Ihm war es darum zu tun, das alte Glaubensverständnis eines Paulus, also das der Antike, wieder aufzurichten und 1500 Jahre Kirchengeschichte möglichst vergessen zu machen.

In diesem Punkt ist an seinem Schicksal die gleiche faszinierende Paradoxie zu beobachten, wie sie schon für das Leben und Sterben Jesu gilt: Auch Jesus war ja ursprünglich nur mit dem konservativen Ziel angetreten, den jüdischen Glauben zu reformieren, ihn von den Verfälschungen der Geschichte zu reinigen und seine mutmaßliche Urform wieder herzustellen. Im Ergebnis schuf er damit aber eine vollkommen neue Religion, mit der er eine neue Ära der Menschheitsgeschichte einläutete. Die Parallele zwischen beiden Religionsstiftern geht noch weiter: Ähnlich wie Jesus wurde auch Luther zu Lebzeiten als Sozialrevolutionär begriffen, selbst wenn er das niemals beabsichtigt hatte. Er wurde, gleichsam gegen seinen Willen, zur Leitfigur der politisch Unterdrückten und Rechtlosen stilisiert, die er wiederum bitter enttäuschte, was ebenfalls nicht in seiner Absicht lag.

Schon gar nicht hätte Luther akzeptieren können, dass sich unter seinem Namen eine eigene »lutherische Kirche« bilden würde, ähnlich wie Jesus Christus die Gründung einer eigenen »christlichen« Kirche sicher nicht akzeptiert hätte. Luther hätte sich voller Abscheu geschüttelt, allein schon deswegen, weil damit die Spaltung der Kirche amtlich festgeschrieben wurde, zum anderen auch, weil er niemals hingenommen hätte, dass eine Kirche nicht den Namen Christi, sondern ausgerechnet den seinen tragen sollte. »Wie komme ich armer, stinkender Madensack dazu, dass man die Kinder Christi mit meinem Namen nennen sollte?«, so drastisch und deutlich hat er sich selbst einmal zu diesem Thema geäußert.

Dass er als »vorbildlicher Deutscher« ein paar Jahrhunderte nach seinem Tod zum Pionier nationalstaatlicher Ideale erhoben werden würde, hätte er ebenfalls nicht verstanden. Was hatte denn seine Botschaft von Gottes Güte mit einem Staatswesen zu tun? Und was hätte er wohl dazu gesagt, dass ihn – der ein ausgewiesener Feind der Juden war – ausgerechnet der jüdische Dichter Heinrich Heine zum »größten und deutschesten Mann unserer Geschichte« erklärte? Deutschland – was war das denn zu Anfang des 16. Jahrhunderts? Doch ein höchst diffuses, in Hunderte von Herrschaftsgebieten zersplittertes Etwas, von dem Luther selbst einmal sagte, »dass die Leute darinnen in einem Abstand von 30 Meilen sich einander nicht verstehen«, weil »es so viele Dialekte habe«. Und Geschichte? Spielte denn Geschichte überhaupt eine Rolle für jemanden, der die ewig gültige Wahrheit Gottes im Blick hatte? Luther hätte sich verblüfft die Augen gerieben angesichts seiner eigenen Wirkungsgeschichte. Niemals wird er etwa damit gerechnet haben, dass vierhundert Jahre nach seinem Tod nationalsozialistische Politiker seinen Traktat gegen die Juden zur Rechtfertigung des Holocausts benutzen würden.

Dabei ist das gar nicht so abwegig, wenn man sich ansieht, wie menschenverachtend sich Luther tatsächlich über Juden auslässt: Sie seien »schlimmer als eine Sau«, schreibt er in seinem haarsträubenden Pamphlet »Von den Juden und ihren Lügen« aus dem Jahr 1544. Man solle ihre Häuser anzünden und ihr Gut in Scherben schlagen, hetzte er.

Zweifellos war Luther, vor allem in späteren Jahren, ein eingefleischter Antisemit. Doch wir können uns gut vorstellen – insbesondere wenn wir seine Gesichtszüge auf den vielen Cranachporträts studieren –, wie dieser im Grunde sensible, human gesinnte Mensch sich entsetzt hätte, wenn er tatsächlich mit dem unbeschreiblichen Grauen des Holocausts konfrontiert worden wäre. Luther war ein Mann, der tätliche Gewalt aus tiefstem Herzen verabscheute. Es ist kein einziger Fall bekannt, in dem er jemals auch nur die Hand gegen einen seiner Feinde erhoben hätte. »Nicht mit Blut soll für das Evangelium gekämpft werden, sondern mit Tinte. Mit dem Wort allein …«, so Luthers grundsätzliche, für seine raue Zeit durchaus untypisch moderne, weil dialogbereite Einstellung.

Gleichwohl goss er rhetorisch jede Menge Öl ins Feuer der weit verbreiteten Judenfeindlichkeit seiner Zeit – und hat sich damit als Brandstifter durchaus schuldig gemacht; schuldiger sogar, als wenn er nur ein Handlanger der Machthaber, ein bloßer Mitläufer gewesen wäre. Als intellektuelle Leitfigur war Luther Täter, gerade weil er es hätte besser wissen können und müssen. Für uns heute ist es enttäuschend, dass der große Wegbereiter der Neuzeit offenbar nicht realisierte, dass auch Worte blutige Täterschaft bedeuten können und dass solche Worte, wenn sie denn einmal zu Papier gebracht sind, weit über das eigene Leben hinaus wirken. Das Argument, dass er zu seiner Zeit nicht geahnt haben könne, in welche Katastrophe die permanente Intoleranz gegenüber Juden, an der er beträchtlichen Anteil hatte, im 20. Jahrhundert münden würde, entschuldigt seine Unmenschlichkeit in keiner Weise. Von einem »Giganten des Geistes« darf man grundsätzlich mehr erwarten. Zumindest ein vollständiges Bekenntnis zu jener Gottes- und Menschenliebe, die er tagtäglich im Munde führte.

Es wäre dennoch falsch, wollte man seine Absichten und Motive in die direkte Nachbarschaft zu den Plänen der Nazis rücken. Die Welt des Martin Luther war zweifellos eine völlig andere, und es ist grundsätzlich ein Irrtum, wenn man meint, Geschichte mit Geschichte erklären zu können. Aber ebenso falsch wäre es, Luther als Vordenker demokratischer Ideale zu bejubeln, wie es immer mal wieder in Sonntagsreden geschieht. Demokratische Vorstellungen waren ihm mindestens ebenso fremd wie ein Automobil oder ein Schnellzug. Nach heutigen Maßstäben war Luther alles andere als ein Demokrat. Er glaubte an das gottgewollte Recht der »Obrigkeit«, von der er sogar drastisch verlangte, dass sie die Aufrührer »wie tolle Hund totschlagen« solle.

Luther forderte Unterwerfung unter den weltlichen Staat als einer gottgewollten Institution. Gerade auch in einem seiner Briefe von der Wartburg kommt er – mit Bezug auf die Bibel – zu einem eindeutigen Urteil: »Die Obrigkeit ist von Gott, und derjenige widersetzt sich Gottes Einsetzung, der sich der Obrigkeit widersetzt!« Was seine gesellschaftspolitischen Vorstellungen anging, war Luther mindestens so unoriginell und konservativ wie das Gros seiner Zeitgenossen. Nichts hebt ihn da hervor, außer der unglücklichen Tatsache, dass sein klägliches politisches Weltbild, das ja von bäuerlicher Provinzialität geprägt war und in den uralten Staatsvorstellungen des römischen Staatsbürgers Paulus seine biblische Unterstützung fand, mit dem Erstarken der Reformation über Jahrhunderte weitergewirkt hat: Gemäß seiner Maxime einer von Gott eingesetzten weltlichen Herrschaft rückten in den protestantischen Gebieten Thron und Altar bedenklich nahe zueinander. Luther begünstigte damit die Entwicklung zum Absolutismus.

Die protestantischen Staaten, allen voran Preußen, profitierten noch Jahrhunderte später von dieser göttlichen Legitimation, die ihnen da »gut lutherisch« zugesprochen wurde, und schlugen daraus politisches Kapital. »Mit Gott, Kaiser und Vaterland«, klang der harmonische Akkord, der zu Beginn des Ersten Weltkriegs angeschlagen wurde und den schließlich alle mitsangen – sogar die deutschen Sozialdemokraten.

Apropos Krieg: Die furchtbare Tatsache, dass die von der Reformation verursachte Kirchenspaltung keine hundert Jahre nach Luthers Tod einen dreißigjährigen Konfessionskrieg heraufbeschworen hat, in dessen Verlauf die Bevölkerung von etwa 26 auf 15 Millionen Menschen dezimiert wurde, hätte den Reformator, der doch »immer nur bessern wollte«, tief verunsichert. Immerhin kamen in diesem

Krieg zwischen 1618 und 1648 prozentual gesehen viermal mehr Deutsche ums Leben als im Zweiten Weltkrieg! Und das alles als Ergebnis der tiefen konfessionellen Spaltung, die mit Luther ihren Anfang genommen hatte. Angesichts dieser Katastrophe hätte selbst der dezidiert unpolitische Luther realisiert, ja realisieren müssen, dass Religion immer auch Politik ist, insofern sie gesellschaftlich nachhaltig wirkt. Ein gewaltiges Schuldgefühl hätte ihn als Folge dieser Einsicht gepackt, ein Schuldgefühl, durch das sein Gottvertrauen vielleicht fundamental erschüttert worden wäre. Vielleicht hätte Luther dann wieder einmal eine radikale Kehrtwende in seinem Denken und Leben vollzogen – so wie er es ja bereits zuvor zweimal getan hatte: erstmals, als er sich als »lebensfroher Jurastudent« ganz plötzlich für ein asketisches Leben im Kloster entschloss; das andere Mal, als aus dem zerquälten Mönch über Nacht ein befreiter Revoluzzer wurde.

Dass Luther mit seiner herausragenden Intelligenz und der Bereitschaft, seine inneren Fragen immer wieder neu und tief auszuloten, zu konsequentem Umdenken fähig war, zeigt noch ein anderer, weit weniger dramatischer Kriegsfall des Jahres 1525: Damals hatte er die Fürsten zunächst in flammender Rede zur blutigen Bekämpfung der »räuberischen und mörderischen Rotten der Bauern« aufgefordert und sah am Ende voller Reue das furchtbare Ergebnis seiner Agitation: In der Schlacht von Frankenhausen metzelte die »gottgewollte Obrigkeit« an die 4000 Bauern nieder. Luther war vollkommen verzweifelt angesichts seiner Mitschuld, die er später – freilich zu spät – durchaus erkannte: »Ich habe im Aufruhr alle Bauern erschlagen. All ihr Blut ist auf meinem Hals ...«

Hätte Luthers Glaubensfestigkeit den weiteren, weit heftigeren Anforderungen der Geschichte standhalten können? Wie weit reicht diese Glaubensenergie, die in der Interpretation der Nachfahren so unermesslich »eichenstark« erscheint? Der schier unerschütterliche lutherische Glaube an Gottes Güte – hätte er die Gräuel des Dreißigjährigen Krieges unbeschadet überstehen können? Und wie würde es heute darum stehen, angesichts des Ansturms der globalen Probleme, wie sie via Fernsehen und Internet massenhaft und ungelöst frei Haus geliefert werden? Wie, so mag man weiter fragen, hätte es Luther wohl ertragen, mit den Ergebnissen der wissenschaftlichen Bibelforschung des 20. Jahrhunderts konfrontiert zu werden? Er, der all seinen Glauben an die biblische Botschaft knüpfte, hätte doch erleben müssen, wie ihm moderne Exegeten in textkritischen Analysen präzise nachgewiesen hätten, dass auch das »Wort Gottes« im Wesentlichen Menschenwerk ist und dass weite Teile dieser Botschaft vorchristlichen, ja heidnischen Kulturkreisen entstammen. Hätte er weiter an seinem Wort festhalten können, die »Heilige Schrift ist durch sich selbst zuverlässig, zugänglich und verständlich; sie ist ihr eigener Ausleger«? Wie würde Luther die Risse, die die Neuzeit seinem mittelalterlich kindlichen Bibelverständnis zufügen würde, kitten können?

Als fundamentaler Unterschied zu seiner mittelalterlichen Welt würde auch ihm sogleich eines ins Auge fallen: Die Bibel wortwörtlich zu verstehen und ihre Sätze zu verbindlichen gesellschaftlichen Handlungsnormen zu machen, ist einer modernen Gesellschaft nicht zuzumuten und würde ihrem wertvollen Ziel, der Ermöglichung von Pluralität und Demokratie, auch nicht gut tun. Doch damit stellt sich erneut die Frage: Was bleibt von Luther in unserer modernen Welt?

8.
LUTHER IM 21. JAHRHUNDERT

Immerhin beibt die große Hoffnung, die Luther den Menschen als lebbar vorgestellt hat. Er gibt uns das grandiose Beispiel eines geglückten Lebensentwurfs. Hoffnung ist das Kernstück dieses Lebens, das sich damit als ebenso eindringlich wie universell darstellt und an seinen Schnittstellen überzeugend und zeitlos die großen Fragen der Menschheit berührt. Drei existenzielle Hilfestellungen sind es nämlich, die Luther anbietet und zugleich exemplarisch vorlebt:

Er erklärt, welchen Sinn unser Dasein hat. Er zeigt, wie man die Furcht vor dem Tod überwindet. Und er weist den Weg, wie man aus der bedrückenden Enge sorgenvoller Lebenssicherung hinausgelangt in die befreite Weite des Glaubens. Alles in allem: »Sei endlich frei und lebe ...«

Kann man je aktueller sein? Aktueller als Luther? Manch moderner Zeitgenosse mag bei dieser Frage lächeln, sie vielleicht sogar als provokativ empfinden. Denn für viele Menschen ist dieser bibeltreue Theologe, vielleicht sogar *jede* Theologie, inzwischen eine »Sache des teilnahmslosen Gedenkens« geworden, die unter einer dicken Schicht historischen Staubs verborgen liegt. Luther ist heute für viele moderne Menschen nur ein Denkmal, in Bronze gegossen, so wie es in Erfurt oder Eisleben steht – fotogenes Inventar hübscher Marktplätze, die irgendwie und irgendwann einmal mit der Reformation zu tun hatten: erstarrt, unoriginell und für den heutigen Geschmack nur noch mäßig dekorativ. Luther ist zu einer »großen historischen Persönlichkeit« erfroren, die man zwar pflichtschuldig im Fernsehen als eine »unserer Besten« stilisiert, der man sich aber ohne wirklich inhaltliches Engagement nähert.

Sein »Reformationstag«, der 31. Oktober des Jahres 1517, ist als allgemeiner Feiertag von staatlicher Seite weitgehend abgeschafft worden. Der moderne Staat, das heutige Europa, beide verdrängen – aus welchen ideologischen Gründen auch immer –, dass es ein christlicher Eiferer, ja ein religiöser Fundamentalist war, der den Grundstein zu dieser Gesellschaft gelegt hat.

Auch was die Bücherflut zum Thema philosophische Lebensberatung angeht, haben heute scheinbar attraktivere, zumeist fernöstliche Helden einem Martin Luther längst den Rang abgelaufen, ihn schlicht und einfach verdrängt. Nicht zuletzt wohl deshalb, weil das, was den Menschen vor den beiden Weltkriegen so sehr an Luther gefiel – nämlich seine »männliche Unerschrockenheit und stolze Festigkeit«, seine »nationale Identität« –, zurzeit keine besondere Strahlkraft mehr besitzt. In der modernen Medienwelt, die täglich nach neuen Sensationen Ausschau hält, kann ein deutscher Mönch schwerlich mithal-

8. Kapitel

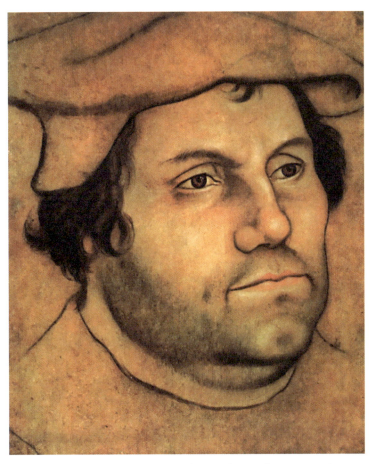

Luther als reifer Mann (Lucas Cranach, 1532). 14 Jahre später stirbt er an Angina pectoris. Seine letzten Worte: »Wir sind Bettler. Das ist wahr.«

ten mit den exotischen Verheißungen fremder und daher geheimnisvollerer Religionsversprechen. Luthers große, moderne Entdeckung, die er als »Freiheit eines Christenmenschen« beschrieb, wird in der breiten Öffentlichkeit kaum mehr reflektiert. Was bleibt, ist die Hülle eines großen Namens.

Wie gut sich aber eine solche von Inhalten entleerte Hülle über alles und jedes stülpen lässt, das wurde vielleicht nirgendwo besser offenbar als in der Zeit des Nationalsozialismus. Ganz ungeniert haben sich damals die Ideologen auch über »den großen Deutschen« Luther hergemacht. Was herauskam, waren Sätze wie dieser: »Welch wunderbare Tatsache, dass es nur zwei Männer in der deutschen Geschichte gab, die ihr deutsches Volk in einem solchen Maße in ihrer Gefolgschaft hatten: der Führer Adolf Hitler und Martin Luther ...«, so heißt es etwa in dem 1934 publizierten Buch »Die Deutsche Bibel im Deutschen Volk«.

Thematisch fremd geworden scheint Luther in besonderer Weise geeignet, als Ikone herzuhalten. Doch gerade an diesem Punkt rebelliert er. Und will man ihm und seinem Werk gerecht werden, so gilt es vor allem, dieses Kernstück seiner Lebenshaltung zu respektieren und festzuhalten: Luther steht in radikalem Gegensatz zu jeder Vereinnahmung und ›weltlichen Verwertung‹ seiner Person: Ihm ging es gerade nicht um Außenwirkung, sondern einzig und allein um die Verwirklichung eines Christseins, dessen Programm doch gerade die vollständige und endgültige Überwindung der weltlichen Perspektive ist: »Die Freiheit des Christ-Menschen übertrifft alle anderen Freiheiten himmelweit.« Unser Glaube, so Luther, »reißt uns von uns selber los und stellt uns aus uns selbst heraus. Wir brauchen uns nicht auf unsere Fähigkeiten, auf die Beschwichtigungen unseres Gewissens, nicht einmal auf unser Gefühl oder unsere Erscheinung und auch nicht auf unsere gewaltigen Leistungen verlassen. Wir verlassen uns auf das, was außerhalb von uns ist: das ist Gottes Verheißung und Wahrheit.« Das meint Luther mit »Freiheit«.

In diesem Zusammenhang ist interessant, wie radikal und modern Luther den neuzeitlichen Begriff des »Ganzheitlichen« vorwegnimmt und damit die mittelalterliche, scholastische Theologie seiner Zeit weit hinter sich zurücklässt, die sich doch vor allem darum bemühte, Gott »zu wissen« und »zu beweisen«. Statt sich mit dem gängigen Vernunftwerkzeug auf die Suche nach Gott zu machen, findet Luther einen neuen, das ganze menschliche Wesen umfassenden, geistig-emotionalen Zugang. Intellekt, Emotion und Körper bilden hier eine Einheit: »Also muss ich und Christus ineinanderkriechen, dass ich Christus bin und Christus ich ...«, so sinnlich-intensiv predigt er zu Ostern 1525 in Wittenberg. Gott wird da nicht zu einem bloßen Gegenstand intellektueller Überlegung, sondern er ist das Erlebnis schlechthin, das den Menschen von Grund auf verwandelt. Auf diese ganzheitliche, körperlich erlebbare Gottesbeziehung ist es Luther zeitlebens angekommen; und das ist es auch, was große religiöse Strahlkraft zu entwickeln vermag – bis heute und keineswegs nur in protestantischen Kirchenkreisen.

Es sei doch ein »selten fröhlicher Handel«, hat Luther später einmal gemeint und dabei ein recht klischeehaftes Bild bemüht: »Der reiche, einzigartige, aufrichtige Bräutigam Christus heiratet die arme, verachtete, verirrte Hure. Er befreit sie damit aus ihrem Elend und eröffnet ihr ein neues Leben ...« Für Luther ist die Gottesbeziehung eine wirkliche Lovestory – mit großartigem Happyend. Gewiss, er weiß auch, dass die äußere Welt leicht in Konflikt gerät mit dieser neuen, göttlich offenbarten Wahrheit: »Die Welt will das Wort des wahren Gottes nicht ertragen. Der wahre Gott aber kann und will nicht schweigen. Wo diese beiden Götter miteinander in Streit geraten, muss die Welt unruhig werden ...« Letztlich gilt für Luther, dass der Weg der Versöhnung gesucht und gefunden werden muss. Denn Weltabkehr wäre keineswegs ein christlich zulässiges Prinzip, sondern ganz im Gegenteil: »Glaube an Gott und hilf deinem Nächsten – *das* lehrt das ganze Evangelium!« Und: »Unser alltägliches Leben und die ganze Natur – alles ist voll Bibel ... Da klopft Gott uns an die Augen und rüttelt unsere Sinne wach ...«

Freilich: Die Perspektive, mit der ein Christ auf die Welt blickt, ist eine andere, eine neue, revolutionäre, ja rebellische Sichtweise, die nicht einfach hinnimmt, was gesellschaftlich vorgegeben wird, sondern auf dem eigenen, individuellen, gläubigen Standpunkt beharrt. »Christus zuerst!« Nicht mehr die Welt gibt den Maßstab des Lebens vor, sondern es ist vielmehr die Sicherheit, in Gott geborgen zu sein. Dem hat sich die Welt zu fügen. So formuliert Luther es denn auch unmissverständlich in der Predigt, die er am 9. März 1522 von der Kanzel der Wittenberger Stadtkirche hält, acht Tage nachdem er aus eigenem Entschluss und gegen den Willen des Kurfürsten die Wartburg verlassen hat. Sätze, deren mutige Klarheit und humane Zuwendung gewachsen sind in den 300 Tagen der »babylonischen Gefangenschaft«: »Das Erste ist der Glaube! Den darf ich mir niemals nehmen lassen. Ich muss ihn immer in meinem Herzen haben und vor jedermann frei bekennen. Mit allem anderen aber, was mir freigestellt ist, kann ich umgehen, wie ich will. Aber als Christ tue ich es so, dass es meinem Nächsten, nicht mir nützt …«

JOHANN WOLFGANG VON GOETHE

(28.08.1749 – 22.03.1832)

VON
INGO HERMANN

*Alles geben die Götter, die unendlichen,
Ihren Lieblingen ganz,
Alle Freuden, die unendlichen,
Alle Schmerzen, die unendlichen, ganz.*
            Johann Wolfgang von Goethe

1.
DER ALTE MANN UND DAS KIND
Eine Affäre in Marienbad

Ist das tragisch oder bloß lächerlich? Ein 74-jähriger Mann verliebt sich in ein Mädchen, das gerade 19 geworden ist. Die Geschichte spielt im modischen Kurort Marienbad in Böhmen. Der Kalender schreibt das Jahr 1823. Lächerlich ist es wohl, von außen betrachtet. Aber tragisch ist es auch, von innen her gesehen. Denn der alte Mann meint es ernst – so ernst, dass er seinen alten Freund, Herzog Carl August von Sachsen-Weimar-Eisenach, bittet, als Brautwerber aufzutreten und das Einverständnis der Mutter für eine Ehe ihrer 19-jährigen Tochter mit dem gelehrten Weimarer Staatsminister einzuholen.

Ulrike heißt die von Goethe hofierte 19-Jährige, Ulrike von Levetzow. Sie verbringt den Sommer 1823, wie schon in den beiden Jahren zuvor, zusammen mit ihrer Mutter Amalie und den Schwestern Amalia und Bertha, in dem aufblühenden Kurbad. Die Levetzows wohnen wieder im Haus des Grafen Klebelsberg, Goethe diesmal im Gasthof gegenüber, der »Goldenen Traube«. Aber man kennt sich. Man trifft sich. Die Geselligkeit des Kurbetriebs führt die Sommergäste täglich beim Tee zusammen, man speist gemeinsam oder unternimmt ausgedehnte Spaziergänge in die Umgebung. Ulrike kümmert sich in zutraulicher Unbefangenheit um den »großen Gelehrten« – dass der auch ein großer Dichter ist, weiß sie nicht. Sie hat noch nie eine Zeile von ihm gelesen. Goethe überreicht ihr ein Exemplar des gerade erschienenen Werkes »Wilhelm Meisters Wanderjahre« und erklärt ihr geduldig, was sich in den vorausgegangenen »Lehrjahren« ereignete.

Ulrike kommt gerade aus Straßburg. Der alte Mann und das Kind sitzen auf der Bank und tauschen Eindrücke aus über die Stadt, die für den alten Gelehrten, Dichter und Minister mit liebestrunkenen Erinnerungen an die Geliebten der frühen Jahre – und vor allem an sich selbst als jungen Jurastudenten – erfüllt ist. Die Erinnerungen und die melancholischen Gefühle von damals werden, als er mit Ulrike auf der Bank sitzt, allmählich überlagert vom Hier und Jetzt. Das Gesicht der jungen Frau neben ihm nimmt die Züge der früheren Geliebten an. Vergangenheit wird zur Gegenwart. Der alte Herr, der sich noch von einer Herzbeutelentzündung im Frühjahr erholen muss, spürt neues Leben: »Ältere Verhältnisse verknüpfen sich mit neuen und ein vergangenes Leben lässt an ein gegenwärtiges glauben.« In seinem »Töchterchen« hofiert Goethe die Gegenwart und wird wieder zum Jüngling und Kavalier – mit der ganzen unsicheren und hochgemuten Leidenschaft des Verliebten: »Vor ihrem Blick, wie vor der Sonne Walten / Vor ihrem Atem wie vor Frühlingslüften ...«

Einen Hauch von Realität bringen der Herzog und Amalie von Levetzow in die Affäre, die in Marienbad allmählich ein offenes Geheimnis ist und natürlich bald schon auch in Weimar erzählt wird. Der Herzog, der eben noch seinen verliebten Freund auslachte – »Alter, immer noch Mädchen?« –, spricht gegenüber Frau von Levetzow von einer Pension, die Ulrike erhalten soll, falls der Ehemann vor ihr stirbt, was man ja nicht ausschließen könne. Sogar eine großzügige Regelung aller finanziellen Angelegenheiten der Familie Levetzow gehört zu dem Angebot. Herzog Carl August bietet der verwitweten Amalie von Levetzow eine Position am Hof in Weimar an.

Ulrikes Mutter, selbst erst 34 Jahre alt, macht sich Gedanken darüber, was wohl die Kinder und Enkel Goethes dazu sagen würden, wenn der Alte noch einmal heiratete. Wo sollten sie alle wohnen? Wie würde es mit dem Erbe? Auch für dieses Problem weiß der Herzog eine Lösung: Er will dem »jungen Paar« ein eigenes Haus, gegenüber vom Schloss, zur Verfügung stellen. Amalie von Levetzow reagiert di-

Von der Manufaktur vermarktet (Ludwig Sebbers, Porträt auf einer Porzellantasse).

plomatisch, sagt nicht ja und nicht nein – und reist erst einmal mit den drei Töchtern ab ins nahe Karlsbad.

Goethe begreift, dass er keine Chance hat. Denn der Schlüssel zum glücklichen Ausgang liegt nicht bei ihm, sondern in den Händen des Kindes. Ulrike aber kann sich ihr Leben an Goethes Seite nicht vorstellen. Sie schätzt ihn, aber sie liebt ihn nicht. Sie sieht in ihm einen väterlichen Freund, aber nicht den Geliebten und Ehemann. Das Liebesfeuer des greisen Dichters will nicht überspringen auf die junge Frau, die erst 1899 in hohem Alter sterben wird, ohne je geheiratet zu haben. Hat sich für sie und für Goethe jemals die Frage nach dem Glück gestellt? Hat Ulrike gespürt, dass für Goethes Art zu lieben die Liebe wichtiger ist als die Geliebte? War es dann Selbstschutz oder Notwehr, als sie sich dem Ansinnen verweigerte?

Goethe weiß, dass diese Liebe seine letzte Liebesleidenschaft sein wird. Deshalb die aussichtslose Trauer. Aber er weiß auch, dass er den Schmerz der Verzweiflung und des Verzichts nur überstehen kann, wenn er ihn in Worte fasst und künstlerisch überhöht. Es entsteht die »Marienbader Elegie«, jenes melancholische Lied von Sehnsucht und Verzicht: »Mich treibt umher ein unbeschreiblich Sehnen / da bleibt kein Rat als grenzenlose Tränen.« Goethe verarbeitet darin das Marienbader Erlebnis der vergeblichen Liebesfaszination, der Resignation, des Verzichts und der endgültigen Vereinsamung. Während er in der fahrenden Kutsche die ersten Gedanken zu Papier bringt, muss er geahnt haben, dass er seine letzte wilde Leidenschaft überlebt hat. Und er muss fürchten, dass ohne Leidenschaft seine dichterische Kraft und Inspiration versiegt. Ein letzter, verendender Versuch, die Götter zu beschwören und Ulrike trotz allem doch noch zu gewinnen, ist ein Abstecher nach Karlsbad, wohin er den Levetzows folgt. Noch einmal Geburtstag feiern in der Nähe der Angebeteten, noch einmal Hoffnung auf die Erfüllung des Traums. Noch einmal, am 28. August 1823, läppisches Gesellschaftsleben mit kindlichen Spielen auf der Wiese, ohne dass irgendjemand auszusprechen wagt, dass Goethe Geburtstag hat – dann wird doch gefeiert, mit Kuchen und Rheinwein und einem böhmischen Glas, in das die Namen der drei

Levetzow-Kinder eingraviert sind. Noch einmal Entsagung. Noch einmal die Vertreibung aus dem Paradies.

Peinlich das Ganze? Die Zeitgenossen waren nachsichtig mit ihrem großen Dichter und die Nachwelt überwand alle Peinlichkeit mit dem Blick auf die Elegie. Enger als bei anderen Künstlern stand die Verwobenheit von Leben und Werk vor aller Augen. Der alternde Goethe war einsam, als seine Gefühle für Ulrike erwachten. Einsamer wahrscheinlich als jemals vorher. Er war der Gigant, dem die eigene Lebensleistung auf einmal unwichtig erschien vor dem übermächtigen Gefühl einer zur Entsagung verurteilten Leidenschaft. Schon griff die unheilbare Einsamkeit des Alters nach ihm. Mehr als das Mädchen selbst mag sein Bedürfnis nach Wärme, neuem Leben und neuer Liebe die Sehnsucht und Zuneigung entfacht haben. Darüber heute zu spekulieren ist sinnlos. Für das Verstehen des Menschen Goethe ist viel wichtiger, wie er die Marienbader Leidenschaft verarbeitet hat. Wie immer in seinem Leben rettet er sich durch seine Kunst: »Mir ist das All, ich bin mir selbst verloren.« Mit der »Marienbader Elegie« schreibt er sich ins Leben zurück.

Er ist nüchtern genug, seine Seelenlage durch Disziplin ins Lot zu bringen. Nach Weimar und Jena zurückgekehrt, absolviert er ein übervolles Arbeitsprogramm: Er visitiert die Museen des Landes, die Bibliothek, die Sternwarte, den Botanischen Garten und die Tierarzneischule. Auch in dieser Fähigkeit, sich dem banalen Leben von neuem zu stellen, ist er einer der Großen.

Die Nachwelt aber muss sich fragen, ob man die Geschichte von dem alten Mann und dem Kind in allen Einzelheiten erzählen soll: »Was ich geworden und geleistet, mag die Welt wissen, wie es im Einzelnen zugegangen, bleibe mein eigenstes Geheimnis.« Sollte man also nicht die behutsame Arkandisziplin einhalten und das Geheimnis den Beteiligten zurückgeben, denn – wie Ulrike es in einem späten Rückblick sagte – »keine Liebschaft war es nicht«?

2.
WIE SCHRUMPFT MAN EINEN GIGANTEN?
Goethe im Zugriff der Nachwelt

Überhaupt: Welche Gründe können einen Menschen des 21. Jahrhunderts veranlassen, sich für einen Mann zu interessieren, dessen Leben sich vor rund zweihundert Jahren abgespielt hat? Warum sollte jemand, der heute mitten im gegenwärtigen Alltag seines irdischen Gastspiels steht und auch noch an die Zukunft zu denken hat, warum sollte er sich der Vergangenheit zuwenden und die Gedanken und Gefühle eines Poeten aus abgelebten Zeiten in seine Gegenwart holen? Genügt da schon die Auskunft, es handle sich um einen Giganten, einen »Großen« der Vergangenheit, der »Großes« hervorgebracht hat und deshalb auf keinen Fall übersehen werden könne und dürfe?

Ist einer, der – wie Goethe – durch die allgemeine Hochschätzung zum gepflegten Denkmal kultureller Bedeutsamkeit geworden ist, nicht eher langweilig und viel schwerer zugänglich als ein Schriftsteller der Gegenwart, der die Sprache des Hier und Jetzt spricht? Hat nicht gerade die Masse der Goethe-Verehrung ganze Gebirge von Klischees und Vorurteilen zwischen ihm und uns aufgeworfen, sodass er nur noch als Dichterfürst, Gigant und Genie, als das alles überstrahlende Gestirn am Firmament der europäischen Kultur zu ahnen, aber nicht mehr als Mensch zu erkennen ist?

Dabei haben es die Menschen des 21. Jahrhunderts möglicherweise leichter, den Menschen Johann Wolfgang Goethe zu erkennen, als die des 19. oder 20. Jahrhunderts. Denn Goethe ist längst vom Sockel geholt und auf die Ebene aller Sterblichen gestellt, er wurde längst entmythisiert: Psychoanalytiker haben jede Falte seiner Seele ausgeleuchtet und in wechselnde Farben getaucht, Soziologen haben seine standesgemäßen Defizite dingfest gemacht, Feministinnen haben ihm

Von Balkenhol ins 20. Jahrhundert geholt.

seine Kleider ausgezogen und den gemeinen Mann bloßgestellt, Ideologen haben ihn zu einem reaktionären Antidemokraten gestempelt, Zyniker haben seine Schwächen aufgespießt und dem klammheimlichen Gelächter preisgegeben. Sie alle haben einen Mythos entzaubert, um den Preis, dass sie das falsche Kaninchen aus dem Zylinder holten. Sie alle leugnen die Vielfalt und Komplexität dieses Mannes, der – wie Eckermann es formuliert – wie ein geschliffener Diamant ist, der je nach Perspektive immer wieder neue Facetten und Lichtreflexe sichtbar macht. »Dieser Riese«, schreibt Rudolf Augstein 1984 in einer Besprechung der deutschen Ausgabe von Eisslers psychoanalytischer Goethe-Studie, »muss nicht die Zehen recken, um sein Maß zu erreichen.«

Die Versuche, Goethes Gestalt auf ein Mittelmaß herabzuschrumpfen, sind allerdings so alt wie der Erfolg seines Lebenswerkes. Ein schriftstellerischer Dünnbrettbohrer wie August von Kotzebue glaubte 1806 feststellen zu können, »dass Goethe kein Deutsch versteht«. Friedrich Klopstock benotete die »Iphigenie« als »steife Nachahmung der Griechen«. Auch über Goethes Lyrik und seine Bühnenstücke bis hin zum »Faust« sind die literaturkritischen Beckmesser hergefallen. Der eine gibt die Zensur »Ohne intensiven Gehalt, mittels schaler Reime« (M. Spann 1831), ein anderer räsoniert schon 1801 über die »Venezianischen Epigramme«, Goethe habe »gute, leidliche und ärmliche Einfälle« niedergeschrieben, ein Dritter steigert sich in veritablen Ekel hinein: »Wie ekelhaft, dass Faust die Natur bei ihren Brüsten fassen will« (K. A. Böttiger 1809). Kein Wunder, dass »der arme Faust … ein ganz unverständliches Kauderwelsch« spricht, »in dem schlechtesten Gereimsel, das je in Quinta von einem Studenten versifiziert [sic!] worden ist«, »ein Kranker, der in der Fieberhitze phantasiert, schwätzt lange nicht so albern … als der Goethesche Faust: ›eine Litanei von Unsinn‹, ›eine Diarrhöe von unverdauten Ideen‹« (Franz von Spann).

Ganz aus dem Häuschen geraten fromme Zeitgenossen, wenn sie Goethe als Sittenverderber anprangern können: »Werthers Leiden« als Apologie für den Selbstmord oder »langweiliges Gewäsch«, die

»Stella« als Schule der Entführung und Vielweiberei und die »Wahlverwandtschaften« als »Himmelfahrt der bösen Lust«, bei der Goethe unter der Unfähigkeit leidet, das Lächerliche und Abgeschmackte zu vermeiden (F. Glover 1823).

Als Goethe 1821 seine Handzeichnungen als Kupferstiche veröffentlicht, lässt Ludwig Börne sich vernehmen: »Welcher Hochmut, welche Hoffart. Der verkauft noch seine Windeln spannenweise! Pfui!« Sein Hass auf Goethe lässt sich kaum mäßigen. Für ihn – wie für Heine – ist Goethe nichts als ein »Aristokratenknecht« und »Stabilitätsnarr«, der von der Liebe nur das »Herzklopfen, das aus dem Unterleib kommt«, versteht. Er ist, so Börne, nicht einmal ein Dichter: »… die Muse war ihm nie vermählt, sie war seine Dirne, die sich ihm hingab für Geld und Putz, und Bastarde sind die Kinder seines Geistes«.

Können alle diese Vorurteile und Verurteilungen Glanz und Größe des Menschen Goethe wirklich beschädigen – ganz zu schweigen von seinem dichterischen Werk? Ist es auch nur eines Verwunderns wert, wenn Goethe, wie jeder andere ausgeprägte Charakter, groß und klein, positiv und negativ, hell und dunkel zugleich ist? Nur eine solche Betrachtungsweise gibt dem vom Staub der Schule und der Fußnotenwissenschaften glanzlos gemachten Bild des Genies menschliche Züge: Das Genie als Modell für den Jedermann, der sich recht und schlecht durchschlägt und nur selten einen Lichtstrahl im Dickicht erkennt. Wie unter einem Vergrößerungsglas werden in den Leiden und Triumphen des Genies die verborgenen Strukturen eines gewöhnlichen kleinen Lebens sichtbar. In seinen Kämpfen und Anstrengungen, Niederlagen und Siegen sieht der Durchschnittsmensch die Zwänge, durch die sein Leben gefesselt ist – und ahnt, dass es trotzdem gelingen kann. Im Maßstab des Genies wird der Mittelmäßige in neuen Dimensionen vermessen und wird dabei nicht kleiner, sondern größer. Die Zeiten sind vorbei, in denen ein Genie, ein Gigant des Geistes oder ein Klassiker nur als Ausbund von Harmonie und Gesundheit gesehen wurde und in denen der Versuch, hinter der kulturellen Leistung den Menschen erkennen zu wollen, als Psychologisiererei oder biografische Nebensächlichkeit abgetan wurde.

Der Reichtum des Goethe'schen Lebens ist keine Gratisgabe der Götter. »Wir begegnen in seinem Leben herzzerreißenden Konflikten und Verzweiflungen, gigantischen Anstrengungen. Sein Leben war so reich in jeder Hinsicht, dass darin auch Platz war für Kreativitätshemmungen oder Schöpfungsstillstand, wenn auch zeitlich begrenzt. Es sieht so aus, als habe sein Dasein an jedes Gefühl rühren müssen, zu dem die Menschheit fähig ist« (Eissler).

Der Blick auf die Stationen dieses Lebens zeigt klare und trübe Bilder zugleich. Und wer sich dem künstlerischen, wissenschaftlichen und politischen Werk Goethes aussetzt, stößt sowohl auf Gelungenes als auch auf Missglücktes. Denn jede Kontur seines Werkes ist aus dem Gestaltlosen und Gefährdeten gewonnen, jeder Kosmos dem Chaos abgetrotzt, jedes Licht mitten im Dunkel entzündet. Diese Gleichzeitigkeit zweier Elemente bildet die Grundstruktur seiner Persönlichkeit in all den unterschiedlichen Rollen: als Dichter, Dramatiker, Romancier, Übersetzer, Kritiker, Briefschreiber, als Wissenschaftler (Physiker, Mineraloge, Botaniker, Meteorologe, Anatom und Biologe), Lehrer, Verwalter, Diplomat, Theaterdirektor, Museumsleiter, Maler und Zeichner, Philosoph und Politiker. Er selbst hat sich offenbar darüber gewundert: »Mein Werk stammt von einem kollektiven Wesen, das den Namen Goethe trägt.« Wie aber konnte es gelingen, dass er sich immer wieder aus seinen psychotischen Ängsten und den kleinmütigen Verspannungen seiner Seele befreien konnte, obgleich selbst Suizidgedanken ihm nicht fremd waren? Wie gelang es ihm, seine Niederlagen in Siege zu verwandeln und dabei zu dem Giganten zu werden, den die Welt in ihm sehen will?

3.
DER SCHLÜSSEL ZU ALLEM
Goethe in Italien

Am 3. September 1786 stiehlt sich der 37-Jährige um drei Uhr morgens »aus dem Carlsbad« – niemand außer seinem Diener Seidel weiß davon. Nach drei Tagen erreicht er München. Am 8. September um fünf Uhr früh geht es weiter. Er jagt mit seiner Kutsche über Seefeld nach »Innspruck« und zum Brenner. Auf der Passhöhe verbringt er einen ganzen Tag damit, seine Manuskripte zu ordnen: »Tasso«, »Iphigenie«, »Wilhelm Meister«, »Egmont«. Er ist besessen von der Idee, dass seine heimliche Flucht nach Italien – immerhin ist er Minister im Herzogtum Sachsen-Weimar-Eisenach – gut für seinen Staat, seine Freunde und vor allem für ihn selbst ist. Seiner Herzensdame Charlotte von Stein, die seine unabgesprochene Reise als Kränkung, ja Hochverrat empfindet, schreibt er in egomanischer Fröhlichkeit: »Gedenck an mich in dieser wichtigen Epoche meines Lebens. Ich bin wohl, freyen Gemüths und aus diesen Blättern wirst du sehen wie ich der Welt genieße.«

Aus der italienischen Reise wird ein italienischer Aufenthalt werden. Goethe hat dies geplant oder geahnt, wie man an der Mitnahme so vieler seiner Manuskripte erkennt. Als Verfasser des »Werther« ist er schon der literarische Superstar und Bestsellerautor, in ganz Europa so berühmt, dass er unter dem Pseudonym »Johann Philipp Möller« reist und als Beruf »Maler« angibt. Wie man aber an der Kutsche und den Pferden erkennen kann, ist er auch als hoher Staatsbeamter unterwegs. Als Superminister seines Herzogs hatte er sich mit der Außenpolitik ebenso zu befassen wie mit Feuerverhütungsvorschriften, dem Kupfer- und Silberbergwerk in Ilmenau, der Armee (die aus 500 Mann bestand), dem Wegebau, der Kanalisation und, seit 1782, auch noch der »Kammer«, also der Finanzverwaltung des kleinen Staates. Jetzt, als Aussteiger, bringt er es fertig, seinen Landesherrn und Arbeitgeber erst nachträglich darüber zu informieren, dass er seinen

Dienstgeschäften vorerst nicht nachzukommen gedenke und seinen Posten bei fortlaufenden Bezügen auf unbestimmte Zeit mit unbekanntem Ziel verlasse. »Verzeihen Sie, dass ich beym Abschiede von meinem Reisen und Außenbleiben nur unbestimmt sprach ... Ich weiß, Sie erlauben mir auch, dass ich nun an mich dencke ... Was die besonderen Geschäffte betrifft, die mir aufgetragen sind, diese hab ich so gestellt, dass sie eine Zeitlang bequem ohne mich fortgehen können; ja ich dürfte sterben und es würde keinen Ruck tun ...«

Und dann Italien: »Es hat kein Mensch Stiefeln an, kein Tuch Rock zu sehen. Ich komme recht wie ein nordischer Bär vom Gebirge. Ich will mir aber den Spaß machen, mich nach und nach in die Landstracht zu kleiden ...«

Er ist neugierig, offen für das Land, das schon sein Vater bereist und beschrieben hatte. Für diesen, der erst seit gut vier Jahren tot ist – er starb am 25. Mai 1782 –, war die Italienreise das große Ereignis seines Lebens. Immer wieder hatte er den Sohn bedrängt, doch auch nach Italien zu fahren. Jetzt hat der Sohn 94 Bücher über das Reiseland, darunter das in italienischer Sprache geschriebene seines Vaters, gelesen und Italienisch gelernt.

Aber trotz der Bücher und der väterlichen Vorbereitung kam es dem Reisenden vor allem darauf an, seine eigenen Beobachtungen und Erfahrungen zu machen: »Alles ist mir willkommen.« Vor allem Rom. »Den 1. November 1786 an die Freunde in Weimar: Endlich bin ich in dieser Hauptstadt der alten Welt angelangt ... Die Begierde, nach Rom zu kommen, war so groß, wuchs so sehr mit jedem Augenblicke, dass kein Bleibens mehr war ...«

Rom war für Goethe nicht irgendeine, wenn auch einmalige und unverwechselbare Stadt. Es war für ihn der Ort, an dem sein Vater gewesen war, dessen Schönheit dieser gepriesen hatte und den der Sohn nun, wie er schreibt, *haben* wollte. Eine Stadt haben wollen? Diese Wortwahl hat natürlich die Psychoanalytiker auf den Plan gerufen. Kurt Eissler meint, Rom habe für den spät reifenden Johann Wolfgang die symbolische Bedeutung des weiblichen Körpers gehabt, den er damit in Besitz nehmen wollte, wobei die Chiffre des weiblichen

Goethe in Italien, von Tischbein in Pose gesetzt.

Körpers – wie der Analytiker meint – für die eigene Mutter steht, Goethe also in seinem Unbewussten den Einzug in die Stadt Rom als Inbesitznahme der Mutter erlebte.

Am 29. Oktober steigt Goethe in der Locanda dell'Orso ab, einem alten Gemäuer in der Nähe des Tibers, in dem sich heute eine Bar aufgetan hat. Nach wenigen Tagen zieht er in die Via del Corso um, wo es in der Wohnung des Malers Johann Heinrich Wilhelm Tischbein einen Platz für ihn gibt. Bald stürzt er sich wie ein Besessener in die Betrachtung der in Rom versammelten Kunstwerke der Architektur und Malerei wie in das Erleben der südlichen Landschaft und ihrer Menschen. Er besucht Theateraufführungen und Konzerte, kirchliche Feierlichkeiten (er schätzt die »katholische Mythologie«) und Gerichtsverhandlungen, Volksfeste und Märkte. Er beschreibt den römischen Karneval, zeichnet, schreibt Briefe, die später einen ganzen Band füllen werden, verbringt viel Zeit im Kontakt mit den deutschen Künstlern, die sich in Rom aufhalten: Tischbein, Angelika Kauffmann, Karl Philipp Moritz, Alexander Trippel und Friedrich Hackert. Er arbeitet am »Tasso«, der »Iphigenie« und am »Egmont«. Und er findet Zeit für die Liebe. Die Angebetete heißt Faustina Antonini, geborene di Giovanni, eine junge Witwe, die in der Osteria ihrer Familie den Ausschank besorgt. Deutsche Goethe-Forscher meinten, die Faustina der »Römischen Elegien« sei irgendeine römische Unbekannte oder gar nur eine poetische Figur. Doch schon 1899 hat der nie ins Deutsche übersetzte Autor Caletta in seinem Buch »Goethe a Roma« Beweise dafür erbracht, dass es eine wirkliche Römerin mit Namen Faustina gab: 1764 als dritte Tochter des Wirtes Agostino di Giovanni geboren, 1784 verheiratet und im gleichen Jahr verwitwet, mit einem Sohn aus dieser kurzen Ehe. /

Es muss eine glückliche, übermütige Zeit gewesen sein: erwachsene Sexualität im reinen Element der Liebe. »Froh empfind' ich mich nun auf klassischem Boden begeistert … / Werd ich auch halb nur gelehrt, bin ich doch doppelt vergnügt. / Und belehr ich mich nicht, wenn ich des lieblichen Busens / Formen spähe, die Hand leite die Hüften hinab. / Dann versteh ich erst recht den Marmor, ich denk und vergleiche, / Sehe mit fühlendem Aug, fühle mit sehender Hand …«

Die »Römischen Elegien« schildern die Liebesstunden mit Faustina in einer bis dahin bei Goethe nicht gekannten Sinnlichkeit. Die Verse spiegeln eine ganz neue Dimension in seinem Verhältnis zu Liebe und Zärtlichkeit. Er ist freier, körperlicher und männlicher als in den schwärmerischen Beziehungen zu den jungen Frauen, von denen er sich schon im Alter von 22 (Friederike Brion), 23 (Charlotte Buff) und 26 Jahren (Lili Schönemann) wieder getrennt hatte. Er ist erwachsen geworden. Kurt Eissler vermutet sogar, dass Goethe in Rom zum ersten Mal vollendeten Geschlechtsverkehr hatte und alle vorausgegangenen sexuellen Erfahrungen wegen einer neurotischen Übererregbarkeit *(Ejaculatio praecox)* unvollständig geblieben seien.

Knapp vier Monate nach seinem Einzug in die »Hauptstadt der alten Welt« drängt der »Neugeborene« weiter: nach Neapel, Paestum,

Pompeji, Sizilien. Leichten Herzens nimmt er Abschied von Faustina und der Stadt. Er weiß, dass er hierher zurückkehren wird. Im tiefen Süden angekommen, besteigt er zweimal den Vesuv, lässt sich von Pompeji und Paestum verzaubern und erreicht in Neapel den Punkt seiner Reise, bis zu dem Johann Kaspar Goethe gekommen war. Der Sohn kann jetzt den Vater übertrumpfen, nach Sizilien fahren und dort »den Schlüssel zu allem« finden – denn erst hier kann man Italien verstehen, ohne Sizilien macht ganz Italien »gar kein Bild in der Seele«.

Die Identifizierung mit dem Vater reicht weit. Die Entscheidung, nach Sizilien überzusetzen – Goethe braucht mit dem Schiff bei Sturm und Gegenwind fast vier Tage –, befreit ihn. In Palermo hat er den Vater endgültig übertroffen und fühlt sich selbst ebenso stark, potent und unbesiegbar wie dieser. Am 17. April 1787 schreibt er an Friedrich von Stein, Charlottes Ehemann: »Ich befinde mich wohl und bin vielleicht in meinem Leben nicht sechzehn Tage hintereinander so heiter und vergnügt gewesen als hier ...«

Die »Italienische Reise« ist, auch auf Goethes Leben insgesamt bezogen, der Schlüssel zu allem. Als er die Fahrt nach Italien unternimmt, weiß er, dass dies eine Reise zu sich selbst sein wird und sein muss. Er weiß aber auch, dass diese Reise zum eigenen Ich nur gelingen kann, wenn der Weg zum Ziel über die Geschichte, die Kunst und die Menschen gesucht wird, selbst wenn dieser Weg nichts anderes wäre als die Erfahrung der Grenzen, in denen man sein Maß findet.

Thomas Mann empfindet dies nach in seiner »Phantasie über Goethe«, indem er auf den in Italien »neu geborenen« und »neu erzogenen« Goethe blickt: »Das Wesen der Sache scheint eine vorhergesehene, gewollte, als lebensnotwendig empfundene und sofort einsetzende Neu-Integrierung seiner Person, seiner disparaten Anlagen, der natürlichen und geistigen, wissenschaftlichen und künstlerischen, sinnlichen und sittlichen gewesen zu sein.« Diese Neuorganisation seiner Persönlichkeit tut ihm gut: In Italien ist Goethe zum ersten Mal länger als zwei Wochen an einem Stück glücklich.

4.
DAS SPIEL, DER WEIN, DIE FREUNDE
Goethes Lebensfreude

Das Spiel
Wenn ein Gigant über seine Epoche hinaus menschliche Züge annimmt, sind es die kleinen Dinge am Rand des Lebens, die dies ermöglichen. Vor einigen Jahren erschien eine Studie des französischen Germanisten Pierre Bertaux »Gar schöne Spiele spiel ich mit dir. Zu Goethes Spieltrieb«. Das beiläufig geschriebene Buch wirft ein überraschendes Licht auf das gängige Goethe-Bild, das einen immerzu ernsten und bedeutend dreinblickenden Geheimrat zeigt. War Goethe ein Spieler?

Die aristokratische Gesellschaft des ausgehenden 18. Jahrhunderts hat sich gelangweilt und mit vielerlei Gesellschaftsspielen versucht, diese Langeweile zu vertreiben. Goethe hasste diese Art von verspieltem Zeitvertreib. Er hatte eine irrationale Aversion vor allem gegen die so genannten Gesellschaftsspiele. Schon während seiner Studentenzeit in Leipzig schreibt er: »Ich hatte wohl den Spiel-Sinn, aber nicht den Spiel-Geist: ich lernte alle Spiele leicht und geschwind, aber niemals konnte ich die gehörige Aufmerksamkeit einen ganzen Abend zusammenhalten.«

Lehnte Goethe Glücksspiele, Karten- und Brettspiele etwa ab, um sich nicht in eine Abhängigkeit zu begeben und seinen Spieltrieb – wie Bertaux meint – in absoluter Freiheit ausleben zu können? Kurt Eissler bestätigt diese Vermutung: »Wenn Spiel das Grundprinzip des Umgangs mit der Welt sein soll, dann muss eine Situation, in der das Spiel zu einem Zweck an sich gemacht wird und als etwas Absolutes gilt, verhasst werden, denn die Spielsituation ... ist nur im Kontrast zu allen anderen Situationen sinnvoll ... Für einen Menschen, für den leben und tätig sein Spiel ist, verliert die Spielsituation Sinn und Bedeutung.«

4. Kapitel

Von der Mode ins Schäferkostüm gekleidet.

Leben und Arbeiten ein Spiel? Im Sommer 1797 sitzt Goethe in seinem Garten. Ein Besucher, Johannes Falk, findet ihn beim Beobachten einer kleinen lebenden Schlange in einem Glas, einiger Kokons von eingesponnenen Seidenraupen und eines Feigenbaums. Goethe sagt zu dem Pädagogen (und Verfasser des Weihnachtsliedes »O du fröhliche ...«), der ihn oft besuchte: »Man denke sich die Natur, wie sie gleichsam vor einem Spieltische steht und unaufhörlich: verdoppeln! ruft, das heißt, mit dem bereits Gewonnenen durch alle Bereiche ihres Wirkens glücklich, ja bis ins Unendliche fortspielt. Stein, Tier und Pflanze, alles wird nach einigen solchen Glückswürfen beständig von neuem wieder aufgesetzt, und wer weiß, ob nicht auch der ganze Mensch wieder nur ein Wurf nach einem höheren Ziele ist?«

Goethe verwendet also das Glücksspiel als Erklärungsmodell für seine Ansichten zur Natur und über den Menschen als Teil derselben. In seiner Prosahymne »Die Natur« schreibt er: »Sie spielt ein Schauspiel, ob sie es selber sieht, wissen wir nicht, und doch spielt sie's für uns, die wir in der Ecke stehn ...«

Dass Goethes Erklärungsmodell nicht nur ein frei schwebender poetischer Wurf ist, zeigt sich in einem Gedankengang des Nobelpreisträgers Manfred Eigen. In seinem Buch »Das Spiel – Naturgesetze steuern den Zufall« (1975) beschreibt der Chemiker das Spiel als Erkenntnismodell der naturwissenschaftlichen Forschung: »Alles Geschehen in unserer Welt gleicht einem großen Spiel, in dem von vornherein nichts als die Regeln festliegen ... Wir sehen das Spiel als das Naturphänomen, das in seiner Dichotomie von Zufall und Notwendigkeit allem Geschehen zugrunde liegt.«

Natürlich war Goethe als junger Mensch verspielt: Er verkleidete sich gern, ging gern ins Theater und übernahm sogar selbst einmal eine Rolle. Aber das Zentrum seines »Spiel-Sinnes« liegt anderswo. Wie Johan Huizinga in seinem Buch »Homo ludens« im Spiel den Ursprung der Kultur überhaupt sieht, so fand Goethe trotz seiner Abneigung gegen die verspielte Rokoko-Mentalität der Gebildeten und Betuchten seiner Zeit im Spiel den Schlüssel zu seiner Erforschung der Natur und zu seinem eigenen Umgang mit dem Ernst des Lebens. Im Gespräch mit Friedrich Wilhelm Riemer sagte er: »Nur nicht als Profession getrieben! Das ist mir zuwider. Ich will alles, was ich kann, spielend treiben, was mir eben kommt und so lange die Lust daran währt. So habe ich in meiner Jugend gespielt unbewusst, so will ich's bewusst fortsetzen durch mein übriges Leben.«

Der Wein
»Haben wir noch einen Vorrat an Champagner?« Eine für Goethe charakteristische Frage. Seine Liebe zum Wein ist sogar eine Konstante, ohne die sein spielerisches Verhältnis zu den Dingen des Lebens nicht erklärt werden kann. Eine seiner täglichen Sorgen bestand darin, die Vorräte an Wein und Champagner könnten nicht ausreichen. Der Wortwechsel zwischen Goethe und seinem Diener klingt wie eine liebenswürdige Anekdote: »Haben wir noch einen Vorrat an Champagner?« – »Jawohl, Ew. Exzellenz.« – »Wie viel Flaschen?« – »Zwölf Flaschen, Ew. Exzellenz.« – »Das ist kein Vorrat. Du musst sofort bestellen.«

Den Zeitgenossen war der Konsum des Geheimen Rates nicht ganz geheuer. »Goethe blieb nichts schuldig, er konnte fürchterlich trinken«, berichtet sein Freund und Landesherr Herzog Carl August nach einem Gelage im Jenaer Schloss, wohin sich Goethe oft wochen- und monatelang zum Arbeiten zurückzog. Und Wilhelm Grimm erzählt von einem Diner im Hause Goethe: »… es war ein guter roter Wein, und er trank fleißig; besser noch die Frau.« In der Tat waren Johann Wolfgang und Christiane ein trinkfestes Paar. Mal war sie, mal er fleißiger im Trinken. Der Maler und Architekt Wilhelm Zahn berichtet aus dem Jahr 1827 – Goethe war also 78 Jahre alt und Christiane bereits gestorben: »… der edle Wein floss in Strömen. Alle tranken tapfer, aber der alte Goethe am tapfersten. Mit einigem Behagen sah er einen nach dem anderen matt werden und kläglich abfallen. Ihm allein konnte der Wein nichts anhaben. Wie ein siegreicher Feldherr überblickte er das Schlachtfeld und die niedergesunkenen Reihen.«

Goethe-Forscher wollen in Goethes Sozialverhalten einen deutlichen Zusammenhang von Kontaktbereitschaft und Alkoholgenuss ausgemacht haben, vor allem im Alter. In der Tat berichten Besucher seiner Morgenaudienzen um elf Uhr im Juno- oder Urbinozimmer des Hauses am Frauenplan in Weimar übereinstimmend, der Geheime Rat sei starr und steif, wortkarg und förmlich gewesen. Tischgäste beim abendlichen Diner dagegen schildern den Gastgeber ebenso übereinstimmend als liebenswürdig und heiter, gesellig und anmutig. Aber liegt die Erklärung für diesen Unterschied allein darin, dass einmal von Goethe vor und einmal von Goethe nach dem Weingenuss die Rede ist? Genügt nicht als Erklärung, dass der greise Dichter mit seiner Zeit geizte, morgens arbeiten und nicht Audienzen geben wollte, er sich also erst gegen Abend Entspannung gönnte und dazu dann auch der Wein gehörte? Er war also nicht entspannt und leutselig, weil er Wein trank, sondern umgekehrt: Er trank Wein, wenn er lockerließ und sich von der auch im Alter noch hohen Konzentration des Arbeitens erholte.

So muss es gewesen sein, wenn Seine Exzellenz erst gegen Abend das Pokulieren anfing, auch wenn sich der tägliche Konsum langsam steigerte. Trotzdem blieben, von Ausnahmen abgesehen, die Mengen durchweg so gering, dass er keine Schäden davontrug. Der regelmäßige Alkoholgenuss über mehr als vierzig Jahre hat nicht zu Ausfallerscheinungen geführt. Goethe formulierte bis ins höchste Alter zügig und treffsicher, behielt sein enormes Gedächtnis und schrieb klar und sicher, wenn er selbst zur Feder griff (normalerweise diktierte er seine Briefe und Texte).

Goethe konnte sich einen sorglosen Umgang mit Wein leisten, zumal im Hause Goethe zu einem guten Tropfen auch gutes Essen gehörte. Aus den Aufzeichnungen einer Hilfsköchin kennen wir den genauen Speiseplan eines Diners, das Goethe am 4. Mai 1827 gab. Lena Louise Axthelm notierte: Taubensuppe, Pastetchen von Krebsen, gefüllte Kalbsbrust, Rinderfilet mit Trüffelsalat und Birnenkompott, Rahmschaum in Biskuit, Butter und Käse.

Der Dichter und Staatsminister vermochte es, spielerisch mit seiner Zeit und dem nächsten Morgen umzugehen. Auch deshalb konnte er auf Gesellschaftsspiele verzichten. »Ich will alles, was ich kann, spielend treiben, was mir eben kommt und so lange die Lust daran währt ...«

Die Freunde
Es sind nicht nur die kleinen Dinge des Lebens, die die menschlichen Züge eines Giganten erkennen lassen. Es ist mehr noch sein Umgang mit Liebe und Freundschaft. Wie die italienische Reise sind auch die ersten Wochen nach seiner Rückkehr in die Residenzstadt am 18. Juni 1788 ein »Schlüssel zu allem«. Wie wird der Aussteiger aufgenommen? Wie findet er sich wieder in seine Amtsgeschäfte als Minister und Mitglied des Geheimen Conseils ein? Wie ordnen sich seine privaten Verhältnisse? Kann er bei seiner früheren Vertrauten Charlotte von Stein wieder anknüpfen an die Zeit vor der langen Reise? All diese Fragen verschärfen sich noch durch zwei folgenschwere Begegnungen. Goethe lernt seine spätere Geliebte und Ehefrau Christiane Vulpius kennen und er begegnet Friedrich Schiller.

Von Schiller kennen wir zwei sich widersprechende Berichte darüber, wie die Weimarer Gesellschaft auf Goethes Heimkehr reagierte. In der einen Version, in einem Brief an Christian Gottfried Körner mitgeteilt, mokiert er sich darüber, dass – während Goethe in Italien malt – »die Voigts und die Schmidts für ihn wie Lasttiere schwitzen. Er verzehrt in Italien für Nichtstun eine Besoldung von 18 000 Talern, und sie müssen für die Hälfte des Geldes doppelte Lasten tragen.« Diese Darstellung spiegelt die Meinung der Familien Seckendorff und Kalb, die in Weimar zu Goethes Feinden gehörten und in deren Kreise Schiller geraten war. Was die Taler angeht, irrt Schiller. Es waren nicht 18 000, sondern 1800. Hat Weltfremdheit oder Neid die falsche Null hinzugefügt?

In einem anderen Brief (vom 12. August 1787) an seinen Freund Körner hatte Schiller ganz andere Töne wiedergegeben: »Goethe wird von sehr vielen Menschen ... mit einer Art von Anbetung genannt, und mehr noch als Mensch denn als Schriftsteller geliebt und bewundert ... Seine Reise nach Italien hat er von Kindheit an schon im Herzen herumgetragen. Seine zerrüttete Gesundheit hat sie nötig gemacht. Er soll im Zeichnen große Schritte getan haben.«

In der Tat wurde Goethe in Weimar verehrt und – mit Ausnahme von Charlotte von Stein – herzlich begrüßt und wieder aufgenommen, vor allem vom Herzog selbst. Aufschlussreich ist eine Notiz, die Johann Gottfried Herder am 22. Juni 1788 in einem Brief an Carl Ludwig Knebel festhält: »Er ist seit dem 18. abends um zehn Uhr mit dem Vollmond hier, ist gesund und wohl, und hat uns schon tausend Dinge erzählt.« So genau notiert nicht die Ankunftszeit, wer sich feindselig zurückhält, und so schnell lässt man sich nicht »tausend Dinge« erzählen …

Dem scheint allerdings eine eigene Darstellung Goethes zu widersprechen, die oft als Beleg für eine feindselige Zurückhaltung der Weimarer Gesellschaft genommen wurde. Goethe schreibt: »… die Freunde, anstatt mich zu trösten und wieder an sich zu ziehen, brachten mich zur Verzweiflung. Mein Entzücken über entfernteste kaum bekannte Gegenstände, mein Leiden, meine Klagen über das Verlorene schien sie zu beleidigen, ich vermisste jede Theilnahme, niemand verstand meine Sprache.«

Wo liegt des Rätsels Lösung? Der private Goethe-Forscher Klaus Kehl machte darauf aufmerksam, dass diese Sätze erst 1817 in Goethes »Schriften zur Morphologie« unter dem Aspekt »Geschichte meiner botanischen Studien« erschienen sind. Nach Kehl sind mit den Freunden die »Freunde der Naturforschung« gemeint, welche Goethes Versuch, die Metamorphose der Pflanzen zu erklären, in Grund und Boden kritisiert hatten. Es waren also fachliche Meinungsverschiedenheiten, die Goethe beklagte und die zu der kühlen Aufnahme durch die Freunde der Naturforschung geführt hatten.

Die allgemeine Aufnahme war dagegen äußerst freundlich. Hohe Erwartungen waren mit Goethes Rückkehr verbunden. In den Jahren 1782 bis 1785 hatte er auf Bitten des Herzogs interimistisch – bis zur Ernennung eines neuen Präsidenten – die Direktion der Kammer, also der Finanzverwaltung, übernommen, nachdem der amtierende Kammerpräsident von Kalb seine Entlassung beantragen musste. Johann August Alexander von Kalb hatte eine enorme Überschuldung der Kammer zu verantworten und darüber hinaus der Staatskasse 1000 Taler für private Zwecke entnommen. Durch drastische Sparmaßnahmen und ohne eine Steuererhöhung hatte Goethe damals eine schnelle Sanierung der Staatsfinanzen zuwege gebracht. Jetzt, nach seiner Rückkehr aus Italien, wollte der Herzog seinen tüchtigen Finanzverwalter weiterhin an der Spitze der Kammer sehen. Allein deshalb wurde Goethe sehnsüchtig erwartet, wenngleich er schon von Italien aus erklärt hatte, dass er nicht den Posten des Kammerpräsidenten einnehmen, sondern allenfalls für die Beratung des Präsidenten zur Verfügung stehen wolle.

Seine übrigen Aufgaben sollte Goethe aber jetzt wieder übernehmen: die Leitung der Wegebaukommission, zu deren Bereich außer dem Straßenbau auch der Ausbau der Wasserstraßen und die Regulierung der Saale gehörte, weiter die Bergwerkskommission, die Leitung des Theaters, die Aufsicht über die Bibliotheken in Weimar und Jena, die Förderung der Universität Jena und anderer wissenschaftlicher Institutionen.

Trotz der Selbstverständlichkeit, mit der Goethe die meisten seiner Dienstgeschäfte wieder aufnahm, tat er das unter neuen Vorzeichen. Er war jetzt nicht mehr derjenige, der er vor seiner Abwesenheit gewesen war. Und er war entschlossen, den Neuanfang dem Stand seiner Erkenntnisse und Erfahrungen, vor allem aber seiner neuen Identität unterzuordnen. Er versteht sich nun endgültig als Künstler und verlangt von seinem Landesherrn und Freund, dass seine künstlerische Arbeit Vorrang haben dürfe vor allen anderen Rollen und Verpflichtungen im Staat. So bleibt er zwar Mitglied des Geheimen Consiliums, aber er lässt sich noch einmal (wie schon seit 1784) das Recht bestätigen, nur bei besonderen Anlässen an den Sitzungen teilnehmen zu müssen. Dass er neben seiner künstlerischen Berufung überhaupt noch in Staatsgeschäften tätig war, mochte er eher als Zugeständnis seinerseits denn als Privileg verstanden haben, obgleich er auf das vom Herzog bewilligte Salär nicht hätte verzichten können.

Dies umso weniger, als kurz nach seiner Rückkehr eine schicksalhafte Begegnung sein Leben veränderte und neue Verantwortung auf ihn zukam.

5.
WARUM GABST DU UNS DIE TIEFEN BLICKE?
Goethes Frauen

Die verschiedenen und verschiedenartigen Beziehungen Goethes zu den Frauen seines Lebens sind Bruchstücke einer großen Obsession. Zum Beispiel Charlotte. Charlotte von Stein, geborene von Schardt, verheiratet mit dem Oberstallmeister Friedrich von Stein und Mutter von sieben Kindern, von denen vier sehr früh starben. Mit 16 Jahren war sie Hofdame der Herzogin Anna Amalia geworden und befand sich, als sie 1775 im Alter von 33 den 26-jährigen Goethe, Liebling der Götter und Günstling der Frauen, kennen lernte, in einer Lebensphase, in der sie von dem berühmten Ankömmling die Erschließung neuer Horizonte und die Freiheit eines geistigen Abenteuers erwartete. Sie hatte »überaus große schwarze Augen von der höchsten Schönheit ... Sie ist sehr fromm ..., hat viele Kinder und schwache Nerven. Ihre Wangen sind sehr rot, ihre Haare ganz schwarz, ihre Haut italienisch wie ihre Augen ...« (Zimmermann an Lavater). Goethes Faszination für Charlotte geht seiner ersten Begegnung mit ihr voraus. Der Arzt Johann Georg Zimmermann, der an Johann Caspar Lavaters physiognomischen Studien beteiligt war, hatte ihm eine Silhouette Charlottes gezeigt, worauf er sofort kommentierte: »Es wäre ein herrliches Schauspiel zu sehen, wie die Welt sich in dieser Seele spiegelt. Sie sieht die Welt, wie sie ist, und doch durch's Medium der Liebe. So ist auch Sanftheit der allgemeinere Eindruck.«

Goethes Reaktion auf das Bildnis Charlottes legt eine moderne Assoziation nahe: die einer Leinwand, auf die der Mann *sein* Bild

Christiane Vulpius: Bettschatz, Managerin, Ehefrau.

einer Frau projiziert. Der psychoanalytische Begriff der Projektion erscheint als Schlüssel zum Verständnis der Beziehungsgeschichte zwischen Goethe und Charlotte von Stein, ihrem Beginn, ihrer Ausgestaltung und auch ihrem bitteren Ende.

Immer wieder ist erörtert worden, ob Goethe und Charlotte von Stein auch sexuellen Kontakt hatten. Manche Passagen seiner Briefe an Charlotte – die ihren an Goethe sind nicht erhalten – könnte man so lesen. Und ihre nachhaltige Verletzung und heftige Verärgerung über Goethes einsame Entscheidung, nach Italien zu gehen, könnte man als Indiz dafür nehmen, dass hier eine verlassene Geliebte reagiert. Desgleichen ihre strafende Kälte nach seiner Rückkehr und das verächtliche Urteil über Goethes Verbindung zu Christiane Vulpius.

Goethe hat immer wieder versucht, Charlottes Vertrauen zurückzugewinnen. Noch am 1. Juni 1789 hält er ihr vor: »Und welch ein Verhältnis ist es? Wer wird dadurch verkürzt? Wer macht Anspruch auf die Empfindung, die ich dem armen Geschöpf gönne? Wer an die Stunden, die ich mit ihr zubringe?« Dieser Satz scheint zu belegen, dass in der Beziehung beider die Sexualität ausgeschlossen war. »Nach allem, was wir wissen, muss sie an die Möglichkeit ›reiner‹ Liebe geglaubt haben ... Sie war offensichtlich liebevoll empfindsam und hat, als die Beziehung vertrauter geworden war, dem Jüngeren ein starkes Gefühl menschlicher Nähe und Zuneigung vermittelt. Anders wären weder seine Briefe mit den wiederholten Liebesbeteuerungen noch seine zehnjährige Bindung an sie verständlich. Aber sie hat, nach vermutlich wenig glücklichen Ehejahren mit schnell aufeinander folgenden Geburten, Sinnliches beargwöhnt oder sogar verabscheut, und so eine Beziehung zu einem Mann gesucht, die ohne Sexualität auskam.« (Karl Otto Conrady)

Goethe hat sich, wie seine Briefe an Charlotte zeigen, in eine hohe Temperatur der Kommunikation gesteigert. Obgleich Charlotte verheiratet war, wurden Ringe getauscht. Goethe gab ein feierliches Versprechen ab, Charlotte niemals zu verlassen, und nahm den kleinen Fritz von Stein 1781 in seinen Haushalt auf (was gelegentlich zu der Spekulation führte, dieser sei Goethes Sohn). Aus Sicht Charlottes bedurfte es also keiner sexuellen Beziehung, um Goethes unabgesprochene Reise nach Italien, die lange Dauer des Aufenthalts dort und in Sizilien und schließlich noch die Beziehung zu einer anderen Frau als Hochverrat zu empfinden und lebenslang zu ahnden. Sie verlangte Ausschließlichkeit der Zuwendung und totale Verfügbarkeit. Charlotte hat darin wohl das Verhaltensmuster einer älteren Schwester ausgelebt und die absolute Herrschaft über den Jüngeren beansprucht. Die zunehmende Reifung Goethes und schließlich seine Selbständigkeit waren ihre Kränkung. Es ging ihr offenbar eher um liebevolle Herrschaft als um herrschaftsfreie Liebe.

Trotz seines Loslösungsprozesses hat Goethe nicht aufgehört, die Vertraute der ersten Weimarer Jahre zu lieben, auf seine Art. Die Briefe aus Italien sind eine inständige Liebeswerbung: »Leb wohl Geliebteste mein Herz ist bey dir und jetzt da die Weite Ferne, die Abwesenheit alles gleichsam weggeläutert hat was die letzte Zeit zwischen uns stockte so brennt und leuchtet die schöne Flamme der Liebe der Treue, des Andenckens wieder fröhlich in meinem Herzen ...« Jetzt, nach der Ankunft in Weimar – der Heimkehrer wollte auch heimkehren zu Charlotte –, will er seine Treue mit der neu gewonnenen Freiheit und der Bindung an Christiane in Einklang bringen. Aber Charlotte verweigert sich und lässt sich zu Vorwürfen und Angriffen hinreißen. Goethe findet keinen Ausweg aus dem Dilemma. »Es entwickelte sich alles so unglücklich wie möglich, und der Glanz einer großen Liebe erlosch im Allzumenschlichen. Charlotte verlor alles durch ihre Entschiedenheit, Goethe durch seine Unfähigkeit zur Entscheidung« (Walther Hof).

Schließlich entscheidet er sich doch – gegen Charlottes Ansprüche und gegen ihre Art der Konfliktbewältigung: Am 1. Juni 1789, fast ein Jahr nach seiner Rückkehr aus Italien, schreibt er ihr: »Aber das gestehe ich gern, die Art wie du mich bißher behandelt hast, kann ich nicht erdulden. Wenn ich gesprächig war, hast du mir die Lippen verschlossen, wenn ich mittheilend war, hast du mich der Gleichgültigkeit, wenn ich für Freunde thätig war, der Kälte und Nachlässigkeit beschuldigt. Jede meiner Minen hast du kontrollirt, meine Bewegungen, meine Art zu seyn getadelt und mich immer mal a mon aise gesetzt.« Am 8. Juni fleht er die Unversöhnliche ein letztes Mal an: »Schencke mir dein Vertrauen wieder, sieh die Sache aus einem natürlichen Gesichtspunckte an, erlaube mir dir ein gelassenes wahres Wort darüber zu sagen und ich kann hoffen es soll sich alles zwischen uns rein und gut herstellen.«

Am 29. August 1826, vier Monate vor Charlottes Tod, wird er sich noch einmal an sie wenden. Aber sie bleibt die Rachegöttin. Weiterhin ist sie unversöhnlich und ordnet sogar an, dass ihr Leichenzug einen Umweg machen solle, um nicht an Goethes Haus vorbeizukommen. Oder darf man die Bestimmung, nicht an Goethes Haus vorüberzuziehen, ganz anders verstehen – als rücksichtsvolle Schonung, da sie Goethes Angst vor jeder Begegnung mit dem Tod kannte?

Christiane war zu diesem Zeitpunkt längst tot. Und doch scheint der wahre Kern des Zerwürfnisses zwischen Goethe und Charlotte über Christianes Tod hinaus eben diese Verbindung gewesen zu sein. »Ich oder die Mamsell« war für Charlotte das entscheidende Thema. Karoline Herder schrieb dies schon am 8. März 1789 an ihren Mann, und bis zuletzt hat sich daran offensichtlich nichts geändert: »Ich habe nun das Geheimnis von der Stein selbst, warum sie mit Goethe nicht mehr recht gut sein will. Er hat die junge Vulpius zu seinem Klärchen und lässt sie oft zu sich kommen etc. Sie verdenkt ihm dies sehr. Da er ein so vorzüglicher Mensch ist, auch schon vierzig Jahre alt ist, sollte er nichts tun, wodurch er sich zu den andern so herabwürdigt.«

So intensiv wie Charlotte hatte keine der anderen Frauen in Goethes Leben eingreifen dürfen. Es ergab sich nicht. Zum Beispiel in Leipzig 1765. Es war eine Studentenliebe. Goethe ist 16 Jahre alt, sie, Käthchen Schönkopf, drei Jahre älter – galantes Spiel zwischen Tugend und erotischem Abenteuer, Bindung und Freiheit, Eifersucht und Zärtlichkeit: »Du musst ihn lieben, doch dich nicht beherrschen lassen.« Der junge Mann begreift: »Wo keine Freiheit ist, wird jede Lust getötet.« Wie es nicht anders sein konnte, haben beide sich schon bald ihre Tage durch unbegründete und abgeschmackte Eifersüchteleien verdorben. In einem Brief formuliert Goethe die ganze Widersprüchlichkeit seiner Lage: »Ich kann, ich will das Mädgen nicht verlassen, und doch muss ich fort, doch will ich fort.« Doch nicht durch Flucht allein wird er die Situation angehen. Vielmehr nimmt er Zuflucht zu seinen Wörtern: seiner Lyrik mit ihren leichten Bildern und Versen im Stil des Rokoko und dem Schäferspiel »Die Laune des Verliebten«. Nach zwei Jahren trennen sich die jungen Leute, Käthchen heiratet nach weiteren zwei Jahren. Und was nicht selbstverständlich ist: Goethe und Käthchen Schönkopf bleiben in freundschaftlichem Kontakt. »Wir haben mit der Liebe angefangen, und hören mit der Freundschafft auf« (Brief an Behrisch, 26. April 1768).

Zum Beispiel im Oktober 1770. Goethe ist als Student in Straßburg. Die »liebe neue Freundinn« heißt Friederike Brion. Der Student ist inzwischen 21 Jahre alt, die Pfarrerstochter drei Jahre jünger. Wer wissen will, was genau in Straßburg und Sesenheim geschah, muss sich mit Spekulationen begnügen. Sicher ist nur, dass Goethe wiederum der Faszination einer jungen Frau erliegt. Und wie in Leipzig will er zwar lieben, sich aber nicht binden. Anders jedoch als die Trennung von Käthchen Schönkopf, mit der er noch immer im Briefkontakt stand, sollte jene von Friederike im August 1771 »höchst peinlich, ja unerträglich« sein. Goethe verlässt die Geliebte im Bewusstsein von Schuld und Reue, weil er »das schönste Herz in seinem Tiefsten verwundet« hat. Was wirklich geschehen ist, weiß niemand – weshalb die Spekulationen sogar so weit gehen, dass Friederike schwanger geworden sei und Goethe sich deshalb aus dem Staub gemacht habe.

Straßburg und die Universität verlässt Goethe, nachdem die juristische Fakultät seine Doktorarbeit abgelehnt hatte, wahrscheinlich aus ideologischen Gründen: Im Rahmen einer kirchenrechtlichen Arbeit hatte er dargelegt, dass Jesus nicht der Begründer der christlichen Religion sei. Anstatt sich mit dem Doktorhut schmücken zu können, muss er sich also mit dem Licentiat begnügen.

Was von der teils glücklichen, teils glücklosen Zeit übrig blieb, sind die Gedichte der Sesenheimer Episode, in denen Goethes lyrisches Ich das Glück der Liebe beschwört: »Es schlug mein Herz. Geschwind, zu Pferde ... Und doch, welch Glück, geliebt zu werden. Und lieben, Götter, welch ein Glück ... O Mädchen, Mädchen / wie lieb ich dich / Wie blinkt dein Auge / wie liebst du mich ...«

Zum Beispiel im Mai 1772. Der junge Rechtsanwalt Goethe kommt als Praktikant zum Reichskammergericht in Wetzlar. Dort ist auch der hannoversche Legationssekretär Johann Christian Kestner tätig. Dessen Verlobte ist die 19-jährige Charlotte Buff. Goethe und Kestner werden enge Freunde, Goethe ist angetan von Charlotte – als er sie zum ersten Mal sieht, weiß er nicht, dass sie Kestner versprochen ist. Er begreift aber bald, dass er sich keine Hoffnungen machen kann, und versucht, seine Zuneigung zu Charlotte zu unterdrücken. Kestner schreibt einem Freund: »Er hat solche Eigenschaften, die ihn einem Frauenzimmer ... gefährlich machen. Allein Lottchen wusste ihn so kurz zu halten und auf eine solche Art zu behandeln, dass keine Hoffnung bei ihm aufkeimen konnte ...« Trotzdem oder gerade deshalb wurde Goethes seelische Spannung so stark, dass ihm nur die Flucht blieb. An den Freund Kestner schreibt er: »Nun binn ich allein, und morgen geh ich. O mein armer Kopf.«

Wie bekannt ist, dient Goethe die aussichtslose Zuneigung zu Charlotte Buff als Vorlage für »Die Leiden des jungen Werthers«. Ohne diese Erfahrung hätte er das Werk nicht schreiben können. Es wäre jedoch falsch, Werthers Romanschicksal als rein biografische Erzählung aus Goethes eigenem Leben zu verstehen. Vielmehr hat er seine schmerzliche Erfahrung des Liebesverzichts – wie auch sonst – künstlerisch überhöht und zugespitzt. Die Leiden seines Romanhelden haben dann aber umgekehrt Spuren in Goethes Biografie hinterlassen. Noch fünf Jahrzehnte später schreibt er ein Gedicht »An Werther« und spricht von seiner Jugenddichtung als von »jenem Geschöpf, das ich gleich dem Pelikan mit dem Blute meines eigenen Herzens gefüttert habe«.

Zum Beispiel in Frankfurt 1774. Der 25-Jährige lässt nichts aus. Diesmal muss es sogar eine Verlobung sein. Sie ist 16, Tochter eines Bankiers: Anna Elisabeth (Lili) Schönemann. Das »liebe lose Mädchen« verzaubert ihn: »Muss in ihrem Zauberkreise / Leben nun auf ihre Weise.« Lili lebt in einer anderen Welt als Goethe. Als Tochter aus wohlhabendem Hause lebt sie außengesteuert in ihren gesellschaftlichen Kreisen (»welch ein Gequiek, welch ein Gequacker«), in denen das Geld eine alles bestimmende Rolle spielt. Lili ist der Mittelpunkt einer jungen Spaßgesellschaft, die dem nach innen gewendeten Künstler bald wie eine Menagerie vorkommt (er beschreibt sie in dem Gedicht »Lili's Park«). Er selbst ist darin nur der »ungeleckte und ungezogene Bär«. Dieser ist zugleich hingerissen und voller Angst: »Herz mein Herz, was soll das geben?« Goethe spürt, dass er durch seine Liebe in eine Welt gezogen wird, die nicht die seine ist – und er weiß, dass es die Liebe ist, die ihn abhängig macht. Von ihr muss er sich befreien: »Liebe, Liebe, lass mich los«, und sich aus dem Zauberbann lösen. Wieder versucht er es mit einer Ortsveränderung, man könnte es auch Flucht nennen: Er unternimmt eine Reise in die Schweiz. Obgleich er verlobt ist, will er noch immer eine »ewige« Verbindung vermeiden. Nach seiner Rückkehr trennen sich die Liebenden und lösen das Verlöbnis auf. Lili heiratet 1778, Goethe wird noch im hohen Alter die Zeit mit ihr als eine glückliche Zeit empfinden.

Zum Beispiel im Herbst 1815. Goethe reist ins Rhein-Main-Gebiet und arbeitet am »West-östlichen Divan«. Auch unterwegs. Als wolle er etwas beschwören, schreibt er: »So sollst du, muntrer Greis, / Dich nicht betrüben, / Sind gleich die Haare weiß, / Doch wirst du lieben.« Wie selbstverständlich fügen sich seine Beobachtungen, Erlebnisse und Gefühle in die poetische Ausdruckswelt der alten persischen Liebeslyrik ein, die er gerade kennen gelernt hat. Das dichterische Rollenspiel zwischen Hatem und Suleika hat begonnen. Und – man möchte sagen: natürlich – Goethe findet seine Suleika. Es ist Marianne von Willemer. Die Tänzerin, Schauspielerin und Sängerin Marianne Jung ist 20 Jahre alt, als der 65-jährige Goethe sie zum ersten Mal trifft. Schon geraume Zeit lebt sie mit dem Bankier Johann Jacob von Willemer zusammen, der zweifach verwitwet ist. Dieser hatte die damals 16-jährige Österreicherin in sein Haus aufgenommen und sich um ihre Ausbildung gekümmert. Das Besondere an der Konstellation ist die Verwandlung, die Marianne durch ihre Begegnung mit Goethe erfährt: Sie schreibt Gedichte – ebenfalls im Stil der persischen Lyrik –, die in Goethes »West-östlichen Divan« integriert werden. Und sie übernimmt die Rolle der Suleika.

Was nicht ausbleiben kann: Während Goethe auf dem Landsitz der Willemers wohnt, der Gerbermühle am Main, bricht eine Liebesleidenschaft zwischen ihm und Marianne aus. Erneut erfährt er eine »temporäre Verjüngung, eine wiederholte Pubertät«, von der er später, 1828, im Gespräch mit Eckermann sagen wird, bei »vorzüglich begabten Menschen« könne sie sich auch im Alter noch einmal wiederholen, »während andere Leute nur einmal jung sind«. Goethes Erfahrung in dieser Lebensphase ist, gleichzeitig alt und jung zu sein. Er erlebt, wie in Marianne von Willemer seine beiden Frauenbilder in einer einzigen Person zusammenfinden. Sie ist für Goethe eine geistig und seelisch hochattraktive Frau. Lebhaft, lebenslustig, klein und rundlich wie Christiane. Gebildet, musikalisch, sprachlich begabt und von differenzierter Geistigkeit wie Charlotte von Stein. Die Chiffrenwelt der persischen Liebeslyrik entfaltet zudem ihre anregende Wirkung. Die erotische Anziehungskraft des dichterischen Rollenspiels strahlt auf das reale Leben ab. Beide sind sich bewusst, dass Verschwiegenheit, Diskretion und Arkandisziplin unerlässlich sind: »Sagt es niemand, nur den Weisen / Weil die Menge gleich verhöhnet.«

Bald nach Goethes Besuch in Frankfurt heirateten Willemer und Marianne so überraschend, dass man (wie Sigrid Damm) vermuten könnte, Goethe habe seinem Freund Willemer im Blick auf seine eigene Vergangenheit mit Christiane zu der späten Legitimierung der »wilden Ehe« geraten. »Die oft geäußerte Vermutung, Willemer habe Marianne überstürzt zur Frau genommen, weil er Goethe als Rivalen fürchtete, gehört ins Reich klatschsüchtiger, müßiger Spekulation«, schreibt Beate Pinkerneil am 17. November 1984 in der FAZ, anlässlich des 200. Geburtstages Marianne von Willemers. Trotzdem fühlen alle Beteiligten, dass der Abschied unausweichlich wird. Am 26. September 1815 geben sich die Liebenden frei. Am 6. Oktober schreibt Goethe in einem Brief an beide Willemers, »die man beneidenswert glücklich verbunden sieht«, dass er den Zwiespalt in seiner Seele nicht vertiefen, sondern »lieber schließen« wolle. Er wird Marianne nicht wiedersehen, obgleich sie über der unerfüllten Liebe in Sehnsucht und Schwermut fällt und ihn mehrmals bittet, sie doch zu besuchen.

Für Goethe ist die Situation anders. Zwischen Marianne (1815) und Käthchen (1775) liegt fast die Hälfte seines Lebens: die Entwicklung der beruflichen Existenz, die Entfaltung des künstlerischen Talents, die Reifung und Profilierung als Intellektueller und Staatsdiener. Die Liebe war vielleicht das Wichtigste in seinem Leben, aber sie war nicht alles. Wenn es wahr ist, dass seine Frauengeschichten mit einer inzestuösen und unerfüllten Leidenschaft für seine Schwester Cornelia begannen, als er noch der »Hätschelhans« seiner Mutter war, hätten alle seine Liebesbeziehungen unter einem unglücklichen Stern gestanden: dem der unerfüllten Sehnsucht und des chancenlosen Auseinanderfallens von Eros und Sexus. Dies würde – so Eisslers Psychoanalyse – erklären, warum dem Giganten niemals eine ganz erfüllende Partnerschaft gelang.

6.
OFT TIEF IN DIE NACHT HINEIN
Dichter, Minister, Familienvater

In Italien hatte Goethe nicht nur seine Identität als erwachsener Mann, sondern auch seine Bestimmung als Schriftsteller gefunden. Er hatte erkannt, dass seine Zeichnungen eher gut gemeint als gekonnt waren und kaum in die Geschichte der Malerei eingehen würden. Bei der Rückkehr nach Weimar war er zudem nüchtern genug, sich nicht wegen seiner künstlerischen Pläne aus allen sozialen Zusammenhängen zu verabschieden. »Ich habe mein politisches und gesellschaftliches Leben ganz von meinem poetischen getrennt, und so befinde ich mich am besten.«

Zu den Verbindlichkeiten des politischen und gesellschaftlichen Lebens gehörte vor allem seine Tätigkeit am Hof des Herzogs, der ihn nicht nur als Freund, sondern auch als Berater und verantwortlichen Minister brauchte. Von seiner Schriftstellerei konnte er nicht leben, er brauchte das Gehalt, und darüber hinaus wohl auch das Ansehen und den handfesten Glanz des öffentlichen Dienstes. Wie die Sammlung seiner amtlichen Briefe und Schriften zeigt, kümmerte sich Goethe im Herzogtum um alle Angelegenheiten der Kunst und der Wissenschaften, also die akademischen Einrichtungen in Jena und Weimar, das Naturalienkabinett, die Bibliothek, das Münzkabinett, das Museum in Jena und später die Sternwarte und die Tierarzneischule. Er bewerkstelligte das alles gemeinsam mit Christian Gottlob Voigt, der mit ihm auch in der Bergwerks- und später in der Ilmenauer Steuerkommission zusammenarbeitete. Voigt wurde 1791 Mitglied des Conseils, 1794 zum Geheimen Rat ernannt und blieb zeitlebens mit Goethe in Respekt und Freundschaft verbunden.

Bei seiner Tätigkeit für das Herzogtum musste sich Goethe zugleich auf die Streitereien des politischen Lebens und die Niederungen der Verwaltung einlassen. Die Verknotung von hehren philosophischen und theologischen Fragen mit den Banalitäten der Bürokratie gehörte bald zum täglichen Brot. So musste er beispielsweise in den Atheismusstreit um den Jenaer Philosophen und Theologen Johann Gottlieb Fichte eingreifen und zog sich dabei den Zorn des Herzogs zu. Fichtes aufbrausende Art und seine Deutschtümelei führten dann aber dazu, dass Goethe sich von ihm distanzierte.

Doch schon wartete eine weitere Krise auf den »Kulturminister«, der zugleich auch Intendant des Weimarer Theaters war. Die dortige Kulturszene war schockiert, als auf Betreiben der Schauspielerin Caroline Jagemann ein Schauspieler wegen einiger Misshelligkeiten mit ihr festgenommen wurde, ohne dass Goethe als zuständiger Intendant auch nur informiert worden war. Dieser bot daraufhin seine De-

6. Kapitel

Liebesnest und Dichterklause – das Gartenhaus an der Ilm.

mission an. Dem Herzog gelang es noch einmal, ihn im Amt zu halten. 1817 aber kam es zu einem neuen Skandal. Carl August, der oft von den Damen der Weimarer Gesellschaft dirigiert wurde, versuchte die ansonsten unbedeutende Schauspielerin und herzogliche Mätresse Heygendorf in Schutz zu nehmen, als diese durchsetzte, dass in dem Stück »Der Hund des Aubri de Montdidier« ein dressierter Pudel die Hauptrolle spielte. Goethes Unmut darüber sprach sich schnell herum, und Carl August handelte ebenso schnell: Mit der Bemerkung, Goethe wolle ja offenbar selbst von den »Verdrießlichkeiten der Theater Intendanz« entbunden werden, entließ er ihn aus dieser Funktion. In der Tat dürfte das Ende der Intendantenzeit durchaus zu Goethes Lebensplanung gepasst haben. Ein Teil seiner Zeit war nun freigesetzt für die Dinge, die dem Schriftsteller und Gelehrten weitaus wichtiger waren als das Management eines Theaters.

Goethe als Wissenschaftler: Die Aufmerksamkeit für die Natur brachte ihn dazu, physiologische, physische und chemische Untersuchungen anzustellen. Die »Farbenlehre« ist ein Beispiel für seine Methode, von der Sinneswahrnehmung auszugehen und die Wahrnehmungsfähigkeit des menschlichen Auges zum Ausgangs- und Mittelpunkt einer mehr philosophischen als naturwissenschaftlichen Betrachtungsweise zu machen. Deshalb sind Goethes optische, botanische und anatomische Beobachtungen und Versuche weniger eine Arbeit im Sinn der exakten Naturwissenschaften, sondern eher philosophische Gedanken über die Bedingungen der menschlichen Wahrnehmung – er spricht von dem »Urbedingenden«. Obgleich er selbst die tausendseitige »Farbenlehre« für einen bedeutenden Beitrag zur Wissenschaft seiner Zeit gehalten hat, kann seine Interpretation der Eigenschaften des Lichts vor den Forschungen Isaac Newtons nicht bestehen. Dennoch ist seine Beobachtung gültig, dass es eine Entsprechung gibt zwischen dem Auge des Menschen und dem Licht: »Mit dem Blinden lässt sich nicht von der Farbe reden.« Das Licht habe sich, so Goethe, selbst ein Organ geschaffen: »So bildet sich das Auge am Lichte fürs Licht, damit das innere Licht dem äußeren entgegentrete.« Die Vielfalt seiner Naturbeobachtungen verdichtet sich so zu einer ganzheitlichen philosophischen Weltsicht, die hinter den Phänomenen eine einzige, übergreifende Idee erkennt: »Die Idee ist ewig und einzig; dass wir auch den Plural brauchen, ist nicht wohlgetan. Alles, was wir gewahr werden und wovon wir reden können, sind nur Manifestationen der Idee.« Dies schreibt er in seinen »Maximen und Reflexionen«. Er hat die Abstraktion in der Naturwissenschaft gefürchtet, weil er bei der Suche nach dem Urphänomen und der Urpflanze auch die hinter den Erscheinungen liegenden Strukturen schauen, erleben, empfinden wollte.

Werner Heisenberg hat 1967 in einem Vortrag vor der Goethe-Gesellschaft in Weimar eine Verbindung zwischen der Urpflanze und der von Crick und Watson 1953 entdeckten Doppelkette der Nukleinsäure hergestellt und gefragt, ob die Kleinheit des allen Formen des Lebendigen zugrunde liegenden Fadenmoleküls einen Vergleich mit der Goethe'schen Urpflanze ausschließe. Seine Antwort: »... dass dieses Molekül im Rahmen der Biologie die gleiche Funktion erfüllt, die Goethes Urpflanze in der Botanik erfüllen sollte, wird sich doch schwer bestreiten lassen.« Und dieses Molekül, das die gesamte Struktur eines Lebewesens bestimmt und von dem alle Gestaltungskraft beim Bau der Organismen ausgeht, sei ein Objekt – also eine Erscheinung im Sinne Goethes –, das »mit hochauflösenden Mikroskopen und mit dem Mittel der rationalen Analyse erkannt werden [kann], ist also durchaus wirklich und nicht etwa nur ein Gedankengebilde.« Goethes Erkenntnismethode und die moderne Naturwissenschaft zielen auf das Verstehen dessen, was die Welt im Innersten zusammenhält – und Verstehen heißt, die Ordnung der Welt auf ein einfaches und einheitliches Prinzip zurückzuführen, eine Weltformel zu finden, in der die Richtigkeit der wissenschaftlichen Abstraktion und die Wahrheit der Anschauung vernetzt sind. Was Newton und Goethe nicht verknüpfen konnten, schaffte Heisenbergs Rückgriff auf die Elementarteilchen-Struktur des Lebens, die Goethe vor sich sah, als er nach der Urpflanze forschte.

Die Mühen der Ebene bleiben auch dem Giganten nicht erspart. Nach der Italienreise lässt Goethe sich zwar wieder einspannen in die Pläne des Hofes. Was aber sein Leben stärker verändert, sind die Herausforderungen des Privaten. Trotz aller Privilegien wird er nicht geschont von den Göttern des Alltags. Seit er die Verbindung mit Christiane Vulpius eingegangen ist, muss er Verantwortung übernehmen. Als dem jungen Paar das erste Kind geboren wird, kann der große Künstler nicht darüber hinwegsehen, dass er sich um die Frau, sein »Erotico«, und um »das Geschöpf in den Windeln« zu kümmern hat, auch wenn ihm Christiane in bewundernswerter Selbständigkeit alles Unangenehme fern zu halten sucht. Und davon gibt es tagtäglich viel.

Am 12. Juli 1788 war er der 17 Jahre jüngeren Christiane Vulpius begegnet. Diesen Tag werden Johann Wolfgang und Christiane ihr

Leben lang als Hochzeitstag feiern. Möglicherweise hatte er die junge Frau schon in den Tagen zuvor wahrgenommen, als Christiane ihm eine Bittschrift übergeben wollte, in der sie für ihren Bruder eine Anstellung und finanzielle Unterstützung erbat. Für das Paar ist jedoch dieser 12. Juli der Beginn des Liebesbundes. Goethe wird das Verhältnis zu Christiane als »Ehe, nur ohne Zeremonie« bezeichnen, bis am 19. Oktober 1806 auch diese vollzogen wird. Zu diesem Zeitpunkt ist der gemeinsame Sohn Julius August Walter, am 25. Dezember 1789 geboren, schon 16 Jahre alt (er wird 40 Jahre alt werden, vier Geschwister sind kurz nach der Geburt gestorben – Goethe und Christiane hatten also fünf Kinder).

Christiane Vulpius, die kleine Arbeiterin aus der Bertuch'schen Putzmacherwerkstatt, tat dem 40-jährigen Dichter und Minister gut. Ihr fröhliches, lebenslustiges, gutmütig-offenes Wesen und ihre warme Sinnlichkeit entsprachen der Lebensphase des Italienheimkehrers und entschädigten ihn für die Anstrengungen des Neubeginns in Weimar und vor allem für die Kälte der verweigernden und doch immerzu fordernden Charlotte von Stein. Allerdings konnte er sich mit Christiane nicht sehen lassen. Die junge Frau war völlig ungebildet, jedenfalls im Sinne der Weimarer Gesellschaft. Es gelang dem Paar zunächst etwa ein Dreivierteljahr, die Verbindung geheim zu halten. Dann aber nahm sich der Tratsch und Klatsch der kleinen Residenz des Paares an. Das schnell gefällte Urteil offenbart die Verlogenheit der öffentlichen Moral: »Man nahm es Goethe ... damals mehr übel, dass er dem Mädchen treu blieb und es bei sich behielt, als dass er sich überhaupt mit ihr eingelassen hatte« (Walther Hof).

Goethe selbst macht sich über die geistigen Interessen seiner Geliebten keine Illusionen. Er wird später schreiben, »... dass von allen meinen Werken meine Frau keine einzige Zeile gelesen hat. Das Reich des Geistes hat kein Dasein für sie, für die Haushaltung ist sie geschaffen. Hier überhebt sie mich aller Sorgen, hier lebt und webt sie; es ist ihr Königreich.« Aber Christiane schenkt ihrem Mann dankbare und alles gewährende Warmherzigkeit, erotische Hingabe, Ausschließlichkeit ihrer Liebe und Zärtlichkeit. Sie verwöhnt ihn, ohne ihn zu vereinnahmen. Sie setzt ihn frei für seine Arbeit, führt selbständig den Haushalt und ist immer da. »Sie hat wenig Geistiges, und er genießt das. Er freut sich an Wärme, Lebenslust, Munterkeit, an den offenen Fragen und offenen Antworten eines unverbildeten Kopfes, der gar nicht so töricht ist, wie die Damen der Gesellschaft meinen. Er empfindet großes Behagen in Christianes Nähe, denn ihm selbst ist das nicht gegeben: er kann liebenswürdig sein, Menschen bezaubern, wohlgelaunt mit ihnen scherzen, aber immer ist um ihn eine Distanz, ein Respekt, eine Kühle ...« (Richard Friedenthal)

Als Christiane in Goethes Haushalt eintritt, ist das vor allem für einen Menschen ein Problem: für Goethes Diener Philipp Seidel. Dieser hielt alle Fäden der Hauswirtschaft in der Hand: den Einkauf, die Bestellungen, die Vorräte, die Reparaturen. Er verwaltete das Geld, entlohnte die Handwerker und Tagelöhner, kochte, kümmerte sich um die Wäsche und führte die Haushaltskorrespondenz. Als dann Christiane kommt, macht sie ihn nahezu überflüssig. Goethe entlässt den treuen Diener, verschafft ihm aber sogleich eine Stelle als Rentamtkalkulator. Seidel ist natürlich gekränkt, aber er bleibt loyal und verschwiegen. Auf Zuruf kehrt er sogar ab und an zurück, um den Haushalt zu führen. Auf dem Einkaufszettel stehen dann »Wildpret« oder Karpfen, Sardellensalat oder Huhn und immer wieder »Campagner«, Punsch und Rotwein.

Für den Geheimrat bleiben, trotz Christiane und Seidel, genügend Sorgen und Besorgungen übrig: die Finanzierung des Lebens, die Oraganisation des Wohnens, die Reisen. Im Herbst 1789 müssen Christiane und Goethe vom Haus am Frauenplan in eines der »Jägerhäuser« umziehen. Die Räumlichkeiten in dem gemieteten Haus am Frauenplan sind zu klein, ein Teil davon ist anderweitig vermietet. Und Goethe will, dass die bevorstehende Geburt seines ersten Kindes unter guten Bedingungen stattfinden kann. Zum Haushalt gehören auch Ernestine, die 14-jährige Stiefschwester Christianes, und ihre 53-jährige Tante. Auch für zwei Diener soll Platz sein, ebenso für einen Freund Goethes aus der römischen Zeit: den Maler und Kupferstecher Lips. Im Jägerhaus stehen der »kleinen, aber nicht heiligen Familie« nun eine geräumige Wohnung im ersten Stock und Repräsentationsräume im Erdgeschoss zur Verfügung. Der Umzug vom Frauenplan ins Jägerhaus – beide Häuser liegen vor dem inneren Frauentor – ist also nicht, wie Sigrid Damm mutmaßt, eine Strafaktion, mit der der Hof seine Missbilligung der »wilden Ehe« oder der unehelichen Geburt hätte ausdrücken wollen. Er bringt vielmehr eine Verbesserung. Die neue Wohnung ist besonders gut geeignet für die veränderten Lebensverhältnisse. Herzog Karl August schildert es rückblickend so: »Ich hatte obgedachtem meinem Geheimenrath von Goethe eine freie Wohnung in dem Jägerhaus bewilligt, welche Schicklichkeit für denselben, da ich ihn zumal selbst oft besuche, sehr nötig war.«

Zwar spricht Goethe für diese Lebensphase von »angenehmen häuslichen Verhältnissen«, und ein Zeitgenosse schildert den jungen Vater, wie er, eine Fuhrmannsmütze auf dem Kopf, in Wolljacke und Pantoffeln im Lehnstuhl sitzt und seinen kleinen Sohn auf den Knien schaukelt. Aber die banalen Alltäglichkeiten behindern seine künstlerische Kreativität. Die Kunst und das Leben scheinen sich zu fliehen.

Zu den Mühseligkeiten des Familienlebens gehört dann auch der erneute Umzug, jetzt vom Jägerhaus auf den Frauenplan. Goethe hatte den Herzog bedrängt, das Haus zu kaufen und ihm zur Verfügung zu stellen. Karl August wird es ihm schenken, obgleich er nun erst recht mit seiner noch nicht angetrauten Frau und dem nichtehelichen Kind vor aller Augen lebt. Zunächst aber muss auch am Frauenplan umgebaut werden, und natürlich ist Goethe durch Umzug und Umbau gestresst: »Ich bin nun im Ausziehen und habe keinen gesunden Gedanken.« Die Zwänge und Unannehmlichkeiten des banalen Alltags rücken ihm viel zu nahe. Und immer wieder entflieht er, unternimmt eine Dienstreise oder bleibt oft monatelang in Jena, wo ihm im Schloss Arbeits- und Wohnräume zur Verfügung stehen. Er versucht die Quadratur des Kreises: zum ersten Mal eine Frau im Haus, eine Familie, die öffentlichen Staatsaufgaben und immerzu das Bewusstsein einer großen künstlerischen Mission. Deshalb muss er sich zurückziehen, auch wenn das ein egozentrischer Ausweg ist. Ohne dies, aber auch ohne Christianes starke Lebensfreude und Selbständigkeit, hätte er sein immenses Arbeitsprogramm nicht erfüllen können.

Von den zum Teil recht eng und spießig denkenden Zeitgenossen ist Christianes Anteil an Goethes Lebenswerk sicherlich grob unterschätzt worden. Möglicherweise hat er im Zusammenleben mit Christiane mehr empfangen als gegeben. Aber er hat die herabsetzenden Urteile der Weimarer Gesellschaft nie gelten lassen, sich nach ihnen gerichtet oder sie sich gar zu eigen gemacht. Er hat Christiane geliebt, geehrt, geschützt und gesichert. Ist er auf Reisen, sehnt er sich nach ihr, auch wenn er anderen Frauen »Äugelchen machte«. Er schreibt ihr anrührende Liebesbriefe und schickt ihr Geschenke. Er vermisst die Frau und den Sohn, freut sich auf die Rückkehr. Trotzdem kränkt er seine Gefährtin durch die häufige Abwesenheit, vor allem, wenn er ohne Ankündigung länger ausbleibt.

Als er, wenn auch spät, die Zeit der »wilden Ehe« beendet und Christiane heiratet, tut er dies nicht aus Rücksichtnahme auf die Umgebung, sondern allein im Blick auf die Frau seines Lebens: »Dieser Tage und Nächte ist ein alter Vorsatz bey mir zur Reife gekommen; ich will meine kleine Freundinn, die so viel an mir gethan und auch diese Stunden der Prüfung mit mir durchlebte, völlig und bürgerlich anerkennen als die Meine.«

Dies schreibt Goethe an den Hofprediger Günther, der die Trauung vollziehen soll. Die Tage und Nächte, von denen er spricht, sind jene nach den verheerenden Schlachten bei Jena und Auerstedt im Oktober 1806, auf dem Territorium des Herzogtums Sachsen-Weimar-Eisenach. Preußische und verbündete Truppen ziehen auf der Flucht durch Weimar, bald folgen die siegreichen Franzosen, die plündern und viele Häuser in Brand stecken. Inmitten der allgemeinen Angst und Aufregung – selbst die staatliche Existenz des Herzogtums steht auf dem Spiel – will Goethe seiner Christiane und seinem Sohn Sicherheit geben. Die Trauung findet am 19. Oktober statt, die Eheleute lassen jedoch den 14. Oktober als Datum in ihre Ringe gravieren, den Tag der Schlacht von Jena. Goethe erwirkt auch einen kaiserlichen Schutzbrief, der sein Haus vor Plünderung und Einquartierung bewahrt. »Wir leben! Unser Haus blieb von Plünderung und Brand, wie durch ein Wunder verschont ... Merkwürdig ist es, dass diese Tage des Unheils von dem schönsten Sonnenschein begleitet und beleuchtet waren ...«

Die Damen der Weimarer Gesellschaft, die zuvor die wilde Ehe kritisiert hatten, finden nun – auf der ewigen Suche nach einem Stein des Anstoßes – die Hochzeit skandalös: »In einer Kirche, wo Tote, Verwundete tags vorher lagen«, mokiert sich Charlotte von Schiller. Doppelmoral als Zeichen der Hilflosigkeit. Nahezu unbeirrbar aber steht Goethe zu Christiane. Er weiß, was er an ihr hat.

7.
ICH WEISS NICHT, WAS AUS MIR GEWORDEN WÄRE
Zusammenarbeit mit Schiller

7. September 1788. In Rudolstadt, im Haus der Familie Lengefeld, trifft Goethe den 29-jährigen Dichter der »Räuber«, des »Fiesko« und des »Don Carlos«. Schiller hatte Goethe schon 1779 flüchtig gesehen, als der in Begleitung des Herzogs die »Hohe Karlsschule« in Stuttgart besucht hatte. Er war fasziniert und zugleich abgestoßen – ein Gefühlsmuster, das auch 1788 das Verhältnis zwischen den beiden genialen Schriftstellern bestimmte. »Öfters um Goethe zu sein, würde mich unglücklich machen: er hat auch gegen seine nächsten Freunde kein Moment der Ergießung, er ist an nichts zu fassen; ich glaube in der Tat, er ist ein Egoist in ungewöhnlichem Grade ... Mir ist er dadurch verhasst, ob ich gleich seinen Geist von ganzem Herzen liebe und groß von ihm denke ...« Das schreibt

Der fremde Freund – Friedrich Schiller (J. F. Weckherlin, 1780).

Schiller am 2. Februar 1789 an Körner und erörtert mit ihm immer wieder seine Faszination und sein Zurückschaudern vor Goethes Wesen. »Sein ganzes Wesen ist schon von Anfang her anders angelegt als das meinige, unsere Vorstellungsarten scheinen wesentlich verschieden.« Spricht daraus die Bitterkeit des immer Benachteiligten vor der Leichtigkeit des vom Schicksal Begünstigten? »Er erinnert mich so oft, dass das Schicksal mich hart behandelt hat. Wie leicht ward *sein* Genie von seinem Schicksal getragen, und wie muss *ich* bis auf diese Minute noch kämpfen.«

Auch Goethe konnte den neuen Stern an Weimars Himmel anfangs nicht ausstehen. Die Voraussetzungen für eine Freundschaft sind also alles andere als günstig. Niemand konnte ahnen, dass sich aus der Begegnung von Goethe und Schiller – wenn auch erst nach Jahren – der Ursprung einer literarhistorisch bedeutsamen Epoche entwickelt: der deutschen Klassik. »Schiller ist ihm schon physisch nicht sympathisch. Der lang aufgeschossene, hagere Mann, ungesund mit hektischen Wangen; der Geruch von Krankheit ist ihm immer verhasst, das viele Tabakrauchen und Tabakschnupfen, der gelbe Fleck unter der scharfen Adlernase. Schillers Lebensführung ist das völlige Gegenteil von der seinen: ungeregelt bis zum Exzess, mit spätem Aufstehen, oft erst gegen Mittag, Nachtarbeit, wobei verschiedene Stimulantien benutzt werden: Kaffee, Punsch oder die berühmten faulen Äpfel in der Schublade.« (Richard Friedenthal)

Dann aber geschieht das Unerwartete: 15 Jahre nach der ersten Begegnung in Stuttgart und sechs Jahre nach dem Zusammentreffen in Rudolstadt kommen, nach einer Sitzung der Naturforschenden Gesellschaft in Jena, die Dichter ins Gespräch. Es geht um Kunst und Kunsttheorie und das Verhältnis von Erfahrung und Idee. Goethe geht dabei von der Anschauung aus, Schiller von der theoretischen Idee. Jeder von ihnen scheint zu spüren, dass sie sich Entscheidendes zu sagen haben. In einem Brief schreibt Schiller: »Überhaupt bin ich in diesem Sommer endlich mit Goethen genau zusammengekommen, und es vergeht keine Woche, dass wir nicht einander sehen oder schreiben ... Über die Theorie der Kunst hat er viel gedacht und ist auf einem ganz anderen Wege als ich zu den nämlichen Resultaten mit mir gekommen.« Goethe wiederum wird später sagen: »Ich weiß wirklich nicht, was ohne die Schillerschen Anregungen aus mir geworden wäre.«

Es beginnt eine fast zehnjährige Zusammenarbeit, wie sie in der Geschichte der Literatur wohl einmalig ist – obgleich sicherlich niemals außer Kurs gesetzt wurde, dass die Einsamkeit das wahre Kapital des Schriftstellers ist. Schiller bittet Goethe um Mitarbeit bei der soeben erschienenen Zeitschrift »Die Horen«, und dieser sagt »mit Freuden und von ganzem Herzen« als Autor und Kritiker zu. Was folgt, ist das »Glückliche Ereignis« eines überaus fruchtbaren Gedankenaustauschs und einer kreativen Literaturwerkstatt zweier Männer, die jenseits ihrer menschlichen Unterschiedlichkeit, ja Gegensätzlichkeit zueinanderfanden, indem sie die zentralen Fragen der Kunst und Literatur in einer Epoche machenden Anstrengung formulierten. Zugleich spiegeln sich in ihrem Diskurs die großen politischen Probleme jener Zeit: die geistige Verarbeitung der Französischen Revolution von 1789, ihrer Ideen und ihrer Praxis (zum Beispiel der Hinrichtung König Ludwigs XVI.), die Ausformulierung bürgerlicher Freiheiten, einer neuen gesellschaftlichen Ordnung, die kriegerischen Auseinandersetzungen im Kräftefeld von Frankreich, Russland, England, Österreich und Preußen sowie schließlich auch die philosophischen Grundsatzdebatten, die durch Kants »Kritik der reinen Vernunft« (1781), seine »Grundlegung zur Metaphysik der Sitten« (1785) und die »Kritik der Urteilskraft« (1790) zum Tagesgespräch der intellektuellen Welt geworden waren.

Schiller regt Goethe an, die Arbeit am »Faust« wieder aufzunehmen; Goethe nimmt großen Anteil am »Wallenstein«, dessen drei Teile in Weimar uraufgeführt werden. Mit »Maria Stuart«, »Die Jungfrau von Orleans«, »Die Braut von Messina« und »Wilhelm Tell« setzt sich die produktive Zusammenarbeit fort. Ebenso mit Schillers Balladen und vor allem mit den gemeinsam verfassten »Xenien«, die im »Musenalmanach« veröffentlicht werden und mit denen sich beide in den literarischen Diskurs ihrer Zeit einmischen und ihre Gegner verspotten. Goethe findet für seine Arbeit an »Faust«, »Wilhelm Meister«, »Hermann und Dorothea« und den »Unterhaltungen deutscher Ausgewanderten«, aber auch für die »Farbenlehre« Schillers freundschaftliche Kritik.

Durch Schiller kann Goethe sich sogar aus einer Lebenskrise befreien. Die Verbindung zu Christiane Vulpius und die Trennung von Charlotte von Stein hatten ihn in der Weimarer Gesellschaft isoliert, und die Wiederaufnahme der Amtsgeschäfte hinderte ihn daran, eine künstlerische Stagnationsphase zu überwinden, in die er nach dem italienischen Aufenthalt geraten war. Der 49-Jährige erlebt jetzt die Kommunikation mit dem zehn Jahre jüngeren Schiller als Verjüngung: »Sie haben mir eine zweite Jugend verschafft und mich wieder zum Dichter gemacht« (6. Januar 1798). Zahllose Treffen und eine Korrespondenz von mehr als tausend Seiten zeugen von der Lebensfülle, aus der Goethe erst herausgerissen wird, als Schiller am 9. Mai 1805 stirbt.

8.
VOM TOD UMSTELLT
Die Einsamkeit des Olympiers

Und dann stirbt Christiane. Unverständlich, befremdlich ist Goethes Verhalten, als die Gefährtin guter und schlechter Tage auf den Tod krank wird. Er hält sich aus allem heraus, indem er selbst krank wird, vielleicht eine Krankheit nur simuliert. Die Frau seines Lebens kämpft zwei Tage lang einen grausamen Todeskampf, aber er steht ihr nicht bei. Keine Hilfe, kein Trost. Seine eigenen Ängste, Phobien und Psychosen, seine eigene Unfähigkeit, mit dem Tod umzugehen, stellt er über alles – auch dann, als die Liebe oder der Anstand ein anderes Verhalten erfordern.

Goethe versucht zu ignorieren, dass er vom Tod umgeben ist. Schiller ist tot, 1816 stirbt Christiane, 1827 Charlotte von Stein, 1828 der Freund und Landesherr Carl August und 1830 völlig unerwartet sein

Das Schlafzimmer am Frauenplan in Weimar. Hier starb Goethe am 22. März 1832.

Sohn August. Trotz naher Freunde wie Carl Friedrich Zelter und trotz unentwegter geistiger Arbeit – er vollendet den »Faust«, die gigantischste aller Dichtungen deutscher Sprache, ebenso »Dichtung und Wahrheit« und seine naturwissenschaftlichen Studien – ist sein Leben einsam geworden. Von der unerfüllten Liebe zu Ulrike hat er sich nie mehr erholt – die Affäre von Marienbad, die keine war, steht am Anfang seiner endgültigen Vereinsamung.

Am 27. August 1831, am Tag vor dem Geburtstag, der sein letzter sein wird, fährt er auf den Kickelhahn im Thüringer Wald, liest an der Jagdhütte seine Schriftzüge vom 6. September 1780: »Warte nur! balde / ruhest du auch«. Er ist jetzt nicht nur einsam, sondern auch isoliert. Im Vergleich zu früher sind es nur noch wenige Menschen, mit denen er spricht oder korrespondiert. Zu ihnen gehört der alte Freund Carl Friedrich Zelter. Mit ihm kann er über die Musik reden, ihm kann er in Briefen auch von sich selbst sprechen. Wenige Tage nach dem Besuch auf dem Kickelhahn, am 4. September 1831, zieht er eine Bilanz: »Das Gelungene trat hervor und erheiterte, das Misslungene war vergessen und verschmerzt.«

Eine nachwachsende Generation von Intellektuellen und Schriftstellern hat Goethe politisch als reaktionären Fürstenknecht und zugleich als Dichter und Menschen *ad acta* gelegt. Er hat es selbst gespürt, als seine Zeit zu Ende ging: »Bald soll ich stolz sein, bald egoistisch, bald voller Neid gegen junge Talente, bald in Sinnenlust versunken, bald ohne Christentum, und nun endlich gar ohne Liebe zu meinem Vaterlande und meinen lieben Deutschen.« Er hält die Zeit für gekommen, ein Testament aufzusetzen. Er regelt private Dinge wie die Erbschaftsangelegenheiten für die Schwiegertochter Ottilie und seine Enkel Walter, Wolfgang und Alma. Krankheiten greifen jetzt nach ihm: Blutungen der Speiseröhre, Leberstauung, Hypertonie. Den Winter über arbeitet er jedoch rastlos und diszipliniert wie immer, leidet ein wenig unter Konzentrationsschwäche, bleibt aber unermüdlich tätig.

Ein letztes Gespräch mit Eckermann am 11. März (»Abends ein Stündchen bei Goethe«) zeigt noch einmal das Lebensmuster eines Menschen, dessen Größe auch darin besteht, über seine ureigenen Nöte hinwegzusehen und sich unprätentiös einer Sache zuzuwenden, zum Beispiel einer Betrachtung der Reformation: »Wir sind frei geworden von den Fesseln geistiger Borniertheit, wir sind infolge unserer fortwachsenden Kultur fähig geworden, zur Quelle zurückzukehren und das Christentum in seiner Reinheit zu fassen.«

Nach einer Spazierfahrt am 15. März 1832 sind die Schmerzen in der Brust wieder da. Abgeschlagenheit, Atembeschwerden, Angst und Unruhe kommen bald hinzu. Der Arzt stellt fest: »... der Blick drückte grässlichste Todesangst aus«. Der Goethe-Biograf Karl Otto Conrady schaut von der Gegenwart des 20. Jahrhunderts zurück: »Man nimmt heute an, dass ein Herzinfarkt, verbunden mit dem Katarrh der oberen Luftwege, eingetreten war, der dann zu einer Herzmuskelschwäche des schon geschädigten Organs führte.«

Am Donnerstag, dem 22. März 1832, um halb zwölf Uhr, starb Johann Wolfgang von Goethe. Es war eine Welt, die unterging. Was die

Pathologen davon erkennen, zeigt die Fernsehsendung von Günther Klein: Bandscheibenvorfälle, Versteifung der Brustwirbel, Parodontose, Zahnstummel, Verfall des Gebisses. Dies alles mag sich von selbst verstehen. Was sich nicht von selbst versteht, ist, dass dieser Tote ein Prophet des Lebendigen war.

ALEXANDER VON HUMBOLDT
(14.09.1769 – 06.05.1859)

VON
HANS-CHRISTIAN HUF

Nur der Naturforscher ist verehrungswert, der uns das Fremdeste, Seltsamste mit seiner Lokalität, mit aller Nachbarschaft, jedes Mal in den eigensten Elementen zu schildern und darzustellen weiß. Wie gern möchte ich nur einmal Humboldten erzählen hören …
      Johann Wolfgang von Goethe: Die Wahlverwandtschaften

1.
EIN UNIVERSALER GEIST

Am Ende seines Lebens war er ein Wissenschaftsfürst, einer der bekanntesten Männer der Erde, ein lebendes Monument. Man bestaunte ihn wie eine Sehenswürdigkeit. Drei Jahre vor Humboldts Tod schrieb ein amerikanischer Journalist: »Ich kam nach Berlin, nicht um seine Museen und Galerien, die großartige Lindenstraße, seine Opern und Theater zu sehen, nicht um mich in das fröhliche Leben auf seinen Straßen und Salons zu mischen, sondern um den großartigsten Menschen aufzusuchen, der unter uns lebt – Alexander von Humboldt.« Humboldt war zu diesem Zeitpunkt 87 Jahre alt.

Sein Leben war von einer fast unglaublichen Fülle. Er war im September 1769 geboren, einen Monat nach Napoleon. Als Friedrich der Große starb, war Humboldt 17 Jahre alt. Wenig später traf er Goethe und Schiller – Ersterer mochte ihn, Schiller lehnte ihn ab. 1799 bis 1804 unternahm er die große, in der Wissenschaftsgeschichte berühmte Reise durch Südamerika, bereiste große Teile Europas und sogar Sibirien. Die dort gewonnenen Erkenntnisse hat er jahrzehntelang geordnet, strukturiert und in Buchform gebracht. Jedes Jahr schrieb er Briefe an Hunderte von Menschen – Freunde, Kollegen, Unbekannte. Am Ende seines Lebens hatte er mehr Briefe verfasst als Goethe, schätzungsweise 50 000. Ganze Adressbücher könnte man mit den Namen derjenigen füllen, mit denen er über viele Jahre und Jahrzehnte in Verbindung stand. Seit seiner Jugend schlief er kaum mehr als vier Stunden am Tag. Der Rest: unentwegtes Suchen, Schreiben, Forschen, Sammeln, Sich-Vorstellen, Bitten, Insistieren, Reisen, Vermessen, Ordnen, Denken. Bisweilen geriet sein Leben in höchste Gefahr: als er auf dem Chimborazo beinahe der Höhenkrankheit erlag oder am Orinoco, während er sich einen Weg durch weglose Urwälder bahnte. Paradoxerweise scheint er gerade solche Momente besonders genossen zu haben.

Alexander von Humboldt war ein Mann der Paradoxe. Er war ein einsamer Mann, aber er war selten allein. Er konnte höchst unterhaltsam plaudern, oft sprach man von seinem Witz. Dass er dabei hinter der wohlgepflegten Maske oft seine Langeweile verbarg, haben die wenigsten bemerkt. Verheiratet war er nie, er schien die Gesellschaft von Männern zu bevorzugen. Aber darüber sprach er nicht: Was immer ihn antrieb, was immer seine innersten Wünsche und Sehnsüchte waren, er behielt sie bei sich. Als preußischer Gelehrter ging er Risiken ein, die heute nur wenige Abenteurer vor sich rechtfertigen könnten. Auf dem Chimborazo drang er im Gehrock durch Eis und Schnee mit über 5000 Meter in Höhen vor, die niemand vor ihm je erreicht hatte. Dass er mit seiner unersättlichen Neugier manchen Zeitgenossen auf die Nerven ging oder sie über ihre Grenzen hinaustrieb, gehört zu den Begleiterscheinungen einer außergewöhnlichen Existenz. Humboldt war ein Genius, ein Gigant, und wurde doch bald zum meistvergessenen Deutschen.

Manches von dem, was ihn berühmt machte, wurde in späteren Zeiten übertroffen. Man stieg auf noch höhere Berge, trieb den wissenschaftlichen Fortschritt immer schneller voran, wurde immer spezialisierter in den Wissenschaftszweigen, von denen einige erst Humboldt entwickelt hatte. Trotzdem ist er unübertroffen in seinem Wagemut, seiner kühlen Analyse, seinen kühnen Gedankensprüngen, seiner allumfassenden Bildung und seinem Willen zur Wahrheit. Er war der Letzte seiner Art: Nach ihm konnte niemand mehr behaupten, Kenntnis von nahezu allen Phänomenen der natürlichen Welt zu haben, und niemand vermochte mehr wie er ein Werk zu verfassen, in dem all diese Phänomene zusammengetragen und eingeordnet

Alexander von Humboldt auf der Höhe seines Ruhms.

waren und das den unbescheidenen Namen »Kosmos« trug. Alexander von Humboldt war Geologe, Klimatologe, Ökologe, Vulkanologe, Ozeanograf und Mineraloge, bevor es die meisten dieser Wissenschaftszweige gab. Er interessierte sich für sämtliche Formen der natürlichen Welt und die Umstände des menschlichen Lebens darin. Die Grenzen seines Wissenshungers sind kaum zu ermessen, seine Leistungen kaum zu fassen. Vielleicht ist das der Grund dafür, dass die Lebensleistung Humboldts immer wieder geschmälert wird. Natürlich ist es leicht, die Marotten und Unarten des Alexander von Humboldt, seine kleinen wie großen Eitelkeiten, seine seltsame Fremdheit, seinen Ehrgeiz, seine bisweilen überraschende Kälte in ein grelles Licht zu rücken – wie es der Romancier Daniel Kehlmann in seiner Erzählung von der »Vermessung der Welt« in ebenso unterhaltsamer wie bissiger Weise tut. Humboldt kann sich nicht mehr verteidigen, weder gegen die Vereinnahmung durch seine manchmal übereifrigen Verehrer noch gegen den Spott der Nachgeborenen. Sicher verdient er keine Heldenverehrung – aber auch keine Schmälerung. Er war kein einfacher, kein bescheidener, kein bequemer Mann und auch er hatte seine Nacht- und Schattenseiten. Darüber darf man aber seine Lichtseiten nicht vergessen.

Alexander von Humboldt hat großen Einfluss auf die Geschichte des Weltwissens genommen. Mit seinem Vorbild, mit wohlwollender Förderung, durch Schriften und Vorträge hat er mehr für die Naturwissenschaften und ihr Ansehen in der Welt getan, als man sich vorstellen kann. Auch als Schriftsteller war er wesentlich begabter, als man ihm das in Deutschland bis heute zubilligt. Man muss ihn nur lesen. Seine Reiseberichte mit ihrer Verflechtung von wissenschaftlicher Auflistung, tief greifender Analyse, überraschenden Gedankenblitzen, sentimentaler Beschreibung von Naturgewalten und Naturschönheiten, mit ihrer fairen, wenn auch etwas herablassenden Beschreibung der »Eingeborenen«, mit dem Gespür für die Verbindung von Belehrung und Abenteuer haben die deutsche Imagination seines Wirkens geprägt. Karl May, als der populärste aller deutschen Kolportageschriftsteller des 19. Jahrhunderts, hätte seine Abenteuer in den Kordilleren, die er von seinem Schreibtisch in Radebeul aus unternahm, ohne Alexander von Humboldt wohl kaum je zusammenträumen können. »Er war der größte reisende Wissenschaftler, der jemals gelebt hat«, sagte Charles Darwin später. »Ich habe ihn immer bewundert; jetzt bete ich ihn an.«

2.
IM URWALD

Als er im dampfenden Urwald des Orinoco stand und das Licht nur mühsam durch die wuchernden Pflanzen drang, als er die heiße, modrige Luft des Tropenwaldes einatmete und am ganzen Leib von Mücken und Sandflöhen gepeinigt war, fühlte er sich zum ersten Mal seit langen Jahren richtig wohl. In diesem Moment muss ihm der Weg dorthin vollkommen unwirklich vorgekommen sein. So viele Mühen, unterwürfige Bittgänge und Ersuche, Petitionen bei Hof und in Ministerien, lange Reisen durch Europa, so viele Verwaltungsakte aller Art waren seiner Reise vorausgegangen, zahlreiche Kriegshandlungen und Intrigen hatten sie jahrelang verhindert. Jetzt aber hatte er sein erträumtes und ersehntes Paradies erreicht.

Am 12. April des Jahres 1800 notiert er in sein Expeditionstagebuch: »Wir brachen um 4 Uhr morgens auf ... Die Indianer ruderten 12½ Stunden lang ohne Unterbrechung. Während dieser Zeit nahmen sie nichts zu sich als Maniok und Bananen.« (Reise, Bd. 2, S. 879) Stunde um Stunde, Tag um Tag sitzen sie in einem schmalen Einbaum, der jeden Moment zu kentern droht, den Naturgewalten und den einheimischen Ruderern ausgeliefert. Humboldt hatte keine jener Errungenschaften, die heute eine Expedition kalkulierbar machen, keine moderne Bekleidung, kein Satellitentelefon, kein Navigationssystem, keine Medikamente, keinen Mückenschutz, keine Bootsrümpfe aus Metall, keinen Außenbordmotor, keinen Rettungshubschrauber, keine Taschenlampe, keine Elektrizität. Sollte ihm etwas zustoßen, gibt es keine Rettung. Die einheimischen Ruderer würden sich einfach abwenden und ihn seinem sicheren Ende überlassen. Sie würden das Kanu auf den Weg zurück in ihr Dorf bringen. Er macht ihnen deshalb keinen Vorwurf. Er weiß, dass sie nicht anders handeln können und die Gefahren der Reise nur seinetwegen auf sich genommen haben.

Humboldt und seine Begleiter erlernen das Leben im Urwald, sie passen sich an. So baden sie trotz der Krokodile im Orinoco – man habe sich überzeugt, notiert er in sein Reisetagebuch, dass gerade an dieser Stelle keine Gefahr drohe. Sicher, der Orinoco war trotz aller Gefahren über längere Strecken keine *Terra incognita* mehr, kein weißer Fleck auf der Landkarte. An seinem Ufer verstreut lagen die mehr oder weniger elenden Handelsniederlassungen und Indianermissionen christlicher Mönche, die seit langem versuchten, die Ureinwohner der spanischen Krone und dem Christengott zu unterwerfen. Für Humboldt sind sie nützlich. Immer wieder wird er von solchen Missionaren begleitet, armen, oft chronisch fieberkranken Männern, die nicht einmal mehr die Hoffnung hegen, ihre Heimat je wiederzusehen. Ohne ihre Hilfe wäre er wohl nicht weit gekommen. Auf ihre Kenntnisse ist er angewiesen. Er benötigt Ruderer, Kanus, Proviant, ortskundige Führer. Das alles unterscheidet ihn nicht von anderen Reisenden jener Tage. Worin er sich aber von ihnen abhebt, das ist die Aufmerksamkeit, die er jedem Detail seiner Wegstrecke zollt. Er fährt nicht einfach nur einen Fluss entlang, lässt eine endlose Reihe von Tagen im Fiebertaumel an sich vorüberziehen und hangelt sich von einer elenden Mission zur nächsten, von einem Indianerdorf zum anderen. Humboldts Reise ist eine wirkliche Entdeckungsreise, die zum ersten Mal die wahre Gestalt des Flusses, seiner Wälder, seiner Tiere und Pflanzen hervortreten lässt. Für Humboldt ist alles gleich viel wert, der Schrei eines Affen – »Welches Affen?«, will er wissen – oder eines Raubtiers – »Jagt es in der Dunkelheit?«. Mit seinen Fragen bringt er Ordnung in das Chaos der Naturkenntnis. So beschreibt er zum Beispiel, nach vielen Fragen und Antworten, die

Romantische Darstellung von Humboldt und Bonpland am Orinoco.

nächtliche Geräuschkulisse des Urwalds so detailliert, als habe er modernste Aufnahmegeräte zur Verfügung gehabt: »... das einförmig jammernde Geheul der Aluaten (Brüllaffen), der winselnde, fein flötende Ton der kleinen Sapajous, das schnarrende Murren des gestreiften Nachtaffen (*Nyctipithecus trivirgatus,* den ich zuerst beschrieben habe), das abgesetzte Geschrei des großen Tigers, des Cuguars oder ungemähnten amerikanischen Löwen, des Pecari, des Faulthiers, und einer Schar von Papageien, Parraquas (Ortaliden) und anderer fasanenartiger Vögel« (Ansichten der Natur, S. 224). Wenn er nach langen eintönigen Stunden auf dem Fluss mit tauben Gliedern aus dem schmalen Einbaum steigt, auf dem er eingepfercht zwischen Kisten, präparierten Pflanzen und lebenden Tieren gesessen hat, beginnt seine eigentliche Arbeit. Ein bekanntes Gemälde des Malers Eduard Ender zeigt ihn, wie er in einer Art belaubter Studierstube inmitten des Urwalds sitzt, in legerer, aber doch gepflegter Kleidung, gestützt auf einen rustikalen Tisch mit den Bestandteilen seiner wissenschaftlichen Ausrüstung. Ganz so idyllisch war es nicht: Abends ließ er sich als Schutz vor den quälenden Mücken in den feuchten Sand der Flussufer eingraben oder lag neben einem qualmenden Feuer. »Alle unsere Arbeit musste daher beim Feuer in einer indianischen Hütte vorgenommen werden, wo kein Sonnenstrahl eindringt und in welche man auf dem Bauche kriechen muss. Hier aber erstickt man wieder vor Rauch, wenn man auch weniger von den Moskitos leidet. In Maypures retteten wir uns mit den Indianern mitten in den Wasserfall, wo der Strom rasend tobt, wo aber der Schaum die Insekten vertreibt. In Higuerote gräbt man sich nachts in den Sand, so dass bloß der Kopf hervorragt und der ganze Leib mit drei bis vier Zoll Erde bedeckt bleibt. Man hält es für eine Fabel, wenn man es nicht sieht.« (Biermann, S. 175)

In seiner großen Reisebeschreibung wird er später den verschiedenen Arten der Moskitos und Schnaken einige Seiten sehr eindringlicher Betrachtung widmen. Man sieht ihn förmlich vor sich, wie er inmitten der Wolken aus blutsaugenden Insekten einige herausgreift, sie betrachtet, die Einheimischen über ihr Vorkommen und ihre Eigenarten ausfragt und sich dazu eifrig Notizen macht. Er wird von den unterschiedlichen Arten dieser Insekten berichten, ihren Stichen und deren Schmerzhaftigkeit für Mensch und Tier, für Fremde und Einheimische, von ihrem geografischen Vorkommen, ihrem Auftreten in Abenddämmerung oder Tageslicht. Auch wenn es am Orinoco »más moscas que aire«, mehr Mücken als Luft gibt, nutzt er die Gelegenheit, die tägliche Qual in Wissenschaft zu transformieren.

Humboldt war nicht der einzige Reisende des 19. Jahrhunderts, der sich und seine Begleiter quälte, um rastlos natürliche Phänomene zu vermessen und zu ordnen. Überall drangen zu jener Zeit wagemutige Männer und Frauen in Regionen der Erde vor, die der westlichen Welt bislang verschlossen geblieben waren. Überall entdeckten sie Dinge, die den Einheimischen schon länger bekannt waren, aber nun im Sinne des Westens ihre wirtschaftliche oder wissenschaftliche Würdigung fanden. Unter all diesen Kundschaftern und Entdeckern war Humboldt insofern einzigartig, als sein Interesse nahezu keine Grenzen kannte. Gesteinsformationen wollte er ebenso erkunden und verstehen wie die Arten der Tiere. Die Steine halfen ihm bei der Gestaltung seiner weltumspannenden Theorien über Vulkanismus und die Bildung von Gebirgen, die Tiere bei der globalen Beschreibung der Zusammenhänge zwischen Flora und Fauna. Er sammelte Pflanzen beziehungsweise ließ sie sammeln, machte Zeichnungen von Bergen und Klippen, legte Karten an, notierte sogar Hieroglyphen verfallener Tempel längst vergangener Kulturen. Auch die Menschen, auf die er traf, weckten seine Neugier. Jeder andere wäre an diesen Anforderungen zerbrochen, er dagegen schien unter der Zentnerlast aufzublühen. Interessante Ereignisse und Orte musste er sehen, aufzeichnen, beschreiben, um sie später in Worten mitzuteilen. Ruhelos folgte er jeder Erzählung, jedem Hinweis. Eine Höhle voller Vögel? Humboldt stieg hinein. Ein Wasserfall? Er musste ihn aufsuchen und seine Fallhöhe vermessen. »Voller Unruhe und Erregung, freu ich mich nie über das Erreichte, und bin nur glücklich, wenn ich etwas Neues unternehme, und zwar drei Sachen mit einem Mal …«, schrieb er nach seiner Rückkehr in einem bemerkenswerten Anfall von Bekennermut (Biermann, S. 60). Dass andere unter seiner unsteten Suche leiden, scheint seine Laune nicht zu verderben. An einen guten Freund notiert er auf der Reise: »Meine Gesundheit und Fröhlichkeit hat trotz des ewigen Wechsels von Nässe, Hitze und Gebirgskälte sichtbar zugenommen, seitdem ich Spanien verließ. Die Tropenwelt ist mein Element, und ich bin nie so ununterbrochen gesund gewesen, als in den letzten zwei Jahren. Ich arbeite sehr viel, schlafe wenig, bin bei astronomischen Beobachtungen vier bis fünf Stunden lang ohne Hut der Sonne ausgesetzt. Ich habe mich in Städten aufgehalten, wo das grässliche gelbe Fieber wütete, und nie, nie hatte ich auch nur Kopfweh.« (Biermann, S. 175)

Man hört den Ton erhöhter Selbstzufriedenheit, mit der Humboldt seinen robusten Gesundheitszustand inmitten der fiebrigen Leiden hervorhebt. Man sieht ihn förmlich vor sich stehen, dynamisch bis in die Zehenspitzen, schon im Morgengrauen seit Stunden wach, voll preußischer Selbstdisziplin – ein Asket im Namen der Wissenschaft, unterwegs für ein höheres Ziel, ein lebender Vorwurf an seine Begleiter, die weniger begabt, weniger begeistert und schnell ermüdet, den eigenen Schmerzen mehr oder weniger ausgeliefert sind. Das Verhältnis zu seinem wichtigsten Reisebegleiter, Aimée Bonpland, einem talentierten französischen Botaniker, war unter diesen Umständen wechselhaft. Humboldt sagte später, sein Zusammentreffen mit Bonpland in Paris sei einer der glücklichsten Zufälle seines Lebens gewesen. Aimée Bonpland, geboren 1773 in La Rochelle, war ursprünglich Arzt, aus privatem Interesse Botaniker und dazu bestimmt, die väterliche Praxis zu übernehmen. Da er die Pflanzen mehr liebte als die Menschen, entschied er sich dafür, diese gesicherte Existenz aufzugeben und sich, finanziell abhängig von Humboldt, auf eine ungewisse Reise zu wagen. Die Bandbreite der Beziehung zwischen den beiden Männern mag von romantischer Nähe, Ablehnung, fachlicher Anerkennung, enger Freundschaft, kalter Gefühllosigkeit bis hin zu wahrhaftem Opfermut gegangen sein. Bonpland hat Humboldt mindestens einmal das Leben gerettet. Als am 6. April 1800 der Einbaum mitten auf dem Orinoco im Sturm zu kentern drohte und die indianischen Bootsleute längst von Bord gegangen waren, wollte er ihn retten, ihn schwimmend ans Ufer ziehen, auch wenn er sich dabei selbst in Lebensgefahr brachte. »Unsere Lage war wahrhaft schrecklich; das Ufer war über eine halbe Meile von uns entfernt und eine Menge Krokodile ließen sich mit halbem Körper über dem Wasser sehen. Selbst wenn wir der Wut der Wellen und der Gefräßigkeit der Krokodile entgangen und an das Land gekommen wären, würden wir daselbst vom Hunger oder von den Tigern verzehrt worden sein. Denn die Wälder sind an diesen Ufern so dicht, so mit Lianen durchschlungen, dass es schlechterdings unmöglich ist, darin fortzukommen. Der robusteste Mensch würde mit dem Beil in der Hand in zwanzig Tagen kaum eine französische Meile zurücklegen. Der Fluss selbst ist so wenig befahren, dass kaum in zwei Monaten ein indianisches Canot hier vorbeikommt. In diesem allergefährlichsten und bedenklichsten Augenblicke schwellte ein Windstoß das Segel unseres Schiffchens und rettete uns auf eine unbegreifliche Weise. Wir verloren nur einige Bücher und einige Lebensmittel.«

Das eigentliche Wunder an Humboldts großer Reise, sagten die Zeitgenossen, lag nicht darin, dass er an sein Ziel gelangt war – sondern dass er wieder zurückkehrte, um von seinen Abenteuern zu berichten.

3.
AUF SCHLOSS LANGEWEIL

Dass Alexander von Humboldt überhaupt jemals in derart lebensgefährliche Situationen geraten sollte, hatte sich keineswegs schon in seiner Jugend abgezeichnet, obgleich er für einen preußischen Adelsspross aus Berlin weit herumkam. Er war ein privilegiertes Kind, vielleicht zu privilegiert, um glücklich zu sein. Friedrich Wilhelm Heinrich Alexander von Humboldt, genannt Alexander, wurde am 14. September 1769 in Berlin in der Jägerstraße geboren, im gleichen Jahr wie Napoleon und Wellington. Er war der jüngere von zwei Söhnen der Familie. Sein Vater war der preußische Offizier und königliche Kammerherr Alexander Georg von Humboldt. Der preußische Kronprinz und spätere König Friedrich Wilhelm II. war einer seiner Taufpaten. Seine Mutter Marie Elisabeth stammte aus einer französischen Hugenottenfamilie, sie war kränklich, überdurchschnittlich intelligent und gebildet, begegnete ihren Kindern aber mit vollkommener Kälte. Dank des ererbten Vermögens war die Familie wohlhabend und lebte in angenehmen Umständen – im Winter in Berlin, im Sommer auf Schloss Tegel, das die Mutter mit in die Ehe gebracht hatte. Das Schloss, oder vielmehr Schlösschen, war ein idyllischer Ort, wie gemacht für eine vollkommen glückliche Kindheit. Nach dem Tod der Brüder Humboldt hat Theodor Fontane 1873 Ort, Park und Schloss in seinen »Wanderungen durch die Mark Brandenburg« beschrieben:

»Havelabwärts von Oranienburg, schon in Nähe Spandaus, liegt das Dorf Tegel, gleich bevorzugt durch seine reizende Lage wie durch seine historischen Erinnerungen. Jeder kennt es als das Besitztum der Familie Humboldt. Das berühmte Brüderpaar, das diesem Fleckchen märkischen Sandes auf Jahrhunderte hin eine Bedeutung leihen und es zur Pilgerstätte für Tausende machen sollte, ruht dort gemeinschaftlich zu Füßen einer granitenen Säule, von deren Höhe die Gestalt der ›Hoffnung‹ auf die Gräber beider herniederblickt ... Wir haben inzwischen die Ahorn- und Ulmenallee durchschritten und stehen nunmehr, rechts einbiegend, unmittelbar vor dem alten Schloss. Die räumlichen Verhältnisse sind so klein und die hellgelben Wände, zumal an der Frontseite, von solcher Schmucklosigkeit, dass man dem Volksmunde recht geben muss, der sich weigert, von ›Schloss Tegel‹ zu sprechen, und diesen Diminutivbau beharrlich ›das Schlösschen‹ nennt.« (Theodor Fontane, Wanderungen durch die Mark Brandenburg, Dritter Teil: Havelland)

Bei Alexander und Wilhelm von Humboldt hieß jener Ort nur »Schloss Langeweil«, da sie es nicht einmal allein verlassen durften, um in den wunderbaren Park zu gehen. In Tegel gab es keine Gesellschaften, keine Abenteuer, keine Spiele im Freien, nur die stets kränkliche Mutter, den Unterricht und ständig wechselnde Hauslehrer. Wenn Alexander von Humboldt später an seine Kindheit zurückdachte, erinnerte er sich nur an dauernden Zwang, an endlose Einsamkeit und an den – wie er es sah – festen Willen seiner Eltern, aus ihm und seinem Bruder steife »Sandnaturen« zu machen. Nach dem frühen Tod des Vaters unterlagen beide erst recht dem ehrgeizigen Regime der Mutter, die entschlossen war, ihre Söhne mit der besten Bildung zu versehen, die sie bezahlen konnte, um auf diese Weise vielleicht Wunderkinder, auf jeden Fall aber tüchtige preußische Beamte zu erziehen. Wilhelm, der Ältere der beiden Brüder, zeigte immerhin Neigung und Fähigkeit zu den Studien, er lernte früh die alten Sprachen, las die Klassiker und dichtete. Alexander dagegen tat sich mit dem Unterricht schwer, er war oft krank und konnte den Lektionen nur mit Mühe folgen. Unter den Lehrern waren illustre

Jugendbild des 15-jährigen Humboldt.

Persönlichkeiten, die mit mehr oder weniger Erfolg auf die beiden Knaben einwirkten. Der berühmte Kupferstecher und Radierer Daniel Chodowiecki unterrichtete sie im Zeichnen, und ihm dürfte es Alexander zu verdanken haben, dass er an sich ein Talent zum Zeichnen und Aquarellieren entdeckte. Auch der Geheimrat Christian Wilhelm Dohm, Gelehrter und preußischer Diplomat, darüber hinaus ein vollkommen unabhängiger Geist, der sich vehement für die Gleichstellung der Juden einsetzte, erteilte seine Lektionen, die ihre Wirkung auf Humboldt nicht verfehlten.

Ein damals noch völlig unbekannter Student der Theologie und Philosophie, Joachim Heinrich Campe, regte die Phantasie seines Schülers mit Erzählungen von exotischen Ländern an und verfasste während seines Aufenthalts bei der Familie Humboldt eine jugendgerechte Umarbeitung des »Robinson Crusoe«, die unter dem Titel »Robinson der Jüngere« zu einem der bekanntesten Werke der deutschen Jugendliteratur wurde. Die Erzählungen Campes und die Lektüre seiner Bücher haben Alexander von Humboldt für immer geprägt – ein ungewollter und zufälliger Nebeneffekt der vielen Privatstunden. Den Weg hinaus aus den engen preußischen Verhältnissen, in ferne Länder und Abenteuer, hatte die Mutter für ihren jüngeren Sohn allerdings nicht vorgesehen. So ging er 1787 zwar nicht gern, aber doch pflichtbewusst mit dem allgegenwärtigen Hofmeister Kunth nach Frankfurt an der Oder, um dort, weil es in Berlin noch keine Universität gab, erste Studien in den Staatswissenschaften aufzunehmen. In diesem kalten Winter in Frankfurt begann Alexander von Humboldt seiner eigentlichen Passion nachzugehen, der Naturforschung. Die widrigen Umstände philosophierte er weg – eine Fähigkeit, die ihm später im Urwald des Orinoco von einigem Nutzen sein sollte. »Mit ein wenig Philosophie wird man bald gewahr, dass der Mensch für jeden Erdenstrich, also auch für die frostigen Ufer der Oder geboren ist.« Als er im darauf folgenden Frühjahr nach Berlin zurückkehrte, eröffnete sich für ihn zum ersten Mal ein Weg aus der Enge von Tegel, aus Privatschule und mütterlicher Überwachung. Zwar war Berlin damals nur eine Provinzmetropole – ein staubiger Kasernenhof, wie Spötter behaupteten –, aber es lebte dort doch eine kleine Gesellschaft aufgeklärter Geister. Viele von ihnen versammelten sich im Salon der Henriette Herz, deren ungewöhnliche Schönheit man überall rühmte. Sie entstammte der jüdischen Familie De Lemos, hatte früh eine damals für Frauen ungewöhnliche Bildung genossen und in Marcus Herz einen geistreichen Mann gefunden, den ersten jüdischen Professor des Königreichs Preußen. In ihrem Salon trafen sich Juden und Christen ohne Ansehen des Standes – und mit ihnen die Geistesepochen der Aufklärung und Romantik. Hinter geschlossenen Türen, in den schön ausgestatteten Räumen des Ehepaars Herz, konnte vieles gesagt und gedacht werden, was man ansonsten aus Rücksicht oder politischer Klugheit besser unterließ. Zum ersten Mal erlebte Alexander von Humboldt Gesellschaft als einen Ort der Befreiung, und bald wurde er vom Zuhörer zum Redner. Man unterhalte sich besser in der Gesellschaft jüdischer Frauen als auf dem Schloss der Ahnen, sagte er und vergaß Henriette Herz die Einladung in ihren Salon nie. Hier, in diesen Jahren, konnte er schon als junger Mann die überaus nützliche Fähigkeit entwickeln, zum richtigen Zeitpunkt auf die richtigen Menschen zuzugehen. Bald hatte er Gelegenheit, dieses neu entdeckte Talent zu testen. In dem kalten Winter an der Oder hatte er das botanische Werk von Carl Ludwig Willdenow gelesen, einem herausragenden jungen Botaniker und späteren Direktor des Botanischen Gartens in Berlin. Diesen suchte er jetzt auf, und was diese Begegnung für ihn bedeutete, schrieb er später auf Kuba nieder: »Von welchen Folgen war dieser Besuch für mein übriges Leben? Schriebe ich ohne diesen diese Zeilen im Königreich Neu-Grenada? ... Er bestimmte mir Pflanzen, ich bestürmte ihn mit Besuchen ... In drei Wochen war ich ein enthusiastischer Botanist.« (Biermann, S. 34) Zwölf Jahre nach ihrer ersten Begegnung sollte Willdenow, kurz vor seinem frühen Tod, jene Pflanzen bestimmen, die Humboldt aus der Neuen Welt mitgebracht hatte.

Das »Schloss Langeweil« hatte Alexander von Humboldt also weit hinter sich gelassen. Aber seine Kindheit verfolgte ihn ein Leben lang, im Guten wie im Schlechten. Sein in Deutschland populärstes Werk, die »Ansichten der Natur«, hat er später ausdrücklich den »bedrängten Gemüthern« gewidmet: »Wer sich herausgerettet aus der stürmischen Lebenswelle, folgt mir gerne in das Dickicht der Wälder, durch die unabsehbare Steppe und auf den hohen Rücken der Andenkette.« (S. 8) Er wusste, wovon er sprach, und es ist bemerkenswert, dass er seinem Buch eine so leicht zu entschlüsselnde Widmung voranstellte. Er selbst hat sich, vor allem mit seinen Reisen, aus der Welt seiner Kindheit, einer Welt der Bedrängnis, der Enge, Einsamkeit und Langeweile befreit, sein ganzes Leben lang.

4. DIE ENTDECKUNG DER WELT

Mit Recht lässt sich sagen, dass kaum ein Entdeckungsreisender besser für seine Mission ausgebildet war als Alexander von Humboldt. In wenigen Jahren hatte er sich die Welt erschlossen und Kenntnisse in vielen Spezialgebieten erworben. Wie er das zustande brachte, bleibt sein Geheimnis. Im historischen Rückblick erscheint seine Leistung surreal; sie würde für mehrere Menschenleben vollends ausgereicht haben. Sein Weg in die große Welt begann an der Universität von Göttingen, an die er seinem älteren Bruder 1789 folgte. Die Göttinger Universität stand damals auf der Höhe ihres Ruhms. Als Alexander von Humboldt in der kleinen Stadt eintraf, muss es für ihn befreiend gewesen sein, endlich seinen Interessen nachgehen zu können. Er widmete sich der »Naturgeschichte«, die damals noch sämtliche naturforschenden Disziplinen zu einem großen Ganzen vereinte, bevor dann in den folgenden Jahrzehnten die Spezialisierung der einzelnen Disziplinen einsetzte. Die damalige Naturwissenschaft hatte sowohl Elemente der frommen Naturanschauung des Pietismus, der in jedem noch so kleinen Naturgegenstand das segensreiche Wirken Gottes sah, als auch die antike Naturforschung in sich aufgenommen. Der römische Historiker und Schrift-

MELASTOMA nivea.

Eine von mehreren 10 000 Pflanzenarten, die Humboldt auf seiner Reise beschrieb.

steller Plinius der Ältere hatte fast 1700 Jahre zuvor seine »Naturalis historia«, also »Naturgeschichte« geschrieben, eine umfassende Abhandlung über die Naturwissenschaften und Naturforschung zur Zeit der Antike, die älteste vollständig überlieferte systematische Enzyklopädie. In 16 Büchern behandelt Plinius die Themen Kosmologie, Geografie und Ethnologie, Anthropologie und Physiologie, Zoologie, Botanik, pflanzliche und tierische Heilmittel, Mineralogie sowie die Verwendung der Metalle und Steine. »Ich beabsichtige nun, alles das zu berühren, was nach dem Ausdruck der Griechen in eine ›Enzyklopädie‹ gehört«, schrieb ihr Autor im Vorwort, »was entweder noch unbekannt oder noch nicht sicher erforscht ist … Zwanzigtausend merkwürdige Gegenstände, gesammelt durch das Lesen von etwa zweitausend Büchern, unter welchen erst wenige ihres schwierigen Inhalts wegen von den Gelehrten benutzt sind, von Hundert der besten Schriftsteller, habe ich in 16 Bänden zusammengefasst, dazu aber noch vieles gefügt, wovon entweder unsere Vorfahren nichts wussten oder was das Leben erst später ermittelt hat.« (Gaius Plinius Secundus, Naturalis historia, Liber I, Abs. 14/15)

Mit der Naturgeschichte, wie sie durch Plinius überliefert war und durch die Forschung in Göttingen und anderswo neu angeregt wurde, hatte Alexander von Humboldt zugleich auch sein persönliches Programm vor Augen. Obgleich dies für einen Studenten ein äußerst ambitioniertes Vorhaben war, fand er Lehrer, die seine hohen Ziele unterstützten. Einer der wichtigsten Naturwissenschaftler an der Universität Göttingen war der damals berühmte Anatom und Zoologe Johann Friedrich Blumenbach, der heute zu Unrecht ganz und gar vergessen ist. Dabei ist es schwer, dessen Bedeutung für die Zoologie und vergleichende Anatomie in Deutschland zu überschätzen, denn die meisten Forscher der folgenden Generation, die dann die Verwissenschaftlichung der Forschung und die Spezialisierung der einzelnen Disziplinen vorantrieben, waren entweder seine Schüler oder Schüler seiner Schüler.

Humboldt hat später die Erkenntnisse aus dem Studium sehr selektiv angewandt. Täglich am Seziertisch zu stehen war nicht seine

Sache. Am geselligen Leben der etwa eintausend Studenten, von denen sich viele mit Trinken, Prügeln und derben Bräuchen ihre Freizeit vertrieben, scheint er sich wenig beteiligt zu haben. Vermutlich hat er seine Zeit zwischen der weltberühmten Bibliothek und den großen naturwissenschaftlichen Sammlungen aufgeteilt. Wie viele andere Studenten wird auch er, angeregt von der Menge der verfügbaren Bücher, in einen regelrechten Leserausch verfallen sein. Andererseits machte auch er seinen Weg durch die Gesellschaft der Professoren und anderer wichtiger Leute.

Über seinen älteren Bruder Wilhelm lernt er Georg Forster kennen, der James Cook in den Jahren 1772 bis 1775 auf dessen zweiter Weltumsegelung begleitet hatte. Forster sei der hellste Stern seiner Jugend gewesen, notiert Humboldt, seinen Reisebericht habe er mit Begeisterung gelesen. »Wäre es mir erlaubt«, schreibt er später zu Beginn des zweiten Bandes seines Hauptwerkes »Kosmos«, »eigene Erinnerungen anzurufen, mich selbst zu befragen, was einer unvertilgbaren Sehnsucht nach der Tropengegend den ersten Anstoß gab, so müsste ich nennen: Georg Forster's Schilderungen der Südsee-Inseln.« 1790 bot ihm Forster sogar an, ihn auf eine Reise nach England zu begleiten, mit Aufenthalten in Belgien und Frankreich – eine Einladung, die Humboldt gern annahm. Dennoch hat Humboldt über diese Reise mit Forster schon 1801 in Südamerika eine schonungslose Aufzeichnung verfasst, die er mit der Anweisung versah, sie dürfe nie gedruckt werden. Auf den wenigen Seiten tritt einem der junge Alexander von Humboldt entgegen, in einer seltsamen und komplizierten Mischung aus Schwärmerei, Melancholie, Selbstbewusstsein, Selbsteinsicht, Berechnung, Eitelkeit und kalter Beobachtung. An Forster lässt er kein gutes Haar: »... mit welcher Freude nahm ich Teil an dieser Reise. Ohnerachtet sie mich wie jedes nahe Zusammenleben unter Menschen und besonders bei Forsters kleinlich-eitlem Charakter mehr von ihm entfernte, als ihm nahe brachte, so hatte das Zusammenleben mit dem Weltumsegler doch großen Einfluss auf meinen Hang nach der Tropenwelt.«

Die Rückreise von England führte durch das revolutionäre Frankreich, in Paris erhalten sie Informationen aus erster Hand. Ein Jahr zuvor, 1789, war die Welt in Aufruhr geraten. Mit einem Schlag war in jenem Königreich, das die Macht des Königs und seines Adels neu definiert hatte, das mit Versailles und anderen Schlössern der absoluten und gottgegebenen Macht des Herrschers prunkvolle Denkmäler gesetzt hatte, die Macht der Fürsten vom Volk hinweggefegt worden. Mit dem Sturm auf die Bastille, dem Symbol der Königsmacht in Paris, schien alles möglich: Herrschaft des Volkes, Bildung und Glück für alle, Gleichheit und Gerechtigkeit. Humboldt hat die Tage in Paris nie vergessen. Sie haben ihn tief geprägt, auch wenn er später aus politischer Vorsicht nicht mehr viel darüber gesprochen hat. Sein Begleiter, der 1792 ganz nach Paris wechselte, musste dort den Terror der Nachrevolutionszeit miterleben. Forster starb in Einsamkeit, noch keine vierzig Jahre alt, im Januar 1794.

5.
TRÄUME UND TRAUMATA

Humboldts frühe Jahre sind voller Träume von späterem Ruhm, von exotischen Welten, von Glück und Freiheit. Und sie sind voller Ängste, die er sein Leben lang bekämpft hat. In seiner Biografie sind Zukunftshoffnungen und Ängste, Träume und Traumata, die sichtbare Leistung und unsichtbare Tragik unentwirrbar miteinander verknüpft. Sicher, er hat ein langes und in vielerlei Hinsicht erfolgreiches Leben geführt. Trotzdem wird man das Gefühl nicht los, dass in diesem Leben etwas gefehlt hat, zum großen Schmerz desjenigen, der es führte. Nach der Rückkehr von seiner Reise nach Paris hat er sich, um dem Willen der Mutter Genüge zu tun und dieser gleichzeitig zu entkommen, für den preußischen Bergdienst, also die Arbeit in der Verwaltung der staatlichen Bergwerke beworben. Er ist überglücklich, als sein Gesuch angenommen wird und er zur Ausbildung an die berühmte Bergakademie nach Freiberg gehen kann.

Der junge Humboldt und sein Bruder zu Besuch bei Goethe und Schiller in Weimar.

Diese einzigartige Bildungsanstalt für das Bergwesen war hochrenommiert. Unter anderen lehrte dort der bekannte Geologe Abraham Gottlob Werner (1749–1817), Hauptvertreter der so genannten neptunistischen Schule.

Die Wurzeln des »Neptunismus«, dessen Name auf die römische Meeresgottheit Neptun zurückgeht, reichen bis zu dem antiken griechischen Philosophen Thales von Milet zurück. Nach Werners Theorie, die mit der christlichen Lehre von der Sintflut übereinstimmte, bildeten sich Gesteine ausschließlich durch das Absetzen der festen Bestandteile in wässrigen Lösungen, also etwa als Sediment am Meeresboden. Dieser Theorie folgend konnte es für Werner keine Vulkane geben, und er erklärte deshalb alle vulkanischen Erscheinungen als unbedeutende und nur örtlich wichtige Phänomene, die etwa durch unterirdisch brennende Kohlevorkommen erzeugt würden. Dem entgegen standen damals vor allem in Schottland die so genannten »Plutonisten«, benannt nach dem römischen Gott der Unterwelt, mit ihrer Ansicht, dass der Ursprung aller Gesteine in vulkanischen Prozessen mit ihrem ausströmenden Magma zu suchen sei. Auch sie beriefen sich auf die Antike, auf die Theorien des Aristoteles. Ihrer Auffassung nach bahnten sich von Zeit zu Zeit geschmolzene Massen aus dem Erdinneren ihren Weg an die Oberfläche und würden dort durch Erosion freigelegt und abgetragen, um schließlich auf dem Festland als Böden und im Meer als Sedimente abgelagert zu werden. Durch ihr eigenes Gewicht würden sie immer stärker verfestigt und verdichtet, schließlich unter dem enormen Druck durch Hitze wieder verflüssigt und als vulkanische Materie neu an die Eroberfläche getragen. Diese Theorie vom Kreislauf der Gesteine wird heute allgemein akzeptiert und sie ist für unser heutiges Verständnis von der Entwicklung unseres Planeten von größter Bedeutung. Humboldt, zunächst ein Anhänger Werners, hat später durch seine Forschungen an den großen aktiven Vulkanen Südamerikas vieles dafür getan, der plutonistischen Lehre vom Vulkanismus der Erde zum Durchbruch zu verhelfen.

Das Studium in Freiberg tut dem jungen Mann gut. Täglich fahren die Studenten in die Bergwerke ein, sie studieren sowohl Theorie als auch Praxis von Geologie und Bergbau. Humboldt erkennt bald, dass ihm, dem kränklichen Knaben ohne Lebenserfahrung, die praktische Seite ebenso liegt wie die theoretische. Neben der Arbeit im Bergwerk und dem Studium widmet er sich ersten wissenschaftlichen Studien. Eine von ihnen, in der er sich gründlich der unterirdischen Pflanzenwelt in den Bergwerken von Freiberg annahm, bringt ihm nach ihrer Veröffentlichung außergewöhnliche Anerkennung und ersten europaweiten Ruhm. Sein Studium absolviert er im Schnelldurchlauf von nur acht Monaten, und schon im März 1792 wird er zum Assessor im preußischen Bergdienst ernannt. Noch im selben Jahr erhält er den ehrenvollen Auftrag, die Bergwerke der soeben annektierten fränkischen Fürstentümer Ansbach und Bayreuth auf ihre Nutzbarkeit zu untersuchen und zu bewerten. In nur zehn Wochen hat er sie alle besichtigt, sich gründlich Gedanken zu ihrer Sanierung gemacht und die Resultate in einem Bericht von 150 Seiten Umfang in Berlin vorgelegt. Das macht selbst im pflichteifrigen Berlin Eindruck – nur ein Jahr später erhält er die Aufsicht über diese Bergwerke.

Wenig später gründet Humboldt in Bad Steben aus eigenem Antrieb und selbstfinanziert die Freie Königliche Bergschule, die jedem Bergmann zugänglich ist und damit zur ersten beruflichen Aus- und Weiterbildungsstätte Deutschlands wird. Neben der Arbeit knüpft er nützliche Kontakte. So lernt er durch die Vermittlung seines bereits berühmten Bruders die beiden Halbgötter der deutschen Literatur kennen, Goethe und Schiller, und besucht sie in Weimar. Dass Schiller ihn ablehnt, hat seinen Grund vielleicht darin, dass Goethe den jungen Mann so begeistert empfing, vielleicht aber auch, weil er die Naturwissenschaften an sich ablehnt. Schiller schreibt einen bitterbösen Brief über den Preußen Humboldt, der so selbstbewusst in Weimar auftrat:

»… über Alexander habe ich kein rechtes Urteil; ich fürchte aber, trotz aller seiner Talente und seiner rastlosen Tätigkeit wird er in seiner Wissenschaft nie etwas Großes leisten. Eine zu kleine, unruhige Eitelkeit beseelt noch sein ganzes Wirken. Ich kann ihm keinen Funken eines reinen, objektiven Interesses abmerken, und wie sonderbar es auch klingen mag, so finde ich in ihm, bei allem ungeheuren Reichtum des Stoffes, eine Dürftigkeit des Sinnes, die bei dem Gegenstande, den er behandelt, das schlimmste Übel ist. Es ist der nackte, schneidende Verstand, der die Natur, die immer unfasslich und in allen ihren Punkten ehrwürdig und unergründlich ist, schamlos ausgemessen haben will und mit einer Freiheit, die ich nicht begreife, seine Formeln, die oft nur leere Worte und immer nur enge Begriffe sind, zu ihrem Maßstabe macht. Kurz, mir scheint er für seinen Gegenstand ein viel zu grobes Organ, und dabei ein viel zu beschränkter

Verstandesmensch zu sein. Er hat keine Einbildungskraft, und so fehlt ihm nach meinem Urteil das notwendigste Vermögen zu seiner Wissenschaft, denn die Natur muss angeschaut und empfunden werden in ihren einzelnsten Erscheinungen wie in ihren höchsten Gesetzen. Alexander imponiert sehr vielen und gewinnt im Vergleich mit seinem Bruder meistens, weil er ein Maul hat und sich geltend machen kann.«

Mit Goethe hat Alexander von Humboldt mehr Glück, denn dieser erhofft sich von dem jungen Naturwissenschaftler Anregungen für das eigene Werk. Nach ihrer ersten Begegnung treffen sie sich oft in Weimar oder Jena, diskutieren über Fragen der Naturgeschichte und über Goethes Lieblingsthemen. Humboldt scheint jetzt dort angekommen, wo er seiner unbescheidenen Meinung nach leben sollte: auf Augenhöhe mit den Giganten seiner Zeit. Nebenbei – man fragt sich, wann – entwickelt Humboldt technische Verbesserungen an bergmännischen Geräten. Ein Selbstversuch mit seiner neuen Grubenlampe, die auch bei wenig Luftsauerstoff noch brennt, führt ihn unter Tage in eine gasgefüllte Strecke, was er fast mit seinem Leben bezahlt. Das ist der erste in einer ganzen Reihe außerordentlich schmerzhafter und teils lebensgefährlicher Selbstversuche, die er in diesen Jahren unternimmt. »Über die gereizte Muskel- und Nervenfaser« zum Beispiel leitet er elektrische Spannung durch seinen Körper, teils auch über künstlich erzeugte Wunden auf seinem Rücken. Die Selbstversuche haben unübersehbar auch eine selbstquälerische Komponente, die zu denken gibt, weil sie vielleicht auf tiefere Krisen hindeutet.

Bei einem Besuch in Bayreuth lernt Humboldt den jungen Infanterieleutnant Reinhardt von Haeften kennen und ist sofort von ihm fasziniert. In einem Brief an einen Freund berichtet er: »Dieser Reinhard v. Haeften ist seit 1 Jahr mein einziger und stündlicher Umgang. Ich wohne mit ihm zusammen, er besucht mich auf dem Gebirge. Ich habe, um ihn ganz zu geniessen, mich von aller Gesellschaft losgerissen, und ich lebe mit ihm hier gerade wie ich in Freiberg mit Ihnen lebte. Aus dem allen müssen Sie schon schliessen, dass dies kein gewöhnlicher Mensch ist ... Ich bin schon 8 Meilen geritten, um ihn nur einige Stunden zu sehen. Er hat ein außergewöhnlich merkwürdiges Gesicht, und man hält ihn überall für einen der schönsten Männer, ich finde ihn auch schön ...« Humboldt wird begriffen haben, dass seine Gefühle über gewöhnliche Freundschaft und vielleicht sogar über romantische Schwärmerei, wie sie in diesen Jahren weit verbreitet war, hinausgingen. Es scheint, als habe die Faszination für schöne junge Männer Humboldt nie mehr verlassen, auch wenn ihm in späteren Zeiten immer wieder Affären mit Damen der Gesellschaft nachgesagt werden. Die Erkenntnis homoerotischer Neigungen wird auf ihm gelastet haben wie ein Zentnergewicht, fast wie ein Todesurteil. Es bleibt ihm nichts anderes übrig, als sich seinem Schicksal zu ergeben, seine Neigung der persönlichen Last an Traumata hinzuzufügen – und das Leiden daran in rastlose Tätigkeit umzusetzen. Ende 1795 unternimmt er, teils noch gemeinsam mit Reinhardt von Haeften, eine große Tour nach Oberitalien, in die Schweizer und die französischen Alpen. Er erklimmt dabei mehrere Gipfel und übt sich im Gebrauch der neu entwickelten Messgeräte, um sie auf künftigen Expeditionen nutzen zu können.

Dann erlebt er den Tod seiner Mutter. Der Schmerz vermischt sich für ihn mit einem Gefühl der Befreiung. Er selbst hat dies ganz kühl so gesehen, zumal ihr Tod ihn nur ein Jahr später seinem großen Traum ein gutes Stück näher bringt. Alexander von Humboldt ist nun der Erbe eines ansehnlichen Vermögens und endlich frei in allen seinen Entschlüssen. Der preußische Staat kann ihn, trotz unerhört vorteilhafter Angebote, nicht länger im Bergdienst halten. Er will in die ferne Welt der Tropen aufbrechen – am Ende war es auch eine Flucht.

6.
DIE GROSSE REISE

Es kostete ihn drei Jahre, seine Reisepläne wahr zu machen. Am 16. Juli 1799 landet Alexander von Humboldt nach 22-tägiger Seefahrt an der Küste von Venezuela. Die Überfahrt war weitgehend planmäßig verlaufen. Bei einem Zwischenstopp auf Teneriffa hat er den Pico de Teide, den großen Vulkanberg, bestiegen und verschiedene Messungen angestellt. Mit den fünfzig Präzisionsinstrumenten, die er mit sich führt, darunter Sextanten zur Navigation und für Vermessungen, Barometer zur Höhenbestimmung, Hygrometer zur Feuchtigkeitsmessung, ist er vollauf zufrieden, obgleich sie ihn ein Vermögen gekostet haben. Als er die Küste des amerikanischen Kontinents erreicht, ist er euphorisch und voller Pläne: »So unabhängig, so frohen Sinnes, so regsamen Gemüts hat wohl nie ein Mensch sich jener Zone genähert. Ich werde Pflanzen und Tiere sammeln, die Wärme, die Elastizität, den magnetischen und elektrischen Gehalt der Atmosphäre untersuchen, sie zerlegen, geografische Längen und Breiten bestimmen, Berge messen – aber alles dies ist nicht Zweck meiner Reise. Mein eigentlicher, einziger Zweck ist, das Zusammen- und Ineinander-Weben aller Naturkräfte zu untersuchen, den Einfluss der toten Natur auf die belebte Tier- und Pflanzenschöpfung.« Humboldt fühlt sich gut, seine früheren Ahnungen haben sich bestätigt, da er tatsächlich nicht seekrank geworden ist. Auch das Fieber, das während der Überfahrt an Bord ausgebrochen war, hat ihn verschont. Allerdings ändert die Epidemie seine Pläne, denn die übrigen Passagiere bestehen darauf, schon im ersten Hafen von dem fieberverseuchten Schiff an Land zu gehen: in Cumana in Terra Firma, dem heutigen Venezuela. Rückblickend jedoch sieht Humboldt darin eine glückliche Fügung, denn ohne den Landgang in Cumana hätte er seine berühmte Reise auf dem Orinoco wohl niemals unternommen.

Es ist überraschend, dass er überhaupt so weit gekommen ist. Die politische Weltlage war für seine Reisepläne nicht günstig und er

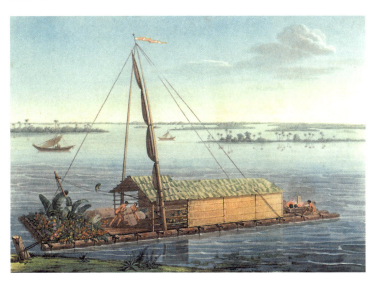

Auf dem Orinoco unterwegs. Gezeichnet nach Humboldts eigener Vorlage.

hatte mehrere Anläufe zu ihrer Verwirklichung unternehmen müssen, war jedoch immer wieder kurz vor dem Ziel gescheitert. Eine erste Reise nach Ägypten im Herbst 1797 hat er nach Napoleons Invasion aufgegeben. Auch eine weitere Expedition, eine auf fünf Jahre angelegte Umsegelung der Welt, zu der ihn die französische Regierung eingeladen hatte, ist am Krieg gescheitert. Humboldt lässt sich nicht entmutigen und fasst den Plan, gemeinsam mit Bonpland, den er in der Zwischenzeit kennen lernte, von Nordafrika aus mit einer Mekka-Karawane nach Ägypten zu reisen. Angesichts des Aufruhrs, den der Überfall Frankreichs auf Ägypten in der islamischen Welt verursacht hat, wäre dies ein selbstmörderischer Plan; aber er zeigt, wie besessen Alexander von Humboldt sein Ziel verfolgte, Europa zu verlassen, wohin auch immer ihn die Reise führte. Klugerweise hat er diese Variante dann doch nicht ausgeführt und einen anderen Weg gewählt.

Schon früh hatte er von den spanischen Kolonien in Süd- und Mittelamerika geträumt, und obwohl die spanische Krone noch nie einem ausländischen Wissenschaftler die Reise dahin erlaubt hat, will er sein Glück beim spanischen Hof versuchen. Und tatsächlich gelingt es ihm in Madrid durch Hartnäckigkeit, Charme, Überzeugungskraft und beträchtliches diplomatisches Geschick, einen Pass für die überseeischen Besitzungen Spaniens zu bekommen. Das Dokument räumt ihm volle Reise- und Handlungsfreiheit ein und sichert ihm zugleich die Unterstützung aller Gouverneure und Beamten im gesamten spanischen Kolonialgebiet. Das bedeutet einen großen Fortschritt für die Wissenschaft und für Humboldt persönlich, denn die spanischen Besitzungen auf dem amerikanischen Kontinent waren bis dahin ein weißer Fleck in der Naturforschung, und es ist abzusehen, dass er mit einer wissenschaftlichen Expedition durch diese Länder berühmt werden wird. Ein wenig Glanz würde auch auf die preußische Krone fallen, denn der Gesandte Preußens in Madrid hat ihn tatkräftig und diskret unterstützt.

Nun ist Humboldt in Amerika angekommen, und was er vor sich sieht, übertrifft seine Erwartungen bei weitem. Das Land mit eigenen Augen zu sehen ist doch etwas anderes, als daheim von den Tropen zu träumen. Hymnisch beschreibt er in Briefen an die Daheimgebliebenen die Schönheit der tropischen Pflanzenwelt. »Welche Bäume! Kokospalmen, fünfzig bis sechzig Fuß hoch; Poinciana pulcherrima, mit fußhohem Strauße der prachtvollsten hochroten Blüten; Pisange und eine Schar von Bäumen mit Ungeheuern Blättern und handgroßen wohlriechenden Blüten, von denen wir nichts kennen. Und welche Farben der Vögel, der Fische, selbst der Krebse, himmelblau und gelb! Wie die Narren laufen wir jetzt umher; in den ersten drei Tagen können wir nichts bestimmen, da man immer einen Gegenstand wegwirft, um einen andern zu ergreifen. Bonpland versichert, dass er von Sinnen kommen werde, wenn die Wunder nicht bald aufhören. Aber schöner noch als diese Wunder im Einzelnen ist der Eindruck, den das Ganze dieser kraftvollen, üppigen und doch dabei so leichten, erheiternden, milden Pflanzennatur macht. Ich fühle es, dass ich hier sehr glücklich sein werde.«

Humboldt ist überglücklich. In den kommenden Jahren sollte er sein persönliches Tropenparadies in ungeahntem Ausmaß durchreisen können. Nach einigen größeren Exkursionen ins Umland von Cumana, bei denen sich Humboldt und Bonpland an die neue Umgebung akklimatisieren, brechen sie nach Caracas auf, wo sie von Herbst 1799 bis Februar 1800 bleiben. Es ist eine ereignisreiche Zeit: Bis zu ihrem Abschied von Caracas erleben sie ein Erdbeben, das Humboldt später zum Anlass nimmt, einen längeren Exkurs über das Wesen der Erdbeben zu schreiben; sie sehen einen Meteoritenschauer, den Humboldt nicht vergisst gründlich zu beobachten und zu notieren, und sie überleben einen Raubüberfall, bei dem Bonpland ernsthaft verwundet wird. Humboldt selbst bleibt unverletzt, wie er auch später all den Unglücken, die seiner Expedition zustoßen, schadlos entgeht. Offensichtlich liegt darin eine seiner vielen unnachahmlichen Begabungen, angesichts derer man recht ungern sein Reisegefährte gewesen wäre.

Von Caracas aus will Humboldt auf dem mächtigen Orinoco-Strom in bislang unbekannte Regionen vordringen. Er hat von merkwürdigen geografischen Gegebenheiten des Flusses erfahren. Es hieß, der Orinoco gable sich in seinem Verlauf und ein Nebenarm stelle eine Verbindung zum Amazonas her. Humboldt beschließt, der Sache wissenschaftlich auf den Grund zu gehen. Sicherlich hätte er auch ein anderes Motiv für seinen Drang in die Wildnis nennen können – die Begründung war ihm weniger wichtig als die Möglichkeit zu reisen. Auf dem Orinoco und seinen Nebenflüssen legen Humboldt und seine Begleitung in den folgenden 75 Tagen 2250 Kilometer zurück. Als er zurückkehrt, hat er die Gabelung bewiesen und ihren Verlauf gründlich kartiert. Später bildet er sie in seinem großen Reisewerk zusammen mit den Gabelungen anderer Flüsse auf einer Seite ab und ordnet sie in den Gesamtplan des »Kosmos« ein. Auf seinem Weg über den Orinoco, auf den Exkursionen davor und danach hat er Tausende von Pflanzen und Tieren gesammelt oder sammeln lassen, hat sie eingeordnet, notiert, vermessen, kartiert, hat Höhen, Temperaturen und Strömungen festgestellt, das Vorkommen von Pflanzen an den einzelnen Orten festgehalten, hat versucht, die Sprache der Einwohner zu lernen und zu begreifen, hat gezeichnet und skizziert, abends mit Missionaren und Würdenträgern der spanischen Verwaltung in formvollendetem Spanisch parliert, nebenbei tausende Seiten mit Aufzeichnungen angefertigt und unzählige Briefe geschrieben. Diese Arbeitswut macht ihn fremd und ist für uns kaum noch zu verstehen, aber genau darin liegt ein wesentlicher Teil seines Genies. Man muss seine Reisebeschreibung lesen, um zu erkennen, welche Sorgfalt, welche manische Energie, welchen poetischen Schönheitssinn, welche Aufmerksamkeit er allen natürlichen Phänomenen widmete. »Man sieht sich einer neuen Welt, einer wilden, ungezähmten Natur gegenüber. Bald zeigt sich am Gestade der Jaguar, der schöne amerikanische Panther; bald wandelt der Hocco mit schwarzem Gefieder und dem Federbusch langsam an der Uferhecke hin. Tiere der verschiedenen Klassen wechseln einander ab. ›Es como en el Paraiso‹ (es ist wie im Paradies), sagte unser Steuermann, ein alter Indianer aus den Missionen.« (Reise, Bd. 2, S. 779) Ganz nebenbei berichtete er in elegantem Plauderton von den Beschwernissen seiner Reise, von Gesprächen, Begegnungen und auch von seinen eigenen Gedanken. Darin liegt die Qualität seiner Reisebeschreibung, einer dicht verwobenen, wissenschaftlichen Erzählung, in der er auch über seine eigene Befindlichkeit Rechenschaft abgelegt hat, jedenfalls soweit das dem Publikum zuzumuten war.

Die nächste Etappe der großen Reise ist Kuba, das Bonpland und Humboldt nach einer unangenehmen Schifffahrt, deren nähere Umstände Humboldt wiederum Tag für Tag aufzeichnet, am 19. Dezember des Jahres 1800 erreichen. Zunächst erscheint ihm die Insel wie ein irdisches Paradies, doch dann drängt sich die allgegenwärtige Sklaverei immer deutlicher in sein Blickfeld. Er hat sie in deutlicher Weise verurteilt, nicht indem er ihr sofortiges Ende ausrief, sondern – ganz preußischer Realpolitiker – eine Übergangsphase in die Freiheit forderte. Auf Kuba, in Süd- und Mittelamerika hat man Humboldts Engagement gegen die Sklaverei bis heute nicht vergessen. Unter anderem deshalb ist er dort weit gegenwärtiger, als er es hier jemals sein wird. Viele Tage bringt er auf Kuba in den Archiven der spanischen Kolonialverwaltung zu, wertet statistische Daten und persönliche Aufzeichnungen aus. Es ist schwer zu sagen, ob er bei seinen vielgestaltigen Arbeiten zwischen Urwald und Archiv wirklich einem Plan folgte oder einfach seinen Interessen nachging, wohin sie ihn auch führten. In beiden Fällen kann man ihn ob der schieren Größenordnung nur bewundern. Es kann nicht leicht gewesen sein, sich in den Papierbergen zu orientieren, die alten spanischen Handschriften zu entziffern und auszuwerten, sie in die eigenen Notizen zu übertragen und in dem Wust der Fakten einen Sinn zu erkennen.

Anfang 1801 verlassen Humboldt und Bonpland die Insel Kuba und setzen wieder auf das Festland über, nach Cartagena im heutigen Kolumbien. Man beschließt, von dort weiter den Rio Magdalena stromaufwärts zu reisen und die Bergkette der Kordilleren in Richtung Bogotá und Quito zu überqueren. Das bedeutet die Entscheidung für ein unkalkulierbares Risiko, das Humboldt offenbar bewusst suchte, obwohl die Gefahren einer solchen Reise zu dieser Jahreszeit bekannt waren. Seinem Bruder schreibt er später: »Die Gewalt des angeschwollenen, mächtig strömenden Wassers hielt uns fünfundfünfzig Tage auf dem Magdalenenflusse, während welcher Zeit wir uns immer zwischen wenig bewohnten Wäldern befanden. Ich sage Dir nichts mehr von der Gefahr der Katarakte, von den Moskitos, von den Stürmen und Gewittern, die hier fast ununterbrochen fortdauern und alle Nächte das ganze Himmelsgewölbe in Flammen setzen.« Die gesamte Reise über, von der Mündung des Rio Magdalena bis nach Bogotá, nimmt Humboldt wiederum alle Höhendaten seines Reiseweges auf und zeichnet eine große Karte des Flusslaufs, die er später in Bogotá dem spanischen Vizekönig verehrt. Von dieser gefährlichen Flussfahrt stammt auch eines jener seltenen Zeugnisse Humboldts, in denen er schildert, welchen hohen Einsatz er seinen einheimischen Begleitern abverlangte: »Unsere Navigation auf dem Magdalenenstrome war in der Tat eine schreckliche Tragödie. Von 20 Bogas, Ruderknechten, ließen wir 7–8 krankheitshalber auf dem Wege zurück. Fast eben so viel gelangten mit schändlich stinkenden Fußgeschwüren und bleich in Honda an.« (Faak, Teil 1, S. 85)

Aufgrund der königlichen Pässe, die Humboldt in Madrid erwirkt hatte, und des ihnen vorauseilenden Ruhmes werden die Reisenden in Bogotá mit höchsten Ehren empfangen. Der Erzbischof schickt ihnen seine Kutsche entgegen und die Honoratioren der Stadt laden zum festlichen Mahl. Der Vizekönig allerdings, als Vertreter der spanischen Krone in den Kolonien, lässt Humboldt zunächst misstrauisch überwachen, denn die Furcht vor einer Revolution ist bis in die entlegensten Weltregionen vorgedrungen und gilt natürlich auch dem Besucher aus Europa. Später lässt sich der Beamte doch noch dazu herab, den Protestanten aus Preußen huldvoll zu empfangen. Humboldt erstellt sogar im Auftrag der Regierung ein Gutachten über das Minenwesen und die Verkehrswege in der Provinz, auf der Grundlage der dortigen geheimen Archive, so wie er das schon in Kuba getan hat. Immer wieder zeigt er auf diese Art seine Dankbarkeit gegenüber den spanischen Kolonialbehörden für die weitgehende Unterstützung seiner Reise, obwohl er ihre Politik ablehnt.

Natürlich war selbst die Wildnis zu dieser Zeit kein machtfreier Raum mehr und Humboldt hätte seine selbst gesetzten Ziele ohne die Duldung und Förderung durch die spanische Krone kaum erreicht. Aber man muss sich doch fragen, wie weit er in diesen Dingen bewusst gegen seine Überzeugungen handelte, um die Reisefreiheit nicht zu gefährden und Anerkennung sowie späteren Ruhm zu sichern. Im Oktober 1801 reist er weiter, über die schneebedeckte Gebirgskette der Kordilleren, über den mehr als 3000 Meter hohen Pass von Quindiu. Als Preuße und überzeugter Republikaner lehnt er es ab, sich wie damals üblich von Trägern über den beschwerlichen Weg transportieren zu lassen; er zieht es vor, selbst zu laufen, auch wenn er sich dabei die Füße an wild wachsendem Bambus zerschneidet: »Die Stacheln der Wurzeln dieser gigantischen Grasart hatten unsere Fußbekleidung so sehr zerrissen, dass wir barfüßig und mit blutrünstigen Füßen zu Cartago ankamen, weil wir uns nicht von Menschen (Cargueros) auf dem Rücken tragen lassen wollten. In diesen Klimaten sind die Weißen so träge, dass jeder Bergwerksdirektor einen oder zwei Indianer im Dienste hat, welche seine Pferde (Cavallitos) heißen, weil sie sich alle Morgen satteln lassen und, auf einen kleinen Stock gestützt und mit vorgeworfenem Körper, ihren Herrn umhertragen. Unter den Cavallitos und Cargueros unterscheidet und empfiehlt man den Reisenden diejenigen, die sichere Füße und einen sanften gleichen Schritt haben; und da tut es einem recht weh, von den Eigenschaften eines Menschen in Ausdrücken reden zu hören, mit denen man den Gang der Pferde und Maultiere bezeichnet.« (Ansichten der Kordilleren, S. 36)

Am Zielort Quito angekommen, genießt Humboldt alle Annehmlichkeiten der Zivilisation. Aber er ruht sich nicht einfach aus, sondern nutzt den Aufenthalt von acht Monaten, um eine ganze Reihe von Andengipfeln zu besteigen: den Cotopaxi, mit 5897 Metern der zweithöchste Berg Ecuadors, auf dem er eine Höhe von etwa 4500 Meter erreicht; den Antisana, mit 5705 Metern Höhe einer der noch heute am schwersten zu besteigenden Berge des Landes, auf dem Humboldt und Bonpland bei 4800 Meter Höhe vor den Schneebänken kapitulieren müssen; den Pichincha und einige andere der großen Vulkanberge. Am 23. Juni 1823 wagen die Reisenden den Versuch, den damals höchsten bekannten Berg der Welt zu besteigen, den Chimborazo (6310 Meter). In Wollponcho, Gehrock, Straßenstiefeln und Halstuch erreichen sie die Marke von 5881 Metern, die größte Höhe, die bis zu diesem Tag ein Mensch erreicht hat. Natürlich stellt Humboldt dabei immerzu Messungen an, untersucht mit seinen zerbrechlichen Apparaturen Höhe, Temperatur und elektrische Phänomene. Die Effekte der damals noch unbekannten Höhenkrankheit hat er am eigenen Körper erlebt und – selbstverständlich – beschrieben: »Zur Linken war der Absturz mit Schnee bedeckt, dessen Oberfläche durch Frost wie verglast schien. Zur Rechten senkte sich unser Blick schaurig in einen tausend Fuß tiefen Abgrund, aus dem schneelose Felsmassen senkrecht hervorragten. Wir fingen nun nach und nach an, alle an großer Übelkeit zu leiden. Der Drang zum Erbrechen war mit etwas Schwindel verbunden und weit lästiger als die Schwierigkeit zu atmen. Wir bluteten aus dem Zahnfleisch und aus den Lippen. Die Bindehaut der Augen war bei allen ebenfalls mit Blut unterlaufen.«

Schon allein diese Leistung hätte gereicht, Humboldt als Pionier des Bergsteigens unsterblich zu machen. Als nur 25 Jahre später die Bergmassive des Himalaya als die höchsten Gipfel der Welt entdeckt und bestiegen wurden, hat er sich damit getröstet, dass er mit seiner Pioniertat immerhin den Anstoß zur Besteigung gab. Von Quito aus führt die Reise weiter über das Hochland in Richtung Lima; dort begegnen ihnen die Monumente der Inkakultur: Ruinen, behauene Steine, Hieroglyphen. Auch diese hat Humboldt in seinen Forschungsplan aufgenommen, sie betrachtet, gezeichnet, analysiert und viel Richtiges und Kluges über sie gesagt.

Von Lima aus segeln Humboldt und Bonpland auf dem Pazifik in Richtung Norden nach Guayaquil und von dort, nach einem Zwischenaufenthalt, weiter nach Acapulco im heutigen Mexiko. Seine Expedition ist längst zu Ende, doch er kämpfte um jede Woche, die er noch ein wenig länger in der Ferne bleiben kann. Noch einmal stürzt er sich in Mexiko in die Arbeit, durchforstet im Auftrag des spanischen Vizekönigs die Archive, verwendet dabei unendliche Mühe auf die Beschaffung verlässlicher statistischer Unterlagen, zeichnet Karten, fertigt Statistiken an über Flächen, Bevölkerung, Ackerbau, Fabriken, Handel, Bergwerke, Produktivität und Militär. Wie immer in seiner Arbeit verbinden sich bei ihm herkömmliche Formen der Welterkundung mit zahllosen Fakten und scharfsinnigen Analysen zu einem neuen Ganzen: der beschreibenden Geografie auf wissenschaftlicher Basis und der fundierten empirischen Beschreibung eines Landes. Für Mexiko und die anderen Provinzen des kolonialen spanischen Mittel- und Südamerika war Humboldts Arbeit von entscheidender Bedeutung: Im Handstreich hat er Informationen zur Verfügung gestellt, auf deren Basis die Verwaltung noch jahrzehntelang arbeiten konnte – und er setzte ein Vorbild, dem die jungen Wissenschaftler dieser Länder nacheifern konnten.

So verging noch ein weiteres Jahr, auch wenn Humboldt gewusst haben wird, dass der Abschied nur aufgeschoben war. Er hatte die größte private Forschungsexpedition aller Zeiten unternommen und erst im Frühjahr 1804 ist er bereit zur Rückreise nach Europa. Diese führt ihn zunächst von Veracruz über Havanna, wo er seine Sammlungen aus der Orinoco-Expedition verwahrt hatte, und von Havanna durch einen schweren Sturm nach Philadelphia in den Vereinigten Staaten, wo er als persönlicher Gast des Präsidenten Jefferson drei Wochen voller schmeichelhafter Ehrungen verbringt. Es hatte sich ausgezahlt, dass er von unterwegs immer wieder Briefe an Bekannte geschrieben hatte, mit der Bitte, seine Mitteilungen aus der menschenfeindlichen Wildnis in der Presse abdrucken zu lassen, auch in der amerikanischen. Die Fahrt zurück über den Atlantik nach Europa war ruhig und dauerte 27 Tage. Am 3. August 1804, mehr als fünf Jahre nach der Abreise von La Coruña, landet er in Bordeaux. Europa hatte ihn wieder, und er hatte Europa wieder, ob er es wollte oder nicht.

7.
DAS GROSSE WERK

Humboldt war heimgekehrt, aber eine wirkliche Heimat, einen Ort, an dem er sich zu Hause fühlte, besaß er nicht. Wohl hatte er zahlreiche Freunde, doch diese waren verstreut über viele Städte Europas, und die Beziehung zu ihnen hatte ihren Grund vor allem im gemeinsamen wissenschaftlichen Interesse, nicht in enger persönlicher Bindung. Am besten gefiel es Alexander von Humboldt in Paris. Er hatte auch an Genf gedacht oder an die Rückkehr nach Berlin, immerhin hatte er aus seiner alten Heimat schmeichelhafte Angebote und Geld aus der Hofkasse erhalten. Aber Paris bot ihm doch die meisten Vorteile: Er musste sich nicht an seine Kindheit erinnern, war weit entfernt von der provinziellen Kleinteiligkeit Berlins und dem erstarrten preußischen Hofleben, befand sich im Zentrum des Gesellschaftslebens und hatte Zugang zum Wissen der Welt.

Goethe, der in Weimar, dieser Kleinstadt mit angeschlossenem Staatswesen, wie in einem goldenen Käfig saß, hat Eckermann später neidvoll in die Feder diktiert, was Paris derzeit ausmachte.

»Wir führen doch im Grunde alle ein isoliertes armseliges Leben! Da sitzt einer in Wien, ein anderer in Berlin, ein anderer in Königsberg, ein anderer in Bonn oder Düsseldorf, alle durch fünfzig bis hundert Meilen voneinander getrennt, so dass persönliche Bemühungen und ein persönlicher Austausch von Gedanken zu den Seltenheiten gehört. Nun aber denken Sie sich eine Stadt wie Paris, wo die vorzüglichsten Köpfe eines großen Reichs auf einem einzigen Fleck beisammen sind und in täglichem Verkehr, Kampf und Wetteifer sich gegenseitig belehren und steigern, wo das Beste aus allen Reichen der Natur und Kunst des ganzen Erdbodens der täglichen Anschauung offen steht; diese Weltstadt denken Sie sich, wo jeder Gang über eine Brücke oder einen Platz an eine große Vergangenheit erinnert, und wo an jeder Straßenecke ein Stück Geschichte sich entwickelt hat! Und zu diesem allen denken Sie sich nicht das Paris einer dumpfen, geistlosen Zeit, sondern das Paris des neunzehnten Jahrhunderts, in welchem seit drei Menschenaltern durch Männer wie Moliere, Voltaire, Diderot und ihresgleichen eine solche Fülle von Geist in Kurs gesetzt ist, wie sie sich auf der ganzen Erde auf einem einzigen Fleck nicht zum zweiten Male findet.«

So sieht Humboldt selbst das auch. In Paris findet er jene weltläufige und tolerante Umgebung, die er in Berlin so sehr entbehrt hatte. Hier allein glaubt er sein großes Reisewerk vollenden zu können. Die politischen Umstände stehen seinem Vorhaben zunächst entgegen, denn Napoleon Bonaparte, selbst gekrönter Kaiser der Franzosen, führt Krieg gegen fast ganz Europa, auch gegen Preußen. Als Humboldt im Winter 1805 kurzfristig nach Berlin zurückkehren muss, erlebt er dort die Niederlagen der preußischen Armee und die anschließende Plünderung von Schloss Tegel, das inzwischen auf seinen älteren Bruder, Wilhelm von Humboldt, übergegangen ist. Wider Willen muss er in Berlin bleiben. Erst zwei Jahre später, im Winter 1807, gelingt es ihm als Mitglied einer diplomatischen Mission

Ansicht des Chimborazo, nur eine von 1400 Illustrationen, die Humboldts großer Reisebericht enthält.

nach Paris zurückzukehren und seinen König zu überzeugen, dass sein großes Werk nur in der französischen Hauptstadt vollendet werden kann. Dieser hatte ihm eben den Titel eines »Kammerherren« verliehen – ein Ehrentitel, der in Preußen mit finanziellen Zuwendungen verbunden war, weshalb er Anspruch auf die Anwesenheit Humboldts bei Hof erheben konnte –, doch im Namen der Wissenschaft lässt er ihn ziehen. Zwanzig Jahre lang wird Humboldt von diesem Tag an sein Privileg verteidigen, im französischen Feindesland bleiben zu dürfen – böse Zungen sagen, er habe die Arbeit an seinem großen Reisebericht nur deswegen so lange ausgedehnt, damit er nicht nach Preußen zurückkehren musste.

Die Arbeit an der »Voyage aux régions équinoxiales du nouveau continent«, der »Reise durch die äquatorialen Gegenden des Neuen Kontinents«, hatte er bald nach seiner Rückkehr aus Amerika aufgenommen. Zunächst glaubte er, die Arbeit daran in zwei oder drei Jahren beenden zu können, aber das Werk wird schließlich auch in zwanzig Jahren nicht fertig. Wie immer vergräbt sich Humboldt in die schiere Fülle der Fakten und Daten, in die Masse des Gesehenen, Gehörten, Gelesenen, Gesammelten, Notierten und des überhaupt Sagbaren, in die offensichtlichen wie die verborgenen Zusammenhänge der Phänomene untereinander, in Vergleiche mit ähnlichen Phänomenen anderswo, in Vergangenheit und Gegenwart sowie in ein ausuferndes Studium der Literatur und der naturgeschichtlichen Sammlungen. Er hatte auf seiner Reise mit Bonplands maßgeblicher Hilfe Tausende von Pflanzen aus Süd- und Mittelamerika gesammelt – die Zahlen variieren, zwischen drei- und achttausend Pflanzen sollen es gewesen sein, davon einige Tausend noch völlig unbekannte Arten. Bonpland war deren Bearbeitung wissenschaftlich nicht gewachsen, jedenfalls behauptete Humboldt dies, und ganz nebenbei hatte er schon von unterwegs einigen Freunden die Mitarbeit an der Sammlung angeboten. Diese Arbeit wurde schließlich zu einem internationalen Gemeinschaftswerk, zum ersten multinationalen wissenschaftlichen Projekt, an dem neben Humboldt noch fünf Deutsche, sechs Franzosen und ein Engländer beteiligt waren. Für alle Fragen, sein geplantes Werk betreffend, findet er in Paris interessante und interessierte Gesprächspartner von Weltrang: die Astronomen und Physiker Laplace, Lalande, Delambre und Arago (der Humboldts veröffentlichtes Werk schließlich für unlesbar hält), die Chemiker Gay-Lussac und Berthollet, den Zoologen Lamarck und viele andere. Bei ihrer Fertigstellung umfasst die französische Originalausgabe seiner süd- und mittelamerikanischen Reisen dreißig Bände mit über 1400 hochwertigen, zum größten Teil farbigen Abbildungen. Es war das umfangreichste je veröffentlichte wissenschaftliche Reisewerk und definierte einen völlig neuen Typ der wissenschaftlichen Auswertung einer Expedition. Humboldts Ansprüche an die Ausführung dieses gigantomanischen Werks waren hoch, zu hoch. Der große alte Mann war ein Alptraum für seine Verleger, die sich stets mit neuen Forderungen konfrontiert sahen. Nur die besten Zeichner, Kupferstecher und Drucker sollten an seinen Abbildungen, Karten und Diagrammen arbeiten, auf jeden Millimeter kam es ihm dabei an. Die

Kosten stiegen so hoch, dass Humboldt sich schließlich gezwungen sah, einen Teil der Kosten mit den Resten seines Vermögens zu begleichen. Am Ende sollte ein einziges vollständiges Exemplar seines großen Reiseberichts die phantastische Summe von 2753 Talern oder rund 10 000 Francs kosten. Das war so unerhört teuer, dass selbst große Bibliotheken, ja ganze Staaten sich außerstande sahen, einen kompletten Satz mit allen dreißig Bänden zu erstehen. Humboldt selbst musste anerkennen, dass er damit sein Hauptziel, die Kenntnisse über die neue Welt und seine neue Methode der vergleichenden Naturgeschichte in weitere Kreise einzuführen, verfehlt hatte. Später schreibt er: »Leider, leider! meine Bücher stiften nicht den Nutzen, der mir vorgeschwebt hat, als ich an ihre Bearbeitung und Herausgabe ging: sie sind zu teuer! Außer dem einzigen Exemplar, welches ich zu meinem Handgebrauch besitze, gibt es in Berlin nur noch zwei Exemplare von meinem amerikanischen Reisewerke. Eins davon ist in der königlichen Bibliothek, das zweite hat der König in seiner Privatbibliothek, aber unvollständig, weil auch dem Könige die Fortsetzungen zu hoch gekommen sind.« Selbst einzelne Bestandteile des Werkes, wie sie in den Folgejahren in Auszügen auch auf Deutsch erscheinen, bestehen noch aus jeweils mehreren Bänden: die »Ideen zu einer Geographie der Pflanzen nebst einem Naturgemälde der Tropenländer«, Goethe gewidmet, erscheinen 1807; der »Versuch über den politischen Zustand des Königreichs Neu-Spanien«, die Frucht der Arbeiten Humboldts in Mexiko, erscheint von 1809 bis 1814 in fünf Bänden; die »Kritischen Untersuchungen über die historische Entwicklung der geografischen Kenntnisse von der Neuen Welt«, eine gigantische Materialfülle aus älteren Reiseberichten, historischem Kartenmaterial und ähnlichen Zeugnissen, erscheinen in drei Bänden zwischen 1835 und 1851.

Wenn Humboldt in Paris nicht zu Hause arbeitet, über Karten, Notizen und Literatur brütet und auch nicht verreist ist, geht er aus. Er ist berühmt für seine ebenso gepflegten wie altertümlichen Anzüge, seinen französischen Esprit, anregende Monologe von stundenlanger Dauer und für kleine wie große Gemeinheiten gegenüber

Wichtigtuern oder anderen Leuten, die er nicht leiden kann. Ein deutscher Besucher hielt sein Leben inmitten der Pariser Gesellschaft fest: »Morgens von 8–11 Uhr sind seine Dachstubenstunden, da kriecht er in allen Winkeln von Paris herum, klettert in alle Dachstuben des Quartier Latin, wo etwa ein junger Forscher oder einer jener verkommenen Gelehrten haust, die sich mit einer Spezialität beschäftigen. Morgens um 11 Uhr frühstückt er im Cafe Procope in der Nähe des Odeon, links in der Ecke am Fenster, es drängt sich da immer ein Schwärm von Menschen um ihn herum. Des Nachmittags ist er im Cabinet von Miguet in der Bibliotheque Richelieu. Er speist täglich wo anders, immer bei Freunden, niemals in einem Hotel oder Restaurant. Unter uns gesagt, er plaudert gern. Da er geistreich, witzig und schön erzählt, so hört man ihm gern zu. Kein Franzose hat mehr Esprit als er. Er besucht jeden Abend wenigstens fünf Salons und erzählt dieselbe Geschichte mit Varianten. Hat er eine halbe Stunde gesprochen, so steht er auf, macht eine Verbeugung, zieht allenfalls noch einen oder den andern in eine Fensterbrüstung, um ihm etwas ins Ohr zu plauschen, und huscht dann geräuschlos aus der Tür. Unten erwartet ihn sein Wagen. Nach Mitternacht fährt er nach Hause.«

Humboldt ist Aufmerksamkeit gewöhnt, in Frankreich wird er als einer der größten lebenden Reisenden und Naturforscher anerkannt und geehrt, hält Vorträge im Pariser Institut National und lässt sich in den Salons gern als Wundertier feiern. Nach zwanzig Jahren ist all das vorbei. Alexander von Humboldt hat für das Lebenswerk sein Vermögen verbraucht. Er muss zurück zu den Geldquellen, zurück nach Berlin an den preußischen Hof, zurück in die fremde Heimat.

8.
DAS LEBENDE DENKMAL

In Berlin war Humboldt am Ende vielen Figuren bei Hof verhasst. Er war kein Antisemit, er war gegen Sklaverei und Fron, hatte keinen Gottglauben, und noch schlimmer: Der König mochte ihn trotzdem. Von seinem Reichtum war ihm nichts geblieben. Den ererbten Besitz hatte er längst im Dienst der Wissenschaft erschöpft. Seine Reisen, die Prachtbände mit den vielen teuren Farbtafeln hatten ihn ein Vermögen gekostet. Nun ist er in Berlin, einer Stadt, die ihm ferner liegt als der fernste Dschungel. Er hat es nicht verwirklichen können, noch einmal in die geliebten Tropen zu reisen, und klagt nun seinen Gesprächspartnern, dass er die Unnatur der Berliner Umgebung verscheuchen müsse, indem er sich aus seiner Erinnerung Palmenwälder dahin zaubere, wo nur Koniferen in einer sandigen Wüste stünden. Zahllose Stunden voller Langeweile verbringt er am königlichen Hof, im Berliner Schloss Charlottenburg, in Potsdam oder im Park von Sanssouci. Seinem König versichert er, die Abendexkursionen nach Charlottenburg würden ihn reich genug belohnen und gar nicht anstrengen. Vor seinen Freunden und Bekannten macht er aber aus seinem Verdruss über die lästigen Pflichten kein Geheimnis: Die Abende seien monoton genug, um an den Wänden zu kratzen; keine Spur von Pariser Eleganz, von Lebensart und Stil. Nun macht er sich über die kargen Sitten des preußischen Hofes nur noch lustig. Bei einem Frühstück mit der Königin habe er mehr Ehre als Lebensmittel genossen, schreibt er einem Freund, nur harte Koteletts und kaltes Hühnerfleisch, keine Suppe, keinen Tee – nur geistige Abstinenz. Ansonsten verbringt er seine Zeit mit unzähligen Besuchern, die ihn als lebendes Denkmal bewundern wollen. Ein amerikanischer Zeitungskorrespondent hat einen Besuch bei Humboldt in Berlin in allen Details für seine Leser notiert:

»Ich war pünktlich auf die Minute, und erreichte seine Wohnung in der Oranienburger Straße mit dem Glockenschlag. Während er sich in Berlin befindet, lebt er mit seinem Diener, Seifert, dessen Name ich alleine auf dem Türschild fand. Es war ein einfaches zweistöckiges Haus, die Fassade in mattem Rosa gestrichen, das – wie die meisten Häuser in deutschen Städten, von mehreren Familien bewohnt wurde. Der Diener führte mich in einen Raum, der mit ausgestopften Vögeln und anderen Objekten aus der Naturgeschichte angefüllt war; dann in eine große Bibliothek, die offenbar Geschenke von anderen Schriftstellern, Künstlern und Männern der Wissenschaft enthielt. Ich ging zwischen zwei langen Tischen, die mit prächtigen Foliobänden bedeckt waren, bis zur anderen Tür, die in das Studierzimmer führte. Ich war sehr überrascht von der Jugendlichkeit seines Gesichts. Er schläft nur vier Stunden der 24 eines Tages, liest und beantwortet den täglichen Stoß von Briefen, und erlaubt nicht, dass nur irgendein Geschehnis der Welt seiner Aufmerksamkeit entgehe. Er blieb nie länger als zehn Minuten in seinem Stuhle sitzen, stand häufig auf und ging durch den Raum, während er auf ein Bild zeigt oder ein Buch öffnete, um Gesagtes zu illustrieren. Unter den Objekten in seinem Studierzimmer war ein lebendes Chamäleon, aufbewahrt in einem Kasten mit einem gläsernen Deckel. ›Er wurde mir eben aus Smyrna gesandt‹, sagte Humboldt, ›er ist sehr antriebslos und unbeteiligt in seiner Art.‹ Zur selben Zeit öffnete das Chamäleon eines seiner länglichen, röhrenförmigen Augen und sah uns an. ›Eine Eigenheit dieses Tieres ist es, in verschiedene Richtungen zur selben Zeit blicken zu können‹, fuhr Humboldt fort. ›Er kann ein Auge gen Himmel richten, während er mit dem anderen die Erde beobachtet. Es gibt einige Kleriker, die dieselbe Fähigkeit besitzen.‹ ›Sie sind viel gereist, und haben viele Ruinen gesehen‹, sagte Humboldt, als er mir zum Abschied die Hand reichte, ›nun haben Sie noch eine mehr gesehen.‹« Mit derartiger Selbstironie verschaffte sich der große Alexander von Humboldt ein wenig Kurzweil und Unterhaltung.

Als er 60 Jahre alt ist, unternimmt er von Berlin aus noch einmal eine Expedition. Sie führt ihn nach Russland. Im Auftrag des Zaren reist Humboldt durch den Ural nach Sibirien und bis an die chine-

Alexander von Humboldt in seiner Bibliothek, drei Jahre vor seinem Tod.

sische Grenze. Statt in einem wackligen Einbaum zu sitzen, fährt er nun in einer gut gefederten Hofkutsche, von 16 Pferden gezogen, mit großem Tross und ohne Sorgen um sein Leben oder die Finanzen. Dennoch wird er sich nach der Einfachheit der früheren Jahre gesehnt haben, und zugleich dankbar gewesen sein für die Erleichterungen der körperlichen Anstrengungen. In seiner unermüdlichen Art legt er auch jetzt in einem knappen halben Jahr noch einmal mehr als 15 000 Kilometer zurück und sammelt wertvolle Kenntnisse für sein Alterswerk. Eine echte Entdeckungsreise war dies jedoch nicht mehr, schon wegen der dauernden Überwachung durch zaristische Agenten und übereifrige Beamte, die viele Fragen Humboldts im Ansatz erstickten.

Siebzehn Jahre lang wird Humboldt nun an seinem großen Werk mit dem Titel »Kosmos« arbeiten. Dieser »Kosmos« sollte alles Wissen der Erde nicht nur der Fachwelt, sondern jedem interessierten Bürger ins Haus bringen. Er habe den verrückten Einfall, schreibt er

1834 zu Beginn der Arbeit an einen Freund, die ganze materielle Welt, alles – von den Erscheinungen des Himmels und den Sternen bis zur Verteilung der Moose auf den Gesteinen, kurz: alles Wissen über die Natur – in einem einzigen Werk zu vereinen und es lebendig und anregend darzustellen. Dies war ein maßloses Vorhaben, aber es ist geglückt. Humboldt brachte sein ganzes Wissen, all seine Messungen, seine Sammlungen, seine unmittelbaren Erfahrungen in verschiedenen Klimazonen, seine Beobachtungen an Himmelserscheinungen und Meeresströmungen, seine Begegnungen mit anderen Kulturen, seine lebenslange rastlose Arbeit in dieses Werk ein. Vieles, was danach wissenschaftlicher Alltag wurde, hat er zum ersten Mal gedacht und es für alle Interessierten schriftlich niedergelegt. Seine barometrischen Höhenmessungen, die er überall vornahm, finden sich in der Gestalt ganzer Länderquerschnitte wieder, seine Beobachtungen an den Bergen, die er bestiegen hat, führten zu einer völlig neuen Sicht der Gebirge. Ganz allein hat er die Höhenschichtung von Biosystemen durchschaut und aufgezeichnet, die Zusammenhänge zwischen Klima, Vegetation und menschlicher Besiedlung festgehalten, die Dreidimensionalität in die Geografie eingeführt. Im Alleingang wurde er zum Begründer der Pflanzengeografie und der modernen Klimaforschung. Den Neptunismus seines Freiberger Lehrers Werner hat er mit seinen Beobachtungen an den Vulkanen Südamerikas zu Grabe getragen und verhalf damit der modernen Vulkanologie zum Durchbruch. Ganz nebenbei deckte er das Wesen der Erdbeben auf. Humboldts Geistesblitze haben das Verständnis vom Planeten Erde grundlegend geprägt – und sie waren ein riesiger Erfolg. 87 000 Exemplare seines »Kosmos« wurden verkauft und standen als Volksbuch im Bücherschrank des Bildungsbürgers. Auch das war eine Premiere – zum ersten Mal wandte sich ein Gelehrter unmittelbar an das Publikum, nicht nur an die Akademien und Leute vom Fach.

In Berlin besinnt sich Humboldt auch auf seine politische Meinung. Seinem republikanischen Geist war er treu geblieben. Als 1848 die Revolution auch nach Deutschland kam und nach kurzer Zeit von der fürstlichen Obrigkeit zusammenkartätscht wurde, ging er hinter den Särgen der Berliner Gefallenen durch die Straßen – eine gefährliche Sache für jemanden, der von der Gunst eines Monarchen abhängt.

Gerade im Alter war Humboldt einer der Professoren, die sich für andere einsetzten. Vielen Gelehrten und Forschern, zahllosen hoffnungsvollen jungen Menschen hat er zu Geld und Einfluss verholfen, sie nach Kräften gefördert, ob ihre Wissenschaft nun seinen Ansichten entsprach oder nicht. Seine alten Freunde hatte er aus den Augen verloren, aber nicht vergessen. Seinem Reisegefährten Aimée Bonpland, mit dem er fünf Jahre unter den widrigsten Umständen verbracht hatte, konnte aber auch er nicht helfen. Bonpland war, nach einigen Jahren in Europa, nach Südamerika zurückgekehrt. In Argentinien erhielt er eine Professur, baute nach Schwierigkeiten mit der Regierung eine große Pflanzung in Paraguay auf und zog damit den Neid des halbverrückten Diktators Francia auf sich. Er verlor sein Eigentum, verbrachte neun Jahre in einem Gefängnis, ging dann nach Brasilien und wieder nach Paraguay. Völlig verarmt starb er am 4. Mai 1858.

Fast auf den Tag genau ein Jahr später, am 6. Mai 1859, folgt ihm Alexander von Humboldt. Die Flamme seines Lebens verlosch einfach, nachdem er ohne Anzeichen einer Krankheit immer schwächer geworden war. Sein Nachruhm ist gewaltig, vor allem in Südamerika. Unzählige Orte und Dinge sind nach ihm benannt, Plätze, Straßen, Parks, Höhlen, Bergwerke, Fabriken, Geschäfte, Hotels, Restaurants, Badeanstalten, Apotheken, Krankenhäuser, Schiffe, Eisenbahnen, Häuser, Stiftungen, Medaillen, Denkmäler, Forschungseinrichtungen, Schulen und Universitäten. Auch in den USA tragen mindestens zehn Städte seinen Namen, dazu ein Fluss und ein Gebirge in Nevada. Auf Kuba und in Venezuela ist je ein Nationalpark nach ihm benannt. Selbst das Meer zeugt von seinem Ruhm: Eine kalte Meeresströmung an der Küste Südamerikas führt seinen Namen. Ebenso das Humboldtgebirge in Zentralasien, ein Bergmassiv in Neuseeland, ein grönländischer Gletscher und das Mare Humboldtianum auf dem Mond. Auch in der Zoologie und Botanik ist sein Name zu finden:

ein riesiger Humboldtkalmar im Golf von Mexiko, eine Pinguinart, der patagonische Skunk *(Conepatus humboldtii)*, die Humboldt-Lilie, eine südamerikanische Eiche und eine Orchideenart. Ihm hätte das wohl gefallen, auch wenn er sich – ganz Mann von Welt – ein wenig geziert hätte. »Die Natur muss gefühlt werden«, schrieb er 1810 an Goethe, »wer nur sieht und abstrahiert, kann ein Menschenalter im Lebensgedränge der glühenden Tropenwelt Pflanzen und Tiere zergliedern, er wird die Natur zu beschreiben glauben, ihr selbst aber ewig fremd bleiben.« Man kann ihm nicht vorwerfen, dass er es nicht versucht hätte.

LUDWIG VAN BEETHOVEN
(≈ 17.12.1770 – 26.03.1827)

VON
HERMANN GLASER

Vom Girren der Taube bis zum Rollen des Donners, von der spitzfindigsten Verwebung eigensinniger Kunstmittel bis zu dem furchtbaren Punkt, wo das Gebildete übergeht in die regellose Willkür streitender Naturgewalten, alles hatte er durchmessen, alles erfasst. Der nach ihm kommt, wird nicht fortsetzen, er wird anfangen müssen, denn sein Vorgänger hörte nur auf, wo die Kunst aufhört.

Franz Grillparzer: Rede am Grabe Beethovens,
29. März 1827

1.
EINTRITT IN DIE HALLEN DER UNSTERBLICHKEIT
Die Vergöttlichung eines Komponisten

Die Gestalt wirkt zwar nicht sehr mächtig, eher gedrungen, doch in ihrer weißen Nacktheit strahlt sie geballte Energie aus. Ihr Blick geht leicht nach unten, dem Irdischen scheint sie entrückt. Solche Abgehoben- und Erhabenheit wird auch dadurch deutlich, dass der Meister der Musik – es handelt sich bei dieser Denkmalsbeschreibung um Beethoven – in einem Sessel sitzt, der einem Götterthron gleicht und auf einem gewaltigen Sockel postiert ist. Eingehüllt in eine prunkvolle Decke und gerahmt von kostbaren Steinen und Metallen ist die Skulptur des Komponisten konfrontiert mit einem riesigen Adler. Der Greifvogel erscheint in zahlreichen Kulturen als Symbol oder Attribut von Herrschern, vor allem auch göttlicher Macht. Die griechische Sage berichtet, dass auf Geheiß von Zeus, dem höchsten Gott der Griechen, ein Adler jeden Tag Prometheus die Leber zerhackt habe und diese täglich wieder nachwuchs. Prometheus war zur Strafe dafür, dass er das Feuer aus dem Himmel gestohlen und es den Menschen gebracht hatte, für 30 000 Jahre an einen Felsen im Kaukasus geschmiedet worden, sodass der Adler leichtes Spiel hatte.

Auf dem Beethoven-Denkmal mag der Adler daran erinnern, dass der so majestätisch dem Leben entrückte Komponist in seinem irdischen Dasein ebenfalls gepeinigt wurde – von schweren Krankheiten, allem voran seiner Taubheit. Viel mehr jedoch liegt die Bedeutung des Adlers hier darin, dass er, König der Vögel, als Bote göttlicher

Inspiration gilt. Solche »Einhauchung« bestimmte das musikalische Genie Beethoven. Den Eindruck, den das Denkmal insgesamt hinterlässt, beschreibt Thomas Mann damit, dass sich ein schwacher kleiner Beethoven auf einen Götterthron gesetzt habe »und, sich inbrünstig concentrierend, die Fäuste ballt – das ist ein Held«.

Geschaffen hat dieses kolossale Denkmal der Leipziger Bildhauer, Maler und Grafiker Max Klinger (1857–1920), der in seiner Zeit, vor allem beim Bürgertum, zu den vielseitigsten, phantasiereichsten und anerkanntesten Künstlern zählte, hauptsächlich auch deshalb, weil er in seinen Themen und Motiven einen Hang zum Monumentalen und zur Heroisierung zeigte. Seine Beethoven-Plastik, die heute im Leipziger Museum der bildenden Künste steht, wurde erstmals 1902 in einer Ausstellung der Wiener Secession präsentiert und war dort umjubelter Höhepunkt. Der Raum, in dem sie stand, war zu diesem Zweck zeitweilig in einen Weihetempel umgewandelt worden, für den der österreichische Maler und Zeichner Gustav Klimt, Exponent des Jugendstils, einen Beethoven-Fries geschaffen hatte. Klingers Werk empfand man als ausgesprochen modern, was allein schon dadurch deutlich wurde, dass es von einer Sezession vorgestellt wurde; unter dieser Bezeichnung entstanden um 1900 mehrere Künstlervereinigungen, die sich in ihrer Fortschrittlichkeit (Avantgarde) von den älteren, konservativen Künstlerverbänden ablösten.

Tempi passati? Ist das Denkmal Klingers leider oder zum Glück Ausdruck längst vergangener Zeiten? Vom heutigen ästhetischen Standpunkt aus gesehen, mag es als mehr oder weniger kitschig empfunden werden; ein späterer Kritiker bezeichnete es als »falsche Kunst aus echtem Marmor«. Im Sinngehalt jedoch ist dieses Werk eines zunächst vergessenen Künstlers, der dann im Rahmen der allgemeinen Wiederentdeckung des 19. Jahrhunderts in seiner Bedeutung für unsere Gegenwart seit den 1980er Jahren eine Reihe bedeutsamer Retrospektiven erfuhr, aktuell geblieben: Es zeigt eindrucksvoll Beethoven als Mythos. Der Komponist, ein musikalischer Himmelsstürmer: Eine solche Bewertung seines Lebens und Werkes entspricht heute durchaus wieder dem Empfinden der Musikliebhaber, die nach einer Zeit emo-

Max Klinger (»Beethoven«, 1902) sei der moderne Künstler schlechthin gewesen, meinte der italienische surrealistische Maler Giorgio de Chirico.

tionaler Ernüchterung den Sinn für das Erhabene (inmitten pragmatischer Sterilität) neu entwickeln. Beethoven und seine Tonschöpfungen gelten dementsprechend – freilich reflektierter als im 19. Jahrhundert – als heroisch-prometheisch, heroisch-titanisch, heroisch-gigantisch.

Bei den Giganten wie bei ihren Halbbrüdern, den Titanen, handelte es sich der griechischen Sage nach um aufrührerische Wesen, die gegen die olympischen Götter Krieg führten; so warfen sie zum Beispiel riesige Felsbrocken und brennende Eichen gen Himmel. In diesem Sinne wird Beethoven verehrt als Kämpfer, Revolutionär, Menschheitsbeglücker, ketzerischer Heiliger und Erlöser, als einer, der den humanen Fortschritt bewirkte und bewirkt. Man huldigt seiner Haltung des Trotzigen, des Sichaufbäumens, des Rebellisch-Anfeuernden, eines auf mehr soziale Gerechtigkeit und Mitmenschlichkeit Drängenden.

Die Vergöttlichung des Komponisten, sein Eintritt in die Hallen der Unsterblichkeit begann schon zu Lebzeiten und erreichte bei seiner Grablegung am 29. März 1827 in Wien – etwa zwanzigtausend Menschen sollen sich an dem Trauerzug beteiligt haben – und in der Zeit unmittelbar nach seinem Tod einen ersten Höhepunkt. Im 19. Jahrhundert nahm der Nachruhm des Komponisten immer größer werdende Ausmaße an. Es bestätigte sich, was der Dichter Franz Grillparzer, der mit Beethoven in persönlicher Verbindung gestanden hatte, in seiner Trauerrede, die am Eingangstor des Währinger Friedhofs verlesen wurde – bei der Beisetzung selbst durfte nicht gesprochen werden –, vorausgesehen hatte: »Nicht verloren habt ihr ihn, ihr habt ihn gewonnen. Kein Lebendiger tritt in die Hallen der Unsterblichkeit ein. Der Leib muss fallen, dann erst öffnen sich ihre Pforten. Den ihr betrauert, er steht von nun an unter den Großen aller Zeiten, unantastbar für immer.«

Damit hatte Grillparzer Beethoven, der »für alle Zeiten leben werde«, den Aufstieg zumindest ins deutsche Pantheon eröffnet: »Indem wir hier am Grabe dieses Verblichenen stehen, sind wir gleichsam die Repräsentanten einer ganzen Nation, des deutschen gesamten Volkes, trauernd über den Fall der einen hochgefeierten Hälfte dessen, was uns übrig blieb von dem dahingeschwundenen Glanz heimischer Kunst, vaterländischer Geistesblüte.« In der Rede Grillparzers zur Enthüllung des Gedenksteins am Grab Beethovens im Herbst 1827 wurde die Verherrlichung des Komponisten nochmals pathetisch bekräftigt: »Hinabgetragen hat ihn der Strom des Vergänglichen in der Ewigkeit unbesegeltes Meer. Ausgezogen, was sterblich war, glänzt er ein Sternbild am Himmel der Nacht.«

Auch Beethovens Todesstunde, »matt und elend lag er da, zuweilen tief seufzend; kein Wort mehr entfiel den Lippen, der Schweiß stand ihm auf der Stirn«, hatte eine die Misere des Leidens retuschierende Interpretation hin zum Gigantisch-Heroischen erfahren – durch den Komponisten Anselm Hüttenbrenner, der zusammen mit Beethovens Schwägerin Johanna, der Frau des verstorbenen Bruders Kaspar Karl, im Sterbezimmer anwesend war: Mit geballter Faust habe der Meister mehrere Sekunden lang in die Höhe geblickt, als wolle er sagen: »Ich trotz' euch feindlichen Mächten! Weichet von mir! Gott ist mit mir!«

2.
HEILLOSER ZUSTAND EINES LEBENS
Die Sorge um Gesundheit und Geld

Der zu einem Denkmal modellierte Beethoven, allen feindlichen Mächten trotzend und in sphärische Höhen, den Kosmos seiner Töne, entrückt, stellt ein Idealbild dar. Dies entspricht zwar den Gefühlen, die seine Musik hervorruft; sein Leben jedoch war durch die zermürbende Schwerkraft des Irdischen geprägt. »Des Lebens Stacheln« hätten Beethoven tief verwundet, hieß es in Grillparzers Rede. Wie der Schiffbrüchige das Ufer umklammere, sei er in die Arme der »von oben stammenden Kunst« als Trösterin geflohen. Die schlimmsten Heimsuchungen dieses von misstrauischer Launenhaftigkeit, grüblerischer Selbstschau und unerfüllter Erotik geprägten Lebens bestanden in ständigen Krankheiten und einem notorischen Mangel an Geld. Immer wieder stieß Beethoven dabei Mäzene, die er brauchte und suchte, im Bewusstsein seines hohen Künstlertums von sich. Das Leben dieses musikalischen Giganten war *par terre,* zu ebener Erde, durch zermürbende Qualen und Leiden bestimmt.

Schon 1798, dem Jahr, in das die Komposition der »Sonate pathétique« (c-Moll, op. 13) fiel, macht sich Beethovens Gehörschwäche bemerkbar; ab 1801 spricht er in Briefen an seine Freunde über das schwere persönliche Schicksal, das ihn getroffen hat, zuerst wohl gegenüber Karl Amenda und Dr. Franz Gerhard Wegeler. Amenda (1771–1836) hatte Theologie studiert und wirkte 1798/99 als Geigenlehrer und -solist in Wien, wo er als vorzüglicher Streicher Beethovens Aufmerksamkeit erregte. Als er in seine kurländische Heimat zurückkehrte und als Probst in Talsen tätig war, blieb die Verbindung erhalten. Wegeler (1765–1848) war Professor der Medizin sowie Geheimer Regierungs- und Medizinalrat. Er war der Ehegatte von Eleonore von Breuning, in deren Mutter Helene, ab 1777 jung verwitwet, Beethoven seit der Bonner Jugendzeit eine mütterliche Vertraute, einen »Schutzengel«, gefunden hatte.

Hätte er sein vollkommenes Gehör, würde er Amenda besuchen, heißt es in einem Brief vom 1. Juli 1801, aber das gehe nun nicht: »Meine schönsten Jahre werden dahinfliegen, ohne alles das zu wirken, was mir mein Talent und meine Kraft geheißen hätten – traurige Resignation, zu der ich meine Zuflucht nehmen muss, ich habe mir freilich vorgenommen, mich über alles das hinaus zu setzen, aber wie wird es möglich sein?« Zwei Tage vorher, am 29. Juni, hatte er in einem ausführlichen Schreiben Wegeler sein Herz ausgeschüttet: Sein Gehör habe seit drei Jahren immer mehr nachgelassen; seit zwei Jahren meide er alle Gesellschaften, weil es ihm nicht möglich sei, den Leuten zu sagen, dass er taub ist. »Hätte ich irgendein anderes Fach, so ging's noch eher, aber in meinem Fache ist das ein schrecklicher Zustand; dabei meine Feinde, deren Zahl nicht gering ist, was würden diese hierzu sagen! – Um Dir einen Begriff von dieser wunder-

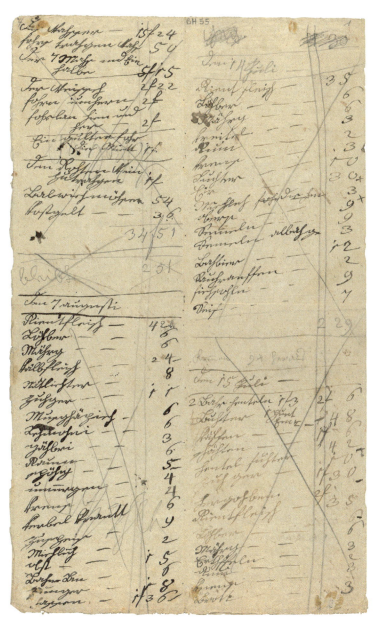

Ein Blatt aus Beethovens Haushaltsbuch (August 1825).

baren Taubheit zu geben, so sage ich Dir, dass ich mich im Theater ganz dicht am Orchester anlehnen muss, um den Schauspieler zu verstehen ... Manchmal auch hör' ich den Redenden, der leise spricht, kaum, ja die Töne wohl, aber die Worte nicht; und doch sobald jemand schreit, ist es mir unausstehlich. Was es nun werden wird, das weiß der liebe Himmel.« – Die Uraufführung seines wohl bedeutendsten Werkes, der Neunten Symphonie, am 7. Mai 1824 kann Beethoven nicht mehr selbst dirigieren. Ein Freund muss den am Schluss versunken Dasitzenden am Ärmel zupfen, um ihn auf den begeisterten Beifall des Publikums aufmerksam zu machen.

Ein Komponist, der zunehmend sein Gehör verliert – es bedarf keines besonderen Einfühlungsvermögens, um zu ermessen, welche Seelenqualen dies mit sich brachte. Viele Zeitgenossen berichten vom Leid des ertaubenden Meisters. Am ergreifendsten jedoch beschreibt er selbst seine Not, und zwar in seinem »Heiligenstädter Testament« vom 6. Oktober 1802, in dem er, auf die bisherige Bitternis seines Lebens zurückblickend und die kommende vorausahnend, eine existenzielle Zwischenbilanz zieht. Es ist gedacht für seine Brüder »Karl und ... Beethoven«; der Name des zweiten Bruders Nikolaus Johann bleibt unerwähnt. »O ihr Menschen, die ihr mich für feindselig, störrisch oder misanthropisch haltet oder erkläret, wie Unrecht tut ihr mir, ihr wisst nicht die geheime Ursache von dem, was euch so scheinet. Mein Herz und mein Sinn waren von Kindheit an für das zarte Gefühl des Wohlwollens, selbst große Handlungen zu verrichten, dazu war ich immer aufgelegt. Aber bedenket nur, dass seit sechs Jahren ein heilloser Zustand mich befallen, durch unvernünftige Ärzte verschlimmert, von Jahr zu Jahr in der Hoffnung, gebessert zu werden, betrogen, endlich zu dem Überblick eines dauernden Übels (dessen Heilung vielleicht Jahre dauern oder gar unmöglich ist) gezwungen, mit einem feurigen, lebhaften Temperamente geboren, selbst empfänglich für die Zerstreuungen der Gesellschaft, musste ich früh mich absondern, einsam mein Leben zubringen.«

An der Tiefe des durch den Gehörverlust bewirkten Leides kann man aber auch ermessen, welch außerordentliche Kraft der Komponist besaß, um dennoch aufzusteigen zu der Höhe einer musikalischen Kunst, die bis dahin unerreichbar schien – sie, die das Publikum in Enthusiasmus versetzte, erklang am Ende seines Lebens nur noch in seinem Inneren. Zugleich spürte Beethoven aber, was er im Heiligenstädter Testament als sein Verdienst in Anspruch nahm, nämlich: »Euch glücklich zu machen«.

In einer Nachschrift vom 10. Oktober des Jahres nimmt Beethoven dann auch Abschied von Heiligenstadt, einem Dorf in der Nähe Wiens, in dem er sich der Natur besonders nahe gefühlt hatte. Wie die welken, herabfallenden Blätter des Herbstes sei die geliebte Hoffnung dahingegangen und der hohe Mut, der ihn in den schönen Sommertagen oft beseelt habe, verschwunden. »O wann – o wann, o Gottheit – kann ich im Tempel der Natur und der Menschen ihn wieder fühlen? – Nie? Nein! – o es wäre zu hart.«

Der sein Leben nahezu ständig überschattende Pessimismus war aber nicht nur Folge der bitteren Erfahrung unheilbarer Ertaubung, er war auch verursacht durch seinen allgemein schlechten körperlichen Zustand über Jahrzehnte hinweg. Ein neidischer Dämon habe ihm mit seiner Gesundheit einen schlechten Stein ins Beet geworfen, vor allem sein Unterleib sei immer elend gewesen: Durchfall mit qualvollen Koliken. Sehr lang ist Beethovens »Litanei« – im Bonner Beethoven-Haus beschäftigen sich bereits zwei Meter Bücher mit seinen Krankheiten –, Litanei im Sinne eines sozusagen weltlichen Anrufungs- und Fürbitten-Gebets, das eine Besserung der misslichen Zustände beschwört; zum Beispiel in seinen Briefen: »Immer kränklich ... beinahe immer krank ... bin wieder mit einem Katarrh behaftet, der mich recht hernimmt ... bin immer krank und muss das Bett und Zimmer hüten ... hierzu kommt die ängstliche Aussicht, dass es sich vielleicht nie mit mir bessert ... die fürchterlichsten Kopfschmerzen, welche ich je gehabt ... erhole mich soeben von einem starken Anfalle ... heute Nacht wieder sehr krank ... bin diese Nacht wieder von dem bei mir in dieser Jahreszeit gewöhnlichen Ohrenschmerzen befallen worden ... befinde mich sehr übel heute, ein starker Durchfall ... leider liege ich schon seit 3. Dezember an der Wassersucht danieder ...«

Immer wieder wurden Vermutungen darüber angestellt, was schließlich akut den Tod des 56-jährigen Beethoven bei einem Frühlingsgewitter am 26. März 1827 bewirkt habe. Festgestellt wurde eine überdurchschnittliche Bleibelastung, beruhend auf der Analyse einer Locke, die ein junger Musiker seinem Idol nach dessen Tod abgeschnitten hatte. Vielleicht haben die Bleiglasuren der irdenen Gefäße, mit denen Beethoven seinen Billigwein aus einem Gasthof holen ließ, das Schwermetall an den Rebensaft abgegeben. Auch Herzrhythmusstörungen werden vermutet; sie seien sogar vernehmbar im Lebewohl-Motiv der Klaviersonate »Les adieux« (Es-Dur, op. 81a). Weiter ist von Syphilis die Rede, da der Einsame hin und wieder Trost bei Prostituierten gesucht habe. Am Ende spuckte er Blut. Aus dem Bauchraum ließen seine Ärzte literweise Wasser abfließen. Bei der Leichenschau fand man eine Schrumpfleber, »grünlichblau gefärbt und mit bohnengroßen Knoten durchwebt« – eine typische Leberzirrhose, was auf den Konsum großer Mengen von Alkohol hinwies. Beethoven liebte Wein, Champagner, Punsch als die wenigen Freuden seines Lebens; auf dem Sterbebett noch dürstete er nach diesen Genüssen.

Beethovens große Gesundheitssorgen sind eng verknüpft mit der Angst, dass er das Geld für den täglichen Bedarf und ein bisschen Luxus, vor allem aber für die ärztliche Betreuung und seine Kuraufenthalte nicht beschaffen könne. »Wahrlich, ein hartes Los hat mich getroffen, doch ergebe ich mich in den Willen des Schicksals und bitte nur Gott stets, er möge es in seinem göttlichen Willen so fügen, dass ich, solange ich noch hier den Tod im Leben erleiden muss, vor Mangel geschützt werde. Dies wird mir so viel Kraft geben, mein Los, so hart und schrecklich es immer sein möge, mit Ergebenheit in den Willen des Allerhöchsten zu ertragen.«

Der Meister lebte in einer Zeit und Welt, da zwar die Kunst – noch dazu in Wien – sehr geschätzt wurde und große Verehrung fand, meist aber der Künstler selbst, sieht man von Ausnahmen ab, nur über ein Einkommen an der Grenze des bürgerlichen Existenzminimums verfügte. So musste auch Beethoven von früh an zum einen »untertänigst, treu-gehorsamst« um fürstliche Unterstützung bitten, etwa wenn er im Mai 1793 dem Kurfürsten Max Franz zu Köln wegen »gnädigster Erneuerung« eines Dekrets über eine Geldzuwendung schrieb, um seine »beiden jüngeren Brüder kleiden, nähren und unterrichten« und die »vom Vater rührenden Schulden tilgen« zu können. Zum anderen hatte er stets besorgt zu sein, dass für seine kompositorischen Leistungen jeweils eine angemessene Summe, und zwar ohne Verzögerung, gezahlt wurde: »Am besten wird sich schließlich die Bezahlung einrichten lassen, wenn Sie zu der Zeit, wo ich Ihnen die erste und zweite Lieferung der Komposition schicke, mir jedesmal mit der Post einen Wechsel im Werte von 100 Dukaten in Gold schicken … Da Sie ein so großer Freund von runden Summen, so überlasse ich Ihnen die benannten Werke für ein Honorar von 250 Dukaten in Gold, wo ich aber auch nichts mehr nachlassen kann« (an Breitkopf & Härtel, Musikalienverleger in Leipzig, berühmt durch die Gesamtausgaben der Werke Bachs, Mozarts, Beethovens, Schuberts u. a.). »Auch jetzt erhalte ich dieses elende Geld nicht zur rechten Zeit. So sieht es denn aus in diesem monarchischen und anarchischen Österreich!!! … Was soll endlich werden aus dem viel besprochenen Konzert, wenn die Preise nicht erhöht werden? Was soll mir bleiben nach so viel Unkosten, da die Kopiatur allein schon so viel kostet? … Vergessen Sie nicht aufs Geld, ich habe bald nichts mehr« (an Karl Holz, 1826; nach Anton Schindler, mit dem sich Beethoven überwarf, als Letzter in der langen Reihe von Gehilfen, die Beethoven ohne Lohn und voll Ehrfurcht, vor allem im Hinblick auf die alltäglichen Lebensprobleme zur Seite standen). »Ich lebe gewöhnlich nur von dem Ertrage meiner Geisteswerke. Leider seit 21 Monaten war ich nicht imstande, eine Note zu schreiben. Mein Gehalt beträgt so viel, dass ich davon den Wohnungszins bestreiten kann, dann bleiben noch einige hundert Gulden übrig. Bedenken Sie, dass sich das Ende meiner Krankheit noch gar nicht bestimmen lässt und es endlich nicht möglich sein wird, gleich mit vollen Segeln auf dem Pegasus durch die Lüfte zu segeln. Arzt, Chirurgus, Apotheker, alles wird bezahlt werden müssen.« Nicht immer gelang dies: »Schicken

Sie doch nicht so oft wie zu einem Lumpen, zu mir – wenn ich Sie bezahlen könnte, so würde ich's ohne Anstand« (an den Wiener Schneidermeister Lind, 1815).

3.
UNBEFRIEDIGTE WÜNSCHE ALS TRIEBKRÄFTE DER PHANTASIE
Die frühen Jahre in Bonn

Einseitig wäre es, große künstlerische Leistungen vor allem als (geniale) Kompensation leidvoller Erfahrungen verstehen zu wollen. Unbestritten ist jedoch, dass Kreativität auch einen Ursprung in lebensweltlichen Versagungen haben kann. Bei Beethoven war dies der Fall; für ihn galt die psychoanalytische Feststellung Sigmund Freuds, wonach der Glückliche nie, sondern nur der Unbefriedigte phantasiere: »Unbefriedigte Wünsche sind die Triebkräfte der Phantasien, und jede einzelne Phantasie ist eine Wunscherfüllung, eine Korrektur der unbefriedigenden Wirklichkeit.«

Beethoven stand zeitlebens unter dem Druck innerer und äußerer, mentaler und materieller Not. Als überragendem Genie waren ihm jedoch Kraft und Fähigkeit der Sublimierung (Veredelung) eigen, nämlich Leid in Kunst verwandeln und so überwinden zu können. »Und wenn der Mensch in seiner Qual verstummt, / gab mir ein Gott zu sagen, was ich leide«, heißt es analog in Goethes Drama »Torquato Tasso«. Und bei Schiller, in dessen »Briefen über die ästhetische Erziehung des Menschen«, die sich an Immanuel Kant orientieren, findet sich die für eine idealistische Lebenssicht wesentliche Feststellung: »Der Mensch in seinem physischen Zustand erleidet bloß die Macht der Natur; er entledigt sich dieser Macht in dem ästhetischen Zustand, und er beherrscht sie in dem moralischen.« Mit solch aphoristischen, also lange Gedankengänge zusammenfassenden Äußerun-

3. Kapitel

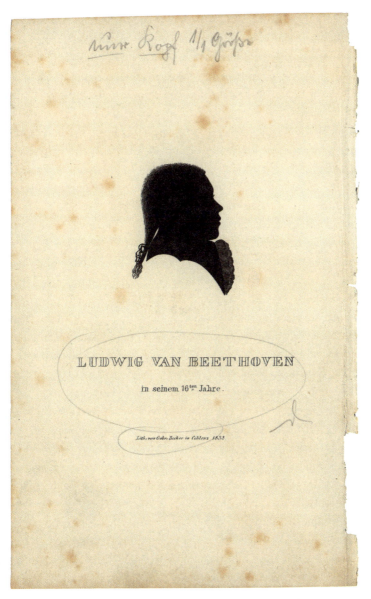

Bei dem Schattenriss von Joseph Neesen handelt es sich um das erste bekannte Bildnis Beethovens (um 1786).

gen – Kant, Schiller und Goethe waren für Beethoven ein Dreigestirn seiner ethischen Orientierung – ist der in sein Werk eingegangene personale Kern erfasst und beschrieben. Beethoven selbst hat diese Verdichtung von Leben in Kunst in einem Kanon auf die einfache, aber für ihn so charakteristische Formel gebracht: »Note hilft auch aus der Not.«

Kindheit und Jugendzeit des Komponisten in Bonn stellen die erste Phase eines Lebens dar, in dem Traumata, d. h. seelische Erschütterungen und Verwundungen, immer wieder in musikalische Phantasien verwandelt wurden. Diese schweren Verletzungen erfuhr Beethoven in seinem Elternhaus, wobei es psychoanalytisch durchaus charakteristisch ist, dass er immer wieder mit Liebe und Achtung von seiner Mutter sprach und zugleich geringschätzige Bemerkungen über seinen Vater, wozu er Grund genug gehabt hätte, vermied. Die Romantisierung der realen Verhältnisse war gewissermaßen ein Schutzschild, mit dem er sich vor der Wahrheit abschirmte. Vorwiegend hüllte Beethoven sein erstes Lebensjahrzehnt jedoch in einen Mantel des Schweigens. Sein langjähriger Freund Anton Schindler, nach Beethovens Tod Musikdirektor in Münster und Aachen, berichtet, dass Beethoven über längst vergangene Dinge in der Regel nicht sprach und dazu häufig unsicher und verworren gewesen sei.

In einem der ersten erhaltenen Briefe Beethovens vom 15. September 1787 an den Augsburger Ratskonsulenten Josef Wilhelm Schaden – diesen hatte er auf der Rückreise aus Wien, wo er einen Studienaufenthalt verbrachte und möglicherweise Mozart traf, kennen gelernt – heißt es: »Ich muss Ihnen bekennen: dass, seitdem ich von Augsburg hinweg bin, meine Freude und mit ihr meine Gesundheit begann aufzuhören; je näher ich meiner Vaterstadt kam, je mehr Briefe erhielt ich von meinem Vater, geschwinder zu reisen als gewöhnlich, da meine Mutter nicht in günstigen Gesundheitsumständen wäre; ich eilte also so sehr ich vermochte, da ich doch selbst unpässlich wurde; das Verlangen, meine kranke Mutter noch einmal sehen zu können, setzte alle Hindernisse bei mir hinweg und half mir die größten Beschwernisse überwinden. Ich traf meine Mutter noch an, aber in den elendsten Gesundheitsumständen; sie hatte die Schwindsucht, und starb endlich, ungefähr vor sieben Wochen, nach vielen überstandenen Schmerzen und Leiden. Sie war mir eine so gute, liebenswürdige Mutter, meine beste Freundin; o! wer war glücklicher als ich, da ich noch den süßen Namen Mutter aussprechen konnte, und er wurde gehört. Und wem kann ich ihn jetzt sagen!«

Die Mutter des Komponisten, Maria Magdalena Keverich, die aus einer angesehenen und wohlhabenden Familie stammte, war 1767 als Witwe eines 1765 verstorbenen Kurtrierschen Kammerdieners die Ehe mit Johann van Beethoven eingegangen. Dieser wiederum war der Sohn eines 1712 im flämischen Mecheln geborenen Ludwig van Beethoven, genannt der Ältere (flämisch *beet* = Rübe; *hoven* = Hof, also »vom Rübenhof«). Bis zu seinem Tod 1773 war er das unbestrittene Oberhaupt der Familie, später Vorbild und Idol und auch Pate seines Enkels, der seinen Vornamen trug. »An diesem Großvater«, so Franz Gerhard Wegeler, »hing der kleine Louis mit der größten Innigkeit, und so zeitig er denselben auch verlor, blieb bei ihm der frühe Eindruck doch sehr lebendig. Mit seinen Jugendfreunden sprach er gern vom Großvater, und seine fromme und sanfte Mutter, die er weit mehr als den nur strengen Vater liebte, musste ihm viel vom Großvater erzählen.« 1801 lässt Beethoven ein in der Familie vorhandenes Bildnis des Großvaters nach Wien bringen, um es in seiner Wohnung an bevorzugter Stelle aufzuhängen. In ihrem Tagebuch vermerkt Fanny del Giannatasio, Tochter des Leiters der Privatschule, in die Beethoven seinen Neffen Karl geschickt hatte, dass der Komponist von seinem Großvater oft in höchsten Tönen geschwärmt und davon gesprochen habe, welch ein »Ehrenmann« er gewesen sei. Die Identifikation ist derart stark, dass Beethoven am 1. August 1824 an seinen Advokaten Johann Baptist Bach schreibt: »Ich glaube wohl einmal vom Schlage getroffen zu werden, wie mein biederer Großvater, mit dem ich Ähnlichkeit habe.«

Ludwig der Ältere, der schon als Sechsjähriger an der Chorknabenschule seiner Heimatstadt, dann als Chorleiter zu Löwen und als Bassist in Lüttich gewirkt hatte, wechselte 1733 zur Bonner Hofkapelle, der er als Sänger und später als Kapellmeister angehörte. Der große schöne Mann, »breite Stirn, runde Nase, große dicke Augen, dicke rote Wangen, sehr ernsthaftes Gesicht«, war in der Kirche wie in der Oper ein guter Administrator, der zudem für gute Disziplin in der Hofkapelle sorgte; so setzte er den sonst allmächtigen Primadonnen und ihren Launen erfolgreich Widerstand entgegen, wodurch er sich die Sympathie der beiden Kurfürsten, unter denen er wirkte, und des amtierenden Staatsministers erwarb. Den Wohlstand der Familie mehrte er vor allem auch durch Nebentätigkeiten im Weinhandel (mit kleinem Exportgeschäft) und beim Geldverleih. Seine Frau, die 1775 starb, soll, überhaupt schwer leidend, dem Trunk verfallen gewesen sein.

Johann van Beethoven schlug ebenfalls die musikalische Laufbahn ein und gehörte der Bonner Hofkapelle als Tenorist an. Er führte außerdem den väterlichen Weinhandel weiter und verdiente nebenher als Lehrer; bei seinen Schülern war er durchaus beliebt. Die Solidität seines Vaters fehlte ihm freilich. 1784 wurde er in einem amtlichen Bericht aufgrund seiner Armut und einer »ganz abständigen Stimm« abschätzig beurteilt. Vermutlich war er schon zu diesem Zeitpunkt vom Alkohol abhängig; weiterhin wurde er eines Betrugsversuchs bezichtigt. Aus seiner Ehe mit Maria Magdalena gingen sieben Kinder hervor, von denen nur Ludwig, Kaspar Karl (1774–1815) und Nikolaus Johann (1776–1848) das Erwachsenenalter erreichten. Der spätere Komponist kam zwar als zweites Kind zur Welt, wuchs aber bald, da der Erstgeborene Ludwig Maria nur wenige Tage alt geworden war, in die Rolle des Ältesten hinein; nach dem Tod der Eltern wurde er Vormund seiner Brüder.

Am 17. Dezember 1770 ist Ludwig van Beethoven in der St.-Remigius-Kirche in Bonn getauft worden. Er selbst hält hartnäckig an der Vorstellung fest, dass der an sich eindeutige Taufschein nicht der seinige, sondern der seines als Säugling verstorbenen Bruders sei; so datiert er seine Geburt auf Dezember 1772; im Heiligenstädter Testament macht er sich sogar noch jünger. Der Beethoven-Biograf

Maynard Solomon deutet Beethovens Versuch, seine Geburt umzudatieren – zusammen mit der Tatsache, dass er Gerüchten späterer Jahre, er sei der natürliche Sohn aus hohem Hause, nicht energisch entgegentrat –, als Ausdruck der Verleugnung und symbolischen Übersteigerung des Gefühls, ungeliebt und ungewollt gewesen zu sein; darin werde der aus tiefem Herzen kommende und unbeantwortete Schrei eines Kindes nach der Liebe der Eltern manifest.

Als Ludwig alt genug für den Musikunterricht war, betrieb der Vater die Ausbildung brutal und willkürlich – »ein kleines Bübchen auf einem Bänkchen vor dem Clavier, woran die unerbittliche Strenge seines Vaters ihn schon so früh festbannte« (so der Bäckermeister Gottfried Fischer, in dessen Haus die Beethovens etwa ab 1775 für rund zehn Jahre wohnten). Dabei bediente er sich eine Zeit lang auch des Schauspielers und Musikers Tobias Pfeiffer, der im Sommer 1779 nach Bonn gekommen war und bei der Familie wohnte; dieser war zugleich sein Saufkumpan. Oft, nachdem Pfeiffer mit Beethovens Vater bis elf oder zwölf Uhr in einer Weinschenke gezecht hatte, wurde der kleine Ludwig wachgerüttelt; weinend musste er ans Klavier, wo Pfeiffer bis zum frühen Morgen bei ihm sitzen blieb.

Johann van Beethoven lud Musikkritiker der Stadt und des Hofes in sein Haus ein, um seinen Sohn als Wunderkind – das er aber nicht wie Mozart war – »vorzuführen«; dafür wurde auch Eintritt genommen. 1778 präsentierte er ihn bei einem Konzert in Köln. Die Mutter lehnte sich gegen eine solche Behandlung ihres ältesten Sohnes offensichtlich nicht auf; dieser wurde zudem oft den Mägden überlassen.

Die Ehe der Eltern war zerrüttet. Bei einem Gespräch mit Cäcilie Fischer, Tochter des Bäckermeisters, soll Maria Magdalena Beethoven dieser den »guten Rat« gegeben haben, ledig zu bleiben; dann habe sie das wahre, ruhigste, schönste, vergnügteste Leben. »Denn was ist Heyrahten, ein wenig freud, aber nachher, eine Kette von Leiden und sie ist noch Jung von Jahren.« Viele junge Leute würden sich oft aus Leichtsinn, Gleichgültigkeit und unüberlegt verheiraten, da sie nicht wüssten, was ihnen bevorstünde. Sie kenne nur wenige glückliche Ehen und noch weniger glückliche Frauen: »Man soll Weinen, wenn ein Mägden zur Weld gebohre.«

Schule und Freunde gelten Beethoven wenig, verglichen mit der Erfüllung, die ihm die Musik gibt. Seinem Schüler Carl Czerny erzählt er, er habe gewaltig geübt, meist bis weit nach Mitternacht. Dabei vervollkommnete er seine Technik, erprobte und vertiefte sein improvisatorisches Können und ließ in der Einsamkeit seiner reichen musikalischen Phantasie freien Lauf. Außerhalb der Familie findet er Unterstützung. Zu seinen Musiklehrern gehört vor allem der 1748 in Chemnitz geborene Komponist Christian Gottlob Neefe; dieser weckt auch Beethovens aufklärerischen und humanistischen Sinn: »Die Großen der Erde lieb' ich, wenn sie gute Menschen sind ... Schlimme Fürsten hasse ich mehr als Banditen.« Neefe sorgt auch für Beethovens erste Veröffentlichung, vier Klaviervariationen über einen Marsch von Christoph Dressler, und publiziert die erste Nachricht über das junge Genie.

In der Bonner Adelsfamilie Breuning wird Beethoven bald wie ein Kind des Hauses behandelt. Häufig übernachtet er dort. »Hier fühlte er sich frei, hier bewegte er sich mit Leichtigkeit. Alles wirkte zusammen, um ihn heiter zu stimmen und seinen Geist zu entwickeln«, heißt es in den 1838 erschienenen »Biographischen Notizen über Ludwig van Beethoven« von Wegeler und Ferdinand Ries; Letzterer war der Sohn von Beethovens Geigenlehrer Franz Anton Ries (auch Mitglied des Bonner Hoforchesters), der von seinem Vater nach Wien zum Klavierunterricht bei Beethoven geschickt worden war.

Als Musiker kann Beethoven bereits zu Beginn seines zweiten Lebensjahrzehnts Fuß fassen; damit befreit er sich aus seiner Isolierung. Das zeigte sich offenbar auch äußerlich; hatte er früher manchmal einen Eindruck von Verwahrlosung hinterlassen, so gewann er nun Ansehen ebenfalls durch Aussehen. Bäckermeister Fischer war beeindruckt: »Seegrüne Frackrock, grüne, kurze Hoß mit Schnalle, weiße Seite oder schwarze Seide Strümpf, Schuhe mit schwarze Schlöpp, weiße Seide geblümde West mit Klapptaschen, mit Shappoe, das West mit ächte Goldene Kort umsetz, Fisirt mit Locken und Hahrzopp,

Klackhud, unterem linken Arm sein Dägen an der linke seite mit einer Silberne Koppel.« 1785 tritt Beethoven erstmals öffentlich auf und bald festigt sich sein Ruf als Virtuose am Klavier.

4.
SCHWÄRMER IM REICH DES ÄSTHETISCHEN SCHEINS
Der Aufstieg zum Ruhm in Wien

1793 wird Ludwig van Beethoven von seinem Kurfürsten zur weiteren Ausbildung bei Joseph Haydn nach Wien geschickt. Nach eigener Aussage hätten diese Lektionen nicht viel gebracht; Haydn habe sich keine besondere Mühe mit ihm gegeben. Wichtiger für ihn wird eine Begegnung mit Johann Georg Albrechtsberger, einem anerkannten Musiktheoretiker, der gerade Kapellmeister am Stephansdom geworden ist und ihn unter anderem mit katholischer Kirchenmusik vertraut macht. Hinzu kommt Antonio Salieri, der ihn in der italienischen Gesangskomposition unterweist. Als Pianist macht Beethoven auf sich durch Konzerte aufmerksam, die ihn in die Häuser des Adels führen. Die ersten bedeutenden Werke erscheinen: drei Klaviertrios (op. 1) und drei Klaviersonaten (op. 2).

In seiner Wiener Frühzeit lebt Beethoven noch von den Zuwendungen seines Bonner Dienstherrn und findet Quartier in den Häusern verschiedener Gönner, beispielsweise bei dem Fürsten Karl Lichnowsky, mit dem er seine erste Konzertreise nach Prag, Dresden und Berlin unternimmt.

Die Glanzzeit seines Schaffens hat begonnen. Zugleich durchlebt er, da sich sein Gehör weiter verschlechtert, eine schwere Depression. Seine Niedergeschlagenheit spiegelt die »Sonate pathétique« (c-Moll, op. 13) in der düsteren Einleitung des ersten Satzes. Beethoven bevorzugt überhaupt die Tonart c-Moll, um seiner ernsten Stimmung Ausdruck zu geben. Bei seinen ersten Symphonien aus den Jahren 1800 und 1802 ist der leidenschaftliche Ton der Frühwerke gedämpft. Auch der langsame Satz der D-Dur-Sonate (op. 10, Nr. 3) von 1798 ist dissonant und voll Trauer; er selbst sieht darin den »Seelenzustand eines Melancholisten, mit all den Nuancen von Licht und Schatten im Blick der Melancholie«. Die Sonate As-Dur (op. 26; 1800/01) wird bestimmt von einem Trauermarsch, die »Mondschein-Sonate« (cis-Moll, op. 27, 1801) von »sanfter Nachdenklichkeit«.

Nach dem Heiligenstädter Testament verstärkt sich jedoch Beethovens Entschlossenheit, »dem Schicksal in den Rachen zu greifen«; er wolle diese Welt nicht verlassen, ehe er nicht all die Werke geschrieben habe, die es ihn zu schreiben dränge. Zunehmend sind seine Kompositionen durchdrungen von einer heroischen Einstellung zum Leben; beispielhaft dafür stehen etwa das Oratorium »Christus am Ölberge« von 1803, die Dritte Symphonie (»Eroica«) aus dem gleichen Jahr sowie die Oper »Fidelio«. Ursprünglich »Leonore« genannt, kam diese 1805 in der ersten Fassung zur Aufführung (ein Misserfolg) – mit dem Trompetensignal der Ouvertüre, das die Erlösung des freiheitsliebenden Florestan, der in einem Verlies gefangen gehalten wird, ankündigt. Dessen tapfere Frau Leonore, als junger Mann (Fidelio) verkleidet, verdingt sich im Gefängnis und verhindert am Ende, da sich die Rettung schon anbahnt, dass ihr Gatte getötet wird. Jeder künftige Bastillensturm sei im »Fidelio« intendiert, meint Ernst Bloch in seinem philosophischen Hauptwerk »Das Prinzip Hoffnung«.

Wien galt als ein musikalisches Zentrum. Seit dem 16. Jahrhundert standen unter allen europäischen Fürsten die Habsburger als Liebhaber und Förderer der Musik an erster Stelle. Zudem hatte Kaiser Joseph II. mit seinen antiklerikalen und antifeudalen Reformen Österreich der Aufklärung geöffnet; sein Nachfolger Franz (1792–1806 als Franz II. Joseph Karl Kaiser des Heiligen Römischen Reiches, 1804–1835 als Franz I. Kaiser von Österreich) war jedoch allein auf die Erhaltung bestehender Privilegien aus und etablierte erneut einen Polizeistaat. Doch machten die damit verbundenen Unterdrückungsmaßnahmen, so

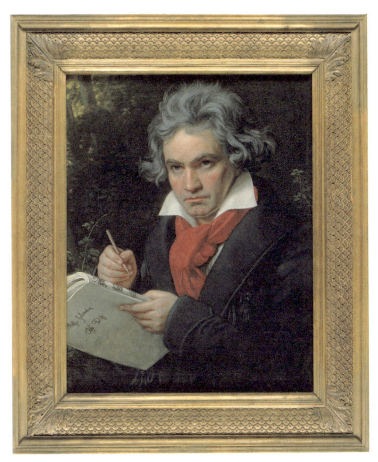

Joseph Karl Stielers Beethoven-Porträt (1819) förderte mit seiner romantisch-idealistischen Darstellung den Mythos des Komponisten.

Maynard Solomon, »die Bevölkerung weder mürrisch noch rebellisch, noch brachten sie die Gemüter in Wallung. Das Interesse des Handel treibenden Bürgertums verband sich mit dem des Hofes und des kaiserlichen Beamtentums. Wiens so genannter Kleinadel – die schwer arbeitende, gebildete Beamtenschaft und jene Berufsgruppen, die der Hocharistokratie persönliche oder kulturelle Dienste leisteten – fühlte sich vom inneren Kreis der Macht zwar ausgeschlossen ..., schätzte aber dennoch seine Position innerhalb des gesellschaftlichen Gefüges und hielt am Ideal eines Kaiserreiches, errichtet auf den Grundsätzen der Aufklärung, fest. Viele von Beethovens engsten Freunden stammten aus diesem Kleinadel.«

Kritische Wienbesucher gewannen allerdings negative Eindrücke. In dieser Stadt gehe es mehr um Vergnügen als um Aufklärung, mehr um Flucht vor der Wirklichkeit als um Teilnahme am Weltgeschehen. Bei den Unterhaltungen vermeide man ernste Themen; der bessere Teil des lesenden Publikums beschränke sich auf Schauspiel, Romanzen und Feenmärchen. Der inoffizielle Wiener Wahlspruch »Die Lage ist aussichtslos, aber nicht ernst«, verweise auf die vorherrschende »Buffonerie«. Dazu passte durchaus das bedeutende Wiener Musikleben, das vor allem durch den hochklassischen Stil des späten Mozart, des »mittleren« Haydn und des frühen Beethoven bestimmt war. Wenn, so Solomon, »die Lebensbedingungen in Wien in der napoleonischen Ära zu einem Verlust an politischer Energie geführt hatten, zu einer Abkehr von philosophischen Fragen, zu einem schwindenden Interesse an humanistischen Belangen, so verlangten aufklärerisches Denken und rationale Tendenzen gleichwohl nach einem Ventil. Offenbar fanden sie eins in der Wiener Instrumentalmusik, der unmittelbarsten, abstraktesten aller Künste, die sich auch am meisten der Zensur entzog.« In dieser Musik äußerte sich freilich auch ein utopisches Ideal: die Erschaffung einer in sich geschlossenen Welt als Symbol für die höheren Werte von Vernunft, Spiel und Schönheit. Oberflächlicher Frohsinn war untergraben von einem Gefühl des Verlusts; dissonante Elemente durchdrangen höfische Anmut, die Gebilde des Traums vermischten sich mit Gedankentiefe.

Was Beethovens Wien betrifft, kann man die Zwiespältigkeit der Stadt wie der österreichischen Monarchie insgesamt mit Friedrich Schillers Begriff vom »ästhetischen Staat« charakterisieren. Diesem liegt die Überzeugung zugrunde, der »Mensch [sei] frei geschaffen, ist frei, / Und würd er in Ketten geboren ...« Im österreichischen Kunstleben war die hochgemute Ideenwelt der Aufklärung durchaus präsent; sie war aber von der Wirklichkeit, den existierenden politischen Zuständen, abgetrennt. Schiller, der die politische Unterdrückung in Deutschland zur Genüge kennen gelernt hatte, machte in dem idealistischen »Aufschwung« aus realpolitischem Ungenügen eine kulturelle Tugend: »Hier also in dem Reiche des ästhetischen Scheins wird das Ideal der Gleichheit erfüllt, welches der Schwärmer so gern auch dem Wesen nach realisiert sehen möchte.«

Beethoven war insofern schwärmerisch, und darin lag seine Tragik, als er für die damalige Zeit unerfüllbare Hoffnungen intonierte. Das ließ sein Werk in der Rezeption durch das deutsche Bildungsbürgertum des 19. Jahrhunderts als ein Element affirmativer Kultur erscheinen. Deren entscheidender Zug war die Behauptung einer allgemein verpflichtenden, unbedingt zu bejahenden, ewig besseren und wertvolleren Welt, die sich von der tatsächlichen Welt des alltäglichen Daseinskampfes wesentlich unterschied, aber jedes Individuum »von innen« her, ohne jene Tatsächlichkeiten zu verändern, für sich realisieren zu können glaubte. »Auf die Not des isolierten Individuums antwortet sie mit der allgemeinen Menschlichkeit, auf das leibliche Elend mit der Schönheit der Seele, auf die äußere Knechtschaft mit der inneren Freiheit, auf den brutalen Egoismus mit dem Tugendreich der Pflicht« (Herbert Marcuse). In Beethovens Musik konnte das deutsche Bürgertum die Signale der Freiheit erkennen, tat dies aber nur in erhebenden Feierstunden und folgte ihnen nicht in der politischen und gesellschaftlichen Wirklichkeit. Der Bourgeois war eben auch Untertan.

Nach Beethovens mittlerem Lebensabschnitt 1803 bis 1812, in dem er in allen musikalischen Formen kompositorische Höchstleistungen erbringt und viele seiner berühmtesten Werke entstehen –

unter anderem das Violinkonzert D-Dur (op. 61), die »Kreutzer-Sonate« (A-Dur, op. 47), die »Rasumowsky Quartette« (op. 59; protegiert von dem russischen Gesandten Graf André Rasumowsky) –, folgt die Schlussperiode seines Schaffens von 1813 bis 1827, in der die Zahl der neu entstehenden Kompositionen aufgrund privater Belastungen geringer ist. Einen Höhepunkt stellt allerdings 1826 die Neunte Symphonie dar. Skizzen zu einer zehnten Symphonie konnten wegen seines Todes nicht mehr weitergeführt werden.

Während das Ansehen des »öffentlichen« Beethoven unaufhörlich wächst – ab 1815 kann man seine Symphonien, Ouvertüren und Konzerte in jeder größeren europäischen Stadt, einige von ihnen auch in kleineren Orten hören –, ist der »private« Beethoven zunehmend in Irrungen und Wirrungen verstrickt. Darauf verweist auch der häufige Wohnungswechsel, insgesamt wohl fünfundzwanzig Mal. Die Hauswirtschaft gerät in Unordnung; immerhin bietet ihm der häufige Besuch von Gasthäusern, in denen er die Hauptmahlzeiten einnimmt, einen gewissen Ausgleich. Im Wirtshaus führt Beethoven nicht eigentlich Gespräche, sondern redet vielmehr »allein und meistens ziemlich anhaltend, wie auf gut Glück in's Blaue hinaus. Die ihn Umgebenden setzten wenig hinzu, lachten bloß oder nickten ihm Beifall zu. Er philosophierte, politisierte auch wohl in seiner Art … Alles das trug er vor in größter Sorglosigkeit und ohne den mindesten Rückhalt. Alles auch gewürzt mit höchst originellen, naiven Urteilen oder possierlichen Einfällen«; so berichtet von Friedrich Rochlitz, Herausgeber der »Allgemeinen Musikalischen Zeitung« und Mitarbeiter von Breitkopf & Härtel, anlässlich eines Besuchs in Wien im Sommer 1822.

Beethoven klagt über nachlässiges und unehrliches Personal; die Faktoten behandelt er, der misstrauisch und geizig ist, freilich oftmals auch schlecht. Seine Grobheit ist allerdings nicht nur in Krisenzeiten gefürchtet. Immer wieder sieht er sich von »falschen Hunden«, die eigentlich der Schinder holen solle, und »Lumpenkerlen«, die ihm das Geld abstehlen würden, umstellt; zugleich aber ist er gegenüber seinen Schülern von großer Fürsorglichkeit.

5.
BLEIBE MEIN TREUER EINZIGER SCHATZ
Die Sehnsucht nach Liebe

Dem weiblichen Geschlecht ist Ludwig van Beethoven von früh an zugetan, und viele Frauen, vorwiegend der bürgerlichen und adligen Gesellschaft, in deren Kreisen zu Hause das Klavier (für die Töchter der Klavierunterricht) und in der Öffentlichkeit das Konzert eine große Rolle spielten, sind von dem virtuosen Meister und seinem Werk hingerissen. Freunde, Bekannte und zeitgenössische Biografen berichten, dass Beethoven eigentlich nie ohne Liebe und von dieser meist in hohem Grade ergriffen sei. Ferdinand Ries meint etwa, er habe »Frauenzimmer, besonders schöne jugendliche Gesichter« immer sehr gern gesehen: »Er war sehr häufig verliebt, aber meistens nur auf kurze Dauer. Da ich ihn einmal mit der Eroberung einer schönen Dame neckte, gestand er, die habe ihn am stärksten und längsten gefesselt – nämlich sieben volle Monate.«

Beethovens erste Liebe dürfte Jeanette d'Honrath aus Köln gewesen sein, eine hübsche Blondine mit Freude an der Musik; sie verfügte auch über eine gute Stimme. Jedoch zeigt sich bereits hier eine für das Leben des Komponisten insgesamt charakteristische Eigenart: Es zieht ihn oft zu Frauen, die bereits gebunden sind – eine Leidenschaft für das Unerreichbare. Die Umworbene hat sich nämlich schon einem österreichischen Werbeoffizier zugewandt; zudem umschwärmt sie Stephan von Breuning, der Sohn von Beethovens adliger Gönnerin und zugleich sein lebenslanger Freund.

Breunings Schwester Eleonore verehrt Beethoven in brüderlicher Zuneigung; er widmet ihr die unvollendet gebliebene C-Dur-Sonate. Als er von ihr, der »teuersten Freundin«, die zugleich seine Schülerin ist, eine aus Hasenhaar gestrickte Weste erbittet (»Verzeihen Sie die unbescheidene Bitte Ihrem Freunde«), tut er dies, »um sagen zu können, dass ich etwas von einem der besten verehrungswürdigsten Mädchen in Bonn besitze ... Ich habe zwar noch die erste, womit Sie so gütig waren, mich in Bonn zu beschenken, aber sie ist durch die Mode so unmodisch geworden, dass ich sie nur als etwas von Ihnen mir sehr Teures im Kleiderschrank aufbewahren kann.«

Leidenschaftliche Zuneigung fasst er für Maria Anna von Westerholt, ebenfalls eine Schülerin, deren Familie er sich angeschlossen hat – eine hoffnungslose Zuneigung, da sie bereits 1792 einen Herrn von Adel heiratet.

In Wien fängt Beethoven Feuer für die gefeierte Sängerin Magdalena Willmann, die ihn jedoch abweist, da er ihr als zu hässlich und zudem halb verrückt erscheint. Ein Adonis ist er in der Tat nicht, obwohl ihn Freund Wegeler angesichts seiner Liebesverhältnisse und Eroberungen mit einem solchen vergleicht. Von einem Casanova wiederum fehlt ihm die Skrupellosigkeit; von Anfang an hat er eine außerordentlich hohe Vorstellung von den Beziehungen zwischen Mann und Frau, was seinem moralischen Charakter entspricht. Im Tagebuch notiert er: »Sinnlicher Genuss ohne Vereinigung der Seelen ist und bleibt viehisch. Nach selbem hat man keine Spur einer edleren Empfindung, vielmehr Reue.« »Nimm dich nur in Acht vor der Zunft der schlechten Weiber«, mahnt er seinen Bruder Kaspar Karl.

Seine Gefühle für die verheiratete Pianistin Marie Bigot, eine Verkünderin seines Schaffens, kaschiert er, weil sie verheiratet ist; bei anderen Lieben sieht er darin freilich keinen Hinderungsgrund. »Wenn Sie mir auch liebevoll begegnet sind, so habe ich nie daran gedacht es anders auszulegen, als dass Sie mir Ihre Freundschaft schenken.«

Beethoven wirbt um seine Schülerin Giulietta von Guicciardi; von ihr nimmt er, obgleich er zu dieser Zeit sehr arm ist, keine Bezahlung – jedoch Wäsche unter dem Vorwand, dass die Gräfin sie genäht habe. Seinen Worten nach bestand mit ihr ein Liebesverhältnis; doch blieb es Episode. »Wenn ich hätte meine Lebenskraft mit dem Leben so hingeben wollen, was wäre für das Edle, Bessere geblieben?« Ein weiteres Leitmotiv in Beethovens Liebesleben ist damit angesprochen: Zwar beherrschte ihn die Sehnsucht nach einer längeren Bindung als Hort und Heil, zugleich aber wies er eine solche von sich,

Der Abschluss des Beethovenfrieses von Gustav Klimt war dem »idealen Reich« gewidmet, zu dem alle Künste hinüberführten.

um seine Liebe »ins Unendliche« ausströmen lassen zu können (»Dieser Kuss der ganzen Welt!«)./

Als Beethoven um die Hand der 19-jährigen Nichte seines Hausarztes Malfatti anhält, meint dieser: »Er ist ein konfuser Kerl – darum kann er doch das größte Genie sein.« Wieder bekommt er einen Korb. »Nur Liebe – ja nur sie vermag Dir ein glückliches Leben zu geben – Gott – lass mich sie – jene endlich finden – die mich in Tugend bestärkt – die mir erlaubt mein ist«, lautet eine Tagebuchnotiz aus Baden, »als die M. vorbeifuhr und es schien, als blickte sie auf mich«. An Ferdinand Ries schreibt er, und verweist damit auf ein rasches Vergessen des resignativen Liebesschmerzes: »Alles Schöne an Ihre Frau, leider habe ich keine. Ich fand nur eine, die ich wohl nie besitzen werde, bin aber deswegen kein Weiberfeind.«

Bei der 25-jährigen Bettina von Arnim, eigentlich Anna Elisabeth, eine Schwester des Dichters Clemens Brentano, sucht er vor allem seelischen Trost und Zuspruch. »Kein schönerer Frühling als der heurige, das sage ich und fühle es auch, weil ich Ihre Bekanntschaft gemacht habe. Sie haben wohl selbst gesehen, dass ich in der Gesellschaft bin wie ein Fisch auf dem Sand, der wälzt und wälzt sich und kann nicht fort, bis eine wohlwollende Galathee ihn wieder in das gewaltige Meer hineinschafft« (11. August 1810). Bettina wiederum verehrt den Meister in ausufernder Gefühlsschwärmerei. Für ihr überspanntes Beethoven-Bild, allerdings hervorgegangen aus einem tiefen Eindringen in das Wesen des Komponisten, kann ein Brief stehen, den sie am 28. Mai 1810, nachdem sie den mit der Familie Brentano in Kontakt stehenden Komponisten getroffen hat, aus Wien an Goethe schreibt: »Vor Dir kann ich's wohl bekennen, dass ich an einen göttlichen Zauber glaube, der das Element der geistigen Natur ist: diesen Zauber übt Beethoven in seiner Kunst. Alles, wessen er Dich darüber belehren kann, ist reine Magie: jede Stellung ist Organisation einer höheren Existenz, und so fühlt Beethoven sich auch als Begründer einer neuen sinnlichen Basis im geistigen Leben; Du wirst wohl herausverstehen, was ich sagen will und was wahr ist. Wer könnte uns diesen Geist ersetzen, von wem könnten wir ein Gleiches erwarten?«

Bettina von Arnim, Wahrheit und Dichtung gern romantisch vermischend – in ihrem späteren Leben ist sie allerdings durch ein entschieden realistisch-soziales Engagement geprägt –, spricht aus, was die gebildete Welt der damaligen Zeit und noch lange danach denkt: Durch Beethoven werde die musikalische Kunst auf eine ganz neue Stufe gehoben, sie werde »absolut«; gemeint ist eine Musik, die nicht mehr Gebrauchskunst ist, sondern den Menschen »an sich« zu erheben vermochte.

Tiefen Eindruck in Beethovens Leben hinterlässt die Beziehung zu Josephine Brunsvik, die zusammen mit ihrer Schwester Therese bei ihm Klavierunterricht nimmt; er sei ein Engel, meint sie. Nach dem Tod ihres ungeliebten Mannes Graf Joseph Deym von Stritetz – früh zur Witwe geworden – umwirbt Beethoven sie erneut mit großer Intensität (»Ihr Herz muss die Kraft haben, nein zu sagen«, fordert daraufhin ihre Schwester Therese). Er widmet ihr sein Lied »An die Hoffnung« (op. 32). Es gibt Gerüchte, nach denen ihre 1813 geborene Tochter Minona von dem Komponisten stamme. Manche Biografen sind zudem der Meinung, sie sei die Adressatin seines Briefes an die »Unsterbliche Geliebte« gewesen. Mit ziemlicher Sicherheit glaubt jedoch der Musikologe Maynard Solomon annehmen zu können, dass es sich bei dieser um die Beethoven-Freundin Antonie

Brentano, die mit Franz Brentano (einem Stiefbruder Bettinas) verheiratet war, gehandelt habe.

Die Sehnsucht des Liebe suchenden, sich aber zugleich vor einer Bindung ins Werk flüchtenden Meisters ist in diesem Brief sozusagen aufgehoben: bewahrt, überwunden und ins geradezu Mystische erhoben. Er wurde in Beethovens Nachlass gefunden, erstreckt sich über zwei Tage (dreiteilig: vom 6. Juli morgens und abends bis zum 7. Juli morgens) und benennt keine Adressatin. 1812 wurde er in Bad Teplitz geschrieben und eventuell nach Karlsbad versandt. Es ist ein Brief leidenschaftlicher Gefühle, exaltiert im Ton, gedanklich wirr und voller widersprüchlicher Empfindungen, aber ohne jede Spur von Getändel – eine Chiffre für den schicksalhaften Mangel an geglückten Liebesbeziehungen. Eine zerrissene Seele sucht Erlösung aus der niederdrückenden Schwere des Daseins.

»Mein Engel ... kann unsre Liebe anders bestehn als durch Aufopferungen ... die Liebe fordert alles und ganz mit Recht, so ist mir mit dir, dir mit mir – nur vergisst du so leicht, dass ich für mich und für dich leben muss, wären wir ganz vereinigt, du würdest dieses schmerzliche eben so wenig als ich empfinden ... bleibe mein treuer einziger Schatz, mein alles ... ist es nicht ein wahres Himmels-Gebäude unsre Liebe – aber auch so fest, wie die Veste des Himmels ... schon im Bette drängen sich die Ideen zu dir meine Unsterbliche Geliebte, hier und da freudig, dann wieder traurig, vom Schicksaale abwartend, ob es uns erhört – leben kann ich entweder nur ganz mit dir oder gar nicht ... nie eine andre kann mein Herz besitzen, nie – nie – ... deine Liebe macht mich zum Glücklichsten und zum Unglücklichsten zugleich – in meinen Jahren jetzt bedürfte ich einiger Einförmigkeit Gleichheit des Lebens – kann diese bei unserm Verhältnisse bestehn? ... sei ruhig – liebe mich – heute – gestern – Welche Sehnsucht mit Tränen nach dir – dir – dir – mein Leben – mein alles – leb wohl – o liebe mich fort – verkenn nie das treuste Herz deines Geliebten ewig dein ewig mein ewig uns.« – Ob der Brief je abgeschickt wurde? Ob er jemals ankam? Fest steht in jedem Fall: Zwei Menschen fanden sich nicht – nicht ihre Herzen, nicht ihre Seelen.

6.
DER VATER, DESSEN SOHN KEINER WAR
Karl – eine Familientragödie

Beethovens Leben in seinen letzten zwölf Jahren ist zutiefst bewegt und aufgewühlt durch die aufopferungsvolle, zugleich aber tyrannische Fürsorge für den Neffen Karl. Tiefenpsychologisch wird man diesen Komplex im doppelten Wortsinne als Kompensation seiner unerfüllt gebliebenen Liebessehnsucht deuten können. Die Enttäuschungen, die er mit Frauen erlebte, hat er wohl auf eine verhängnisvolle Weise auszugleichen versucht. »Augenscheinlich«, so der Beethoven-Biograf Martin Geck, »kennt Beethoven in dieser Zeit keine Hoffnung mehr auf frei erlangtes Glück, sondern nur noch gewaltsame Versuche, in den Besitz eines Liebes- und Fürsorgeobjekts zu kommen.«

Karl ist der Sohn von Beethovens Bruder Kaspar Karl, der im November 1815 an Schwindsucht starb und wie des Komponisten zweiter Bruder Nikolaus Johann nach dem Tod des Vaters von Bonn nach Wien übergesiedelt war; er betätigte sich dort als Kassenbeamter der staatlichen Verwaltung und gelegentlich auch als Sekretär des Komponisten (ein längeres Leben war Nikolaus vergönnt; er starb 1848 als selbständiger und wohlhabender Apotheker in Linz).

Die Ehe von Kaspar Karl mit Johanna Reiss, die aus einer Wiener Tapezierfamilie stammte und eine stattliche Mitgift in die Ehe einbrachte, war unglücklich. Für Beethoven zeugte die Heirat seines Bruders von Unmoral und Unverstand. Er wurde nicht, wie er erwartet hatte, als alleiniger Vormund eingesetzt; Johanna war Mitvormund. Nachdem es zunächst auf dessen Druck zu einer Abänderung des Testaments zugunsten Beethovens gekommen war, bekräftigt Kaspar Karl diese Doppellösung einen Tag vor seinem Tod nochmals: »Da ich bemerkt habe, dass mein Bruder Hr. Ludwig van Beethoven meinen Sohn Karl nach meinem allfälligen Hinscheiden ganz zu sich

Beethovens Neffe Karl in Kadettenuniform.

nehmen und denselben der Aufsicht und Erziehung seiner Mutter gänzlich entziehen will, da ferner zwischen meinem Bruder und meiner Gattin nicht die beste Einigkeit besteht, so habe ich für nötig gefunden, nachträglich zu meinem Testamente zu verfügen, dass ich durchaus nicht will, dass mein Sohn Karl von seiner Mutter entfernt werde, sondern dass derselbe immerhin und so lange es seine künftige Bestimmung zulässt, bei seiner Mutter zu verbleiben habe, daher denn dieselbe so gut wie mein Bruder die Vormundschaft über meinen Sohn Karl zu führen hat.« Ein langer hartnäckiger Familienkrieg ist die Folge, bei dem Beethoven seine Schwägerin mit Hasstiraden überzieht: »Zur Intrique geboren, ausgelernt in Betrug, Meisterin in allen Künsten der Verstellung.« Selbst der Prostitution bezichtigt er sie. Sie sei zudem die eigentliche Ursache für den Tod seines Bruders und habe hinter dessen Rücken eine Geldanleihe aufgenommen; die »fürchterliche Begebenheit« habe dann seine schwere Krankheit verursacht, »wodurch er immer ein siechendes Leben führen musste«. Schließlich habe sie gleich nach seinem Tod in vertraulichem Umgang mit einem Liebhaber gestanden, »wodurch selbst die Schamhaftigkeit ihres unschuldigen Sohnes verletzt wurde«. Man habe sie auf allen Tanzböden und Lustbarkeiten angetroffen, »während ihr Sohn nicht einmal das Nötige hatte und einer Magd überlassen war«.

Beethovens Motive sind wahn- bzw. krankhaft. Er begreift den Neffen als einen »Delegierten«, geeignet, sein Erbe anzutreten; dabei fühlt er sich sogar als »wirklicher leiblicher Vater«. Der Knabe, den er seiner »unwürdigen« Mutter entreißen will, soll Künstler und Gelehrter werden, »um ein höheres Leben zu leben und nicht ganz im Gemeinen zu versinken«. Ab Herbst 1818, als die Mutter versucht, ihren Sohn zurückzuerhalten, kommt es zu einer Reihe gerichtlicher Auseinandersetzungen. Beethoven siegt in letzter Instanz; kurz zuvor hat er seinem Anwalt geschrieben, dass er von allen Seiten wie ein wildes Tier gehetzt und von der »pöbelhaften Behörde« auf »niedrigste Weise« behandelt worden sei, »bei so vielen Sorgen und dem beständigen Kampfe gegen dieses Ungeheuer von Mutter«. Erstaunlicherweise gibt es dann Phasen vordergründiger Entspannung im Verhältnis zu Johanna: »selbst eine Mutter bleibt doch eine Mutter«. Es kursieren sogar Gerüchte, dass er sich in sie verliebt habe; sie wiederum gibt einer Tochter (empfangen von dem Finanzrat Johann Hofbauer) den Namen Ludovica – mit Zustimmung Beethovens wurde diese testamentarisch als Nacherbin eingesetzt.

Am 30. Juli 1826 unternimmt Karl, hin- und hergerissen zwischen dem Vormund-Vater und seiner Mutter, zermürbt von der »Gefangenschaft bei seinem Onkel« und von unguten Erfahrungen in privaten Erziehungsinstituten, einen Selbstmordversuch; jedoch kommt es bei dem Schuss in den Kopf nur zu einer leichten Verletzung. »Ich bin schlechter geworden, weil mich mein Onkel besser haben wollte.« Beethoven ist tief erschüttert: »Ich habe ihn doch so tief geliebt.« Acht Monate danach stirbt er – für Karl wohl eine Erlösung. Nach seiner Genesung war er noch von Beethoven selbst und dessen Freunden im Militärdienst untergebracht worden, den er 1832 anlässlich seiner Heirat quittiert. Der Ehe entsprangen vier Töchter und ein Sohn; Karls Leben als Privatmann endete 1858.

War Beethovens Schaffen aufgrund seiner »Fixierung« auf Karl unproduktiver geworden oder war er in eine Schaffenskrise geraten, bei der die engagierte, aber zerstörerische Beschäftigung mit dem Neffen etwas wie einen Therapieversuch darstellte? Wir wissen es nicht. Im Hinblick auf das gigantische Werk Ludwig van Beethovens bedeutet das Ringen um Karl nur eine Episode, eine Nebensache; für den Lebenslauf des Komponisten war es jedoch eine tief greifende Tragödie. Den Menschen Beethoven machte sie einsamer, aber den Schöpfer größter Musikwerke brachte sie nicht zum Verstummen.

7.
FREUDE, SCHÖNER GÖTTERFUNKEN
Ein Menschheitslied im Spannungsfeld von Politik und Ideologie

Am Ende von Beethovens Leben, in den Jahren 1822 bis 1824, entsteht die Neunte Symphonie (d-Moll, op. 125), die vielen Musikfreunden als der Höhepunkt in Beethovens Schaffen schlechthin gilt. Aus dem »gewaltigen neunzackigen Gipfel« des symphonischen Gesamtwerks ragt sie nach Paul Bekker, dessen einflussreiche Beethoven-Biografie 1911 erschien, nochmals unvergleichbar hervor. Zehn Jahre waren nach der Achten Symphonie (F-Dur, op. 93), die 1812 aufgeführt wurde, vergangen – eine Pause, in der sich Beethoven lange mit der Frage beschäftigt hatte, ob er in sein Werk ein Gesangsstück aufnehmen solle.

Mit der klassischen deutschen Dichtung gut vertraut, entscheidet er sich schließlich für Schillers »Ode an die Freude«, die 1786 veröffentlicht worden war. Deren Vertonung hat er bereits früher geplant. In Wien, wo er nun lebt, waren die Werke des Stürmers und Drängers, zunächst von der Zensur unterdrückt, erst allmählich wieder auf die Bühne und in die Buchläden gelangt.

Die Neunte Symphonie hat bis heute auf eine kulturgeschichtlich geradezu einmalige Weise den »Mythos Beethoven« in vielen Ländern und Kulturen befördert; sie wurde zu einem globalen Magneten. Die Wirkungsgeschichte des Werkes entfaltete sich im Spannungsfeld »zwischen den nationalistischen und universalistischen Polen der kollektiven Identitäten und den verschiedenen politischen Programmen, die ihnen zugrunde liegen. In Deutschland feiert Hitler seinen Geburtstag mit der Neunten, und doch wird ihm gerade diese Musik bis in die Konzentrationslager hinein entgegengestellt; sie wird dazu benutzt, die Revolution zu preisen, aber auch den Mau-

Die Neunte Symphonie, Autograph.

erfall zu feiern, nicht zu erwähnen die unzähligen Gelegenheiten, bei denen sie als Werk ›reiner Musik‹ ohne direkten Bezug zum Elend der Welt gehört werden will.« Was der Soziologe Esteban Buch dergestalt zur »Neunten« als einem nationalen und internationalen »Erinnerungsort« sagt, ihren ideologischen Missbrauch und ihre freiheitlich-revolutionäre Dynamik zusammenfassend, hat viele Aspekte, von denen hier nur einige angedeutet werden können.

Seit 1846, da er die Neunte in Dresden dirigierte, war Richard Wagner von diesem Werk besonders angetan. In den »Züricher Schriften« wird sie zum menschlichen Evangelium des Kunstwerks der Zukunft erhoben. In ihr zeige sich die natürliche sittliche Beziehung der Kunst zum Volk – ein Gedanke, den Wagner dann 1870 in seinem Aufsatz »Beethoven« erneut aufgriff und mit einem aggressiv-nationalistischen Ton versah. Seiner Frau Cosima nach habe er dabei den Krieg gegen Frankreich als ein »Beethoven'sches Finale« bezeichnet.

Jeder nationalen oder nationalistischen Instrumentalisierung des Werkes widersetzte sich der Philosoph Friedrich Nietzsche (1844 bis 1900) als »Umwerter aller Werte«. Wer die einsamen Gesänge eines Halbgottes, der es ertrage, unter schrecklichen Bedingungen siegreich zu leben, vernehmen wolle, müsse Beethovens Musik hören. Nach seinem Bruch mit Wagner spielte er diese gegen dessen »überladene, schwere und späte Musik« aus. Beethovens Neunte ließe sogar in einem Freigeist, der sich alles Religiösen und Metaphysischen entschlagen habe, die verstummte, ja zerrissene transzendierende Saite wieder erklingen. Er fühle sich über der Erde in einem Sternendom schweben, mit dem Traum der Unsterblichkeit im Herzen: »alle Sterne scheinen um ihn zu flimmern und die Erde immer tiefer hinabzusinken«. Das von Friedrich Schiller in Beethovens Komposition übernommene Jubellied der »Freude«, bei dem Millionen schauervoll in den Staub sänken, verkünde Erlösung. Jetzt sei der Sklave freier Mann, jetzt zerbrächen alle die starren, feindseligen Abgrenzungen, die Not oder Willkür zwischen den Menschen festgesetzt hätten.

Der Missbrauch der Neunten Symphonie in Deutschland durch nationalistisch-völkisches Denken ging jedoch weiter und bewahrheitete so auch musikpolitisch, was Grillparzer 1848 in einem Epigramm vorausgesehen hatte: Der Weg der neueren Bildung gehe von der Humanität durch Nationalität zur Bestialität. Ab 1933 zeigte sich dies im Dritten Reich. Die Nationalsozialisten, die so bedeutende Beethoven-Interpreten wie Bruno Walter, Otto Klemperer oder Fritz Busch vertrieben, machten Beethoven zu einem Hauptvertreter des germanisch-arisch-nordischen Sendungsbewusstseins. Wie ein Titan aus Urweltzeiten, so Alfred Rosenberg, Chefideologe der NS-Weltanschauung, bändige und entfessle Beethoven noch heute die Menschenherzen. Die »gärende Welt wolle keinen Klassizismus, kein harmonisches Formales, sondern Willenhaftes, Romantisches, Gotisches«. An herausragenden nationalen Festtagen wurde die Neunte Symphonie gespielt, so im November 1934 (dirigiert von Hans Pfitzner), als das Dritte Reich in Weimar Schillers 175. Geburtstag feierte. Bei der Eröffnung der Olympischen Spiele im Berliner Olympiastadion 1936 untermalte die »Ode an die Freude« die Vorführung der Turner. Wilhelm Furtwängler dirigierte die Berliner Philharmoniker nicht nur 1937 zu Hitlers Geburtstag, sondern ein zweites Mal 1942. Als Hitler den Sterbeort Beethovens besuchte, vermerkte der »Völkische Beobachter«, dass ein deutsches Genie des 20. Jahrhunderts sich vor dem Genie des 18. Jahrhunderts verneige. Die Neunte gehörte während des Zweiten Weltkriegs zu den meistgespielten Werken des klassischen Repertoires in Deutschland; ebenso in den besetzten Ländern, wo sie Joseph Goebbels für seine expansionistische Kulturpolitik einspannte. (In seinem Roman »Dr. Faustus« legte 1947 Thomas Mann dem im Mittelpunkt des Werkes stehenden Komponisten Adrian Leverkühn die Absicht in den Mund, die Neunte Symphonie als Sinnbild für den von den Nazis zerstörten deutschen Geist »zurückzunehmen«.)

Der nationalistischen Vereinnahmung von Beethovens Neunter Symphonie widersetzte sich freilich von früh an ein humanistisches Denken, das, wie Nietzsche, in der Symphonie ein hoffnungsvolles Signal für die Befreiung der Menschheit sah. In diesem Sinne fand sie auch Eingang in das internationale Repertoire (England, Frankreich, Russland, USA) – nicht nur wegen ihrer musikalischen Qualität, sondern auch wegen des in ihr verspürten humanistischen Elans. Zugleich kam es zu einer proletarisch-sozialistischen Aneignung: Hier galt die Auffassung, dass man die Neunte als die überzeugendste musikalische Umsetzung utopischen Denkens begreifen könne. »Wir vereinen uns in ihm. Wir, aus allen Völkern der Erde. Er ist das strahlende Symbol der Eintracht Europas, der menschlichen Brüderlichkeit«, so der französische Schriftsteller Romain Rolland im Jahr 1927. Ebenso erklärte zwei Jahre später Richard Nikolaus Graf von Coudenhove-Kalergi die »Ode an die Freude« zur Hymne seiner Paneuropa-Bewegung. Er bekundete damit ein Bewusstsein, das vor allem nach dem Ende des furchtbaren Zweiten Weltkriegs zu einer Reihe politisch-symbolischer Entscheidungen führte.

1971 wählte der Europarat die »Ode an die Freude« zur Hymne Europas – allerdings ohne Text, denn, so hieß es im Bericht der zuständigen Kommission, es hätten sich gewisse Vorbehalte ergeben, da diese kein spezifisch europäisches Glaubensbekenntnis, sondern eher ein universelles darstelle. Solche Universalität war dann wohl auch der Grund dafür, dass die Vereinten Nationen in der Neunten Symphonie ihr musikalisches Erkennungszeichen fanden. Schließlich wurde sie durch die UNESCO in die Liste des »Weltdokumentenerbes« *(memory of the world)* aufgenommen. Nach Meinung des Philosophen und Soziologen Peter Sloterdijk gibt es wahrscheinlich in der Geschichte der Künste schlechthin kein Werk, das die Auflösung der Politik in menschliche Rührung in einer so vollendeten Weise erfülle wie Beethovens Neunte Symphonie.

Dass eine zunächst weltanschaulich neutrale Musik wie Beethovens Meisterwerk im 19. und 20. Jahrhundert eine so widersprüchliche Vereinnahmung erfuhr – zum einen als Verheißung eines »menschenmöglichen Elysiums« (Ernst Bloch) verstanden wurde, zum anderen menschenfeindlichste Absichten begleitete –, muss als kulturelle Warnung verstanden werden: sich durch die »elektrisierende« Wirkung von Tönen nicht vom Prinzip prüfender Vernunft abbringen zu lassen.

8.
FREIHEIT UND FREUDE ALS GÖTTERFUNKEN
Die geistigen Grundlagen eines einmaligen Schaffens

Ludwig van Beethoven stand mit seinem Denken, das sich an den großen Gestalten der deutschen Aufklärung und Klassik (Immanuel Kant, Friedrich Schiller und Johann Wolfgang von Goethe) orientierte, stets auf der Seite gesellschaftspolitischer Vernunft, die von den Idealen der französischen Revolution, »Freiheit, Gleichheit, Brüderlichkeit«, durchdrungen war. Dementsprechend ist auch sein

»Der einsame Meister« (von Julius Schmid) – der Komponist inmitten pastoraler Natur, aber in sich versunken, nach innen hörend.

Werk, jenseits einer nur die Gefühlswelt ansprechenden melodisch-rhythmischen Dynamik, auf das Erstaunlichste durchgeformt, was eine nahezu unfassbare kompositionslogische Intelligenz offenbart – diese erschließt sich freilich nur denjenigen, die musikalische Strukturen zu erkennen vermögen.

Das Denken des großen philosophischen Aufklärers Kant hatte Beethoven schon an der Bonner Universität, in deren Matrikel er sich 1789 eingeschrieben hatte, und zwar durch den als Freigeist geltenden Elias von der Schuren kennen gelernt. Kants »Naturgeschichte und Theorie des gestirnten Himmels« studierte er immer wieder. Beethoven war bewegt von der Botschaft, dass der Mensch aus eigener Vernunft und in selbst gewollter Freiheit zu handeln vermöge; und dabei gern auch Pflichten auf sich nehme. »Sokrates u. Jesus waren mir Muster sowie das moralische Gesetz in uns, u. der gestirne Himmel über uns! Kant!!!« (1820).

Schiller gehörte zu den herausragenden Zeitgenossen, mit denen Beethoven in Verbindung bleiben wollte; kurze Zitate aus dessen »Sendung Moses« (Aussprüche über das Wesen Gottes) umgaben in eigenhändiger Niederschrift seinen Schreibtisch. Wie Schiller war Beethoven ein vom Wesen her dialektisch vorgehender Künstler: den schroffen Gegensatz von These und Antithese, aber auch das Streben nach Synthesis gestaltend. So ist er, nicht nur bei der Neunten Symphonie, immer wieder auch von diesem inspiriert worden; in Schillers Abhandlung »Über das Pathetische« heißt es: »Das erste Gesetz der tragischen Kunst war Darstellung der leidenden Natur. Das zweite ist Darstellung des moralischen Widerstandes gegen das Leiden.« Schiller und Beethoven verband zudem die Sehnsucht nach dem Naiven. Kindliche Unschuld, so der Dichter, sei zwar mit dem Anbruch der neuesten Zeit nicht mehr wie bei den »Alten« (Griechen und Römern) möglich; diese »empfanden natürlich; wir empfinden das Natürliche«. Solche »sentimentalische«, also reflektierte Naivität prägt vielfach auch Beethovens Musik (etwa die »Pastorale«) – ein Naturempfinden, wie es sich in der Zeit von Rousseau bis Hölderlin und in der Romantik herausbildete. »Im Tempel der Natur« sei »der wahren Freude inniger Widerhall« erfahrbar.

Zu dem jungen Goethe war Beethoven bereits von seinem musikalischen Lehrer und Freund Christian Gottlob Neefe geführt worden. Unter seinen Liedkompositionen befand sich manche Vertonung von dessen Gedichten, etwa »Meeresstille und Glückliche Fahrt«. Vor der »Exzellenz« verharrte der Komponist mit der »innigsten unbegrenztesten Hochachtung ... immer noch, wie von meinen Jünglingsjahren an, lebend in ihren unsterblichen nie veraltenden Werken, und die glücklichen in Ihrer Nähe verlebten Stunden nie vergessend«.

Eine persönliche Begegnung von Beethoven und Goethe veranlasst Bettina von Arnim; die Gelegenheit eines Treffens bietet sich, nachdem Beethoven 1810/11 Musik zu Goethes Drama »Egmont« komponiert hat. »Bettina Brentano hat mich versichert, dass Sie mich gütig, ja sogar freundschaftlich aufnehmen würden. Wie könnte ich aber an eine solche Aufnahme denken, indem ich nur imstande bin, Ihnen mit der größten Ehrerbietung mit einem unaussprechlichen tiefen Gefühl für Ihre herrlichen Schöpfungen zu nahen. Sie werden nächstens die Musik zu Egmont von Leipzig durch Breitkopf und Härtel erhalten; diesen herrlichen Egmont, den ich, indem ich ihn ebenso warm, als ich ihn gelesen, wieder durch Sie gedacht, gefühlt und in Musik gegeben habe. Ich wünsche sehr Ihr Urteil darüber zu wissen; auch der Tadel wird mir für mich und meine Kunst ersprießlich sein und so gern wie das größte Lob aufgenommen werden. Euer Exzellenz großer Verehrer Ludwig van Beethoven.« Goethe antwortet: »Die gute Bettina Brentano verdient wohl die Teilnahme, welche Sie ihr bewiesen haben. Sie spricht mit Entzücken und der lebhaftesten Neigung von Ihnen, und rechnet die Stunden, die sie mit Ihnen zugebracht, unter die glücklichsten ihres Lebens. Die mir zugedachte Musik zu Egmont werde ich wohl finden, wenn ich nach Hause komme, und bin schon im Voraus dankbar – denn ich habe derselben bereits von mehreren rühmlich erwähnen hören, und gedenke sie auf unserem Theater zur Begleitung des gedachten Stückes diesen Winter geben zu können, wodurch ich sowohl mir selbst, als Ihren zahlreichen Verehrern in unserer Gegend einen großen Genuss zu bereiten hoffe.«

Der Titan und der Olympier treffen sich endlich im Juli und August des Jahres 1812 in Teplitz und Karlsbad, wo sie zur Kur weilen. Während Beethoven seine verehrenden Gefühle kaum zu beherrschen vermag, bleibt der an Huldigungen gewöhnte Goethe distinguiert-distanziert; wohlwollend findet er das Vorspielen des Musikers auf dem Klavier »köstlich« und mit gleichem zurückhaltenden Wohlwollen berichtet er der Ehefrau Christiane seinen Eindruck: »Zusammengefasster, energischer, inniger habe ich noch keinen Künstler gesehen. Ich begreife recht gut, wie er gegen die Welt wunderlich stehen muss.« Die beiden genialen Männer trennen unterschiedliche Temperamente: Der 62-jährige Goethe, ein versierter Politiker im Dienst des Weimarer Hofes, sieht sich den Erwartungen eines von republikanischer Leidenschaft erfüllten, einem Feuergeist gleichenden 41-jährigen Bewunderers gegenüber, den allerdings nach außen hin, was die Kommunikation betrifft, sein Gehörleiden behindert. Eine, freilich in ihrem Wahrheitsgehalt nicht überzeugend dokumentierte Anekdote macht die Gegensätzlichkeit beider deutlich: Als Beethoven und Goethe auf der Kurpromenade von Teplitz der Hofstaat der ebenfalls zur Kur anwesenden jungen österreichischen Kaiserin Maria Ludovica Beatrice begegnete, sei Goethe mit gezogenem Hut und unter Verbeugungen zur Seite getreten. Nicht so Beethoven: Mit untergeschlagenen Armen schritt dieser mitten durch die Gruppe, die sich teilte, um ihm Platz zu machen, und ihn dabei freundlich grüßte. Er habe daraufhin zu Goethe gesagt: »Auf Euch hab' ich gewartet, weil ich Euch ehre und achte, wie Ihr es verdient, aber jenen habt Ihr zu viel Ehre erwiesen.«

Allerdings war selbst Beethoven, der lebenslang überzeugte und standhafte Republikaner, nicht vor Irrtümern gefeit. Als Anhänger der Französischen Revolution fühlte er sich von Napoleon Bonaparte, den er zunächst als deren Vollstrecker begriff und mit den größten römischen Konsuln verglich, inspiriert. Das Titelblatt der Dritten Symphonie (Es-Dur, op. 55) von 1803/04 trug Napoleons Namen. Als Beethoven jedoch hörte, dass dieser sich zum Kaiser erklärt habe, war er empört und nannte sein Werk nunmehr »Sinfonia eroica«. So stand seiner republikanischen Gesinnung auch nicht der große Triumph im Wege, der ihm 1818 mit dem mächtigen Tongemälde »Wellingtons Sieg oder die Schlacht bei Vittoria« (allein siebzig Streicher) zuteil wurde. Der englische Feldmarschall Wellington hatte die französischen Truppen in Nordspanien geschlagen, Napoleon war zuvor in Russland gescheitert. In Verbindung mit der Siebten Symphonie, die im gleichen Jahr aufgeführt wurde, war Beethoven auf dem Gipfel seines »heroischen Stils« angekommen.

Blickt man auf Ludwig van Beethovens gigantisches Werk – die Klavierstücke und Konzerte, die Symphonien, die dramatischen Werke und Ouvertüren, Gesangswerke und Kammermusiken –, ergibt sich als Schaffenssumme, um mit den Worten Paul Bekkers zu sprechen: »Freiheit in künstlerischer, politischer, persönlicher Hinsicht, Freiheit des Willens, des Handelns, des Glaubens, Freiheit des ganzen Individuums in all seinen Betätigungen äußerer und innerer Art: das ist die Botschaft, die Beethoven bringt ... Hier ist die Brücke, die von dem scheinbar einsam Stehenden zu seinen großen Zeitgenossen und Mitkämpfern führt: zu Kant ... Schiller, Goethe.«

»O Vorsehung – lass einmal einen reinen Tag der Freude mir erscheinen ...« In seinem Leben war Beethoven irdisches Glücksgefühl versagt, als musikalischer Himmelsstürmer hat er jedoch den Menschen einen Kosmos der Töne beschert, der beseligende Freude zu bereiten und das Gemüt für Freiheit und Frieden zu entfachen vermag. Er war ein Gigant, der in seiner dem Leiden abgerungenen Erhabenheit jeden, der sich von seiner Kunst ergreifen lässt, aus der niederdrückenden Schwere des Daseins in die Sphären der Idealität versetzen kann. »Freude, schöner Götterfunken, / Tochter aus Elysium, / Wir betreten feuertrunken / Himmlische, dein Heiligtum.«

SIGMUND FREUD

(06.05.1856 – 23.09.1939)

VON
HANS HELMUT HILLRICHS

Die analytische Einsicht ist weltverändernd; ein heiterer Argwohn ist mit ihr in die Welt gesetzt, ein entlarvender Verdacht, die Verstecktheiten und Machenschaften der Seele betreffend, welcher, einmal geweckt, nie wieder daraus verschwinden kann.

Thomas Mann: Freud und die Zukunft

1.
PROLOG: IM LANDE LILIPUT

Als – in uralter Zeit – die griechische Götterwelt aus den Fugen geriet, spielten die Giganten dabei eine Hauptrolle. Heroisch zogen sie gegen den Blitzeschleuderer Zeus ins Feld, aber auch ihr eigenes Reich geriet darüber so in Unordnung, dass hernach kaum noch jemand zwischen Giganten und Titanen, Kolossen, Zyklopen und anderen mythologischen Riesengestalten unterscheiden konnte. Spätere Sagen, Mythen und Märchen profitierten davon. Aber auch der Geniekult des ausgehenden 18. Jahrhunderts bediente sich selbstherrlich auf diesem Trümmerfeld. Er setzte kurzerhand das Gigantische und das Genialische gleich. Die *Geistes*riesen waren geboren, und ihre Waffen besorgten sie sich nicht bei ihren mythologischen Vorfahren, sondern gleich eine Etage höher: beim Herrn der Blitze. Seither gleicht das Genie einem Zeus und der genialische Akt hat sich als schöpferisches Gewitter zu entladen. Der Geniestreich, der Geistesblitz wurde zum Maß aller kreativen Dinge. Liegt das Geniale aber wirklich und ausschließlich in der gleichsam schlaglichtartigen Erleuchtung? Liegt es nicht schon in der Fähigkeit, deren Voraussetzungen, Vorbereitungen und Möglichkeiten zu erkennen, im Gespür für die sanften Signale der Veränderung, jenes Donnergrollen am Horizont, das noch ganz fern und kaum wahrnehmbar ist und doch den Blitz schon in sich trägt?

»Nichts auf der Welt ist so mächtig wie eine Idee, deren Zeit gekommen ist«, hat Victor Hugo gesagt, einer der französischen Giganten des 19. Jahrhunderts. Ganz in seiner Nähe, an der berühmten Salpêtrière, bezog 1882 der Pariser Mediziner Jean Martin Charcot (1825–1893) eine eigens für seine Forschungen errichtete Nervenklinik. Er galt nicht nur als Leuchtturm der Pariser Szene, sondern war bereits zu Weltruhm gelangt, weil er die Hypnose aus dem Zirkus und vom Jahrmarkt in sein ärztliches Behandlungszimmer geholt hatte. Mit ihrer Hilfe rückte Charcot der »Hysterie« zu Leibe, einem denunziatorisch gefärbten Sammelbegriff, der sich als Verlegenheitsdiagnose für ein breites Spektrum psychischer Störungen eingebürgert hatte. Vor großem und illustrem Publikum demonstrierte er seine Heilerfolge durch hypnotische Suggestion.

Unter den faszinierten Zuhörern war auch ein angehender Privatdozent für Psychiatrie aus Wien, der sich mit Unterstützung eines Reisestipendiums in Paris aufhielt: Sigmund Freud. Hier sah er einen brillanten Wissenschaftler am Werk, der zugleich mit der Sensibilität eines Künstlers agierte und den sonderbaren Symptomen seiner Patienten mit leidenschaftlicher Aufmerksamkeit und geradezu brennendem Interesse begegnete. Während die Zuschauer über das »Wegzaubern« der Schmerzen, Zwänge und Ängste staunten, sah Freud den Blick des wissenschaftlichen Zauberkünstlers zu den merkwürdigen Krankheitserscheinungen zurückwandern, die er soeben beseitigt hatte. In diesem Blick muss etwas gewesen sein, das Freud elektrisierte und nicht mehr losließ.

Spurenelemente einer neuen Seelenkunde waren es, die Freud aus Frankreich mitbrachte. Eine Vorahnung, eine Art Lichtschimmer dessen, was seelische Tiefenforschung heißen könnte, war ihm begegnet, Andeutungen eines Musters, das die Welt der Medizin verändern würde. Viele kleine Schritte – intuitive, demonstrative, zögerliche, entschlossene, missverständliche, brüskierende und skandalöse – werden nötig sein, bis das Muster erkennbar ist. Aus der zudeckenden Methode der Hypnose wird durch Nachfragen und Zuhören des Arztes ein offenes, durch das ungehemmte Erzählen des Patienten dann auch ein reinigendes, gleichsam kathartisches und durch die spezielle Technik der »freien Assoziation« schließlich ein aufdeckendes Verfahren.

1. Kapitel

Sigmund Freud

Geheimnisvolle, inzwischen längst entschlüsselte Pseudonyme wie »Anna O.« oder »Emmy von N.« werden den Erlebnisanteil und die sexuelle Komponente vieler seelischer Konflikte offenbaren. Das Schattenreich des Unbewussten, in Dichtung und Philosophie vielfach antizipiert und 1800 erstmals von Schelling so benannt, wird sichtbar werden. Und noch ein anderes, ein fast unberührtes Reich tritt aus der Dunkelheit: der Archipel der Kindheit, das Land Liliput, in dem die wirklichen, beinahe unbezwingbaren Riesen hausen – die Eltern. Freud, dann selbst schon ein Gigant, wird auch dieses Reich auskundschaften und die realen Größenverhältnisse klären. Sein Werkzeug und seine ureigene Schöpfung: die Psychoanalyse.

»Wo *Es* war, soll *Ich* werden«, hat Sigmund Freud gesagt. Der Kunstgriff seiner Lehre, die Anerkennung und Durchleuchtung des *Unbewussten,* das er als eigenständigen Kontinent erschloss und erforschte, zähmt zugleich dessen Macht. In der Analyse kann die Seele wieder sprechen lernen, der Weg zu ihrer Befreiung heißt Erinnerung. Gelingt diese, dann kommen Bedeutungen und Zusammenhänge in den Blick. Alles (und somit auch alles, was seelisch krank macht) hat einen Anfang und eine Ursache – damit beginnt das Freud'sche Denken. Nichts ist nichtig oder zufällig, selbst in den Bilderrätseln der Träume lassen sich sinnvolle Muster finden. Und das ist das eigentliche Hauptwort der Psychoanalyse: Sinn.

Die kalte Konstruktion von Erklärungsketten hat ihren Erfinder nie interessiert, sehr wohl aber der Punkt, an dem diese in Verständnis und Erkenntnis münden. Selbsterkenntnis auf Seiten des Patienten vor allem – als Voraussetzung, den eigenen, unverwechselbaren Lebensrahmen wiederzufinden und wieder anzunehmen.

2.
TROJANISCHE OUVERTÜRE: DER SOG DES SÜDENS

Wie ein antiker Triumphbogen überspannt die Griechenlandbegeisterung der Nord- und Mitteleuropäer die Zeitphase von der Mitte des 18. bis zur Mitte des 19. Jahrhunderts. Sie schlägt eine Brücke von den liebenswert verklärenden, mit einer ungeheuren Signalwirkung ausgestatteten »Gedanken über die Nachahmung der griechischen Werke in der Malerei und Bildhauerkunst« (1754/55) des Johann Joachim Winckelmann zur konkreten Erschließung des antiken Kulturerbes im Ursprungsland selbst, die seit 1830 verstärkt einsetzt. Dazwischen liegt die geistige Rückeroberung der klassischen Grundlagen, die mit einer unerhörten kulturellen Reichhaltigkeit einhergeht und deutsche Literatur wie Philosophie zur Weltgeltung führt. Winckelmanns zweibändige »Geschichte der Kunst des Altertums« (1764) ist erneut von bahnbrechender Wirkung auf die Zeitgenossen; sein Prädikat der »edlen Einfalt und stillen Größe« wird über Jahrzehnte zur Kernformel der Griechenlandverehrung, die durch Lessings Studien über antike Bildhauerkunst und über die Muster der klassischen Tragödie – mit »König Ödipus« von Sophokles im Mittelpunkt – auch auf den jungen Goethe überspringt: »Die Griechen sind mein einzig Studium«, bekennt dieser und dokumentiert mit der Verszeile »das Land der Griechen mit der Seele suchend« im zweiten Akt seiner »Iphigenie« die Haltung einer ganzen Epoche. Die Anziehungskraft des Altertums schimmert selbst durch Schillers juvenil-kraftstrotzende Sturm-und-Drang-Dramen hindurch: »Mir ekelt vor diesem tintenklecksenden Säkulum, wenn ich in meinem Plutarch lese von großen Menschen«, lässt er den Räuberhauptmann Karl Moor sagen, der sich aus der Philistergesinnung und der Schreibstubenenge seiner Zeit in die vermeintlich heroischen Frühphasen der Geschichte zurücksehnt. Und Wilhelm von Humboldt doziert noch entschiedener, der »Prüfstein der neueren Nationen« liege in ihrer Nähe zur Antike.

Auch für Freud wird dies zu einer Art Fanal, einem Lebensmotto, dem er darüber hinaus eine ganz eigene Wendung gibt. Der Rückblick auf das geistige Potenzial, das ihm die Denker und Dichter des 19. Jahrhunderts zur Verfügung stellen, ist deshalb ebenso nützlich wie notwendig. Kein anderer Wissenschaftler vor und nach Freud hat seine Erkenntnisschritte so selbstverständlich, so kühn und konsequent mit der Literatur verschwistert und an dem zeitlos Gültigen, das diese hervorgebracht hat, so entschieden Maß genommen.

Aber auch die Italiensehnsucht wird deutsche Dichtung und Malerei jahrzehntelang prägen: Rom, die ewige Stadt, und mit ihr – neben der hellenistischen Kultur – der andere Teil des klassischen Erbes lenken die Gedanken und die Reisebewegungen der Deutschen. Ohne die Anziehungskraft Roms, ohne den »Sog des Südens« überhaupt wäre wohl auch die Psychoanalyse nicht das geworden, was sie ist. Selbst der Grundriss des Unbewussten, den Freud später verfasst, wird sich am römischen Stadtplan ausrichten. Mit neurotischer Sehnsucht – so die Selbstdiagnose – verfällt er der Stadt am Tiber, die er magische sieben Mal besucht (bei fast zwanzig Italienreisen insgesamt), von den zahllosen Rom-Träumen nicht zu sprechen.

Ein Name vor allem ist es, der das frühe 19. Jahrhundert fasziniert: Homer. Die bahnbrechenden Übersetzungen der »Odyssee« (1781) und der »Ilias« (1793) durch Johann Heinrich Voß machte die beiden weltberühmten Epen quasi zum geistigen Inventar, zu nationalen Besitztümern der Deutschen. Auch einem Außenseiter der Archäologie gaben sie damit einen Reiseführer, einen magischen Schatzplan an die Hand: Heinrich Schliemann. Als die Bilder vom Gold Trojas um die Welt gehen, wird der Mythenforscher Schliemann selbst zum mythischen Helden – und zur frühen Leitfigur psychoanalytischer Seelengrabungen.

Auch wenn Troja und die Troas nie ganz aus dem Bewusstsein der Menschen verschwunden waren, rückte die antike Metropole um die Mitte des 19. Jahrhunderts verstärkt in das Zentrum mittel- und nordeuropäischer Entdeckungsträume. Die zeitliche Koinzidenz zur Biografie Sigmund Freuds, die bis in Details hinein wirksam ist – so

2. Kapitel

Säulen des Olympieion in Athen.

entdeckt er während einer Schiffspassage von Brindisi nach Korfu am 1. September 1904 auch den Schliemann-Nachfolger Wilhelm Dörpfeld an Bord –, mag einer der Faktoren sein, die den Seelenforscher auf die Spur des Schatzsuchers setzten. Dass Freud durch das begeisterte Studium deutscher Klassiker und ihrer Vorbilder eingestimmt und eingeweiht in die Tendenz war, das Land der Griechen und der Römer mit der Seele zu suchen, mag fundierend hinzukommen. Dennoch können beide Aspekte weder seine lebenslange Beschäftigung mit den Mythen des Südens noch die Intensität und Tiefe dieser Freud'schen Passion erklären.

»Unser Herz zeigt nach dem Süden«, hat der Freud-Forscher Christfried Tögel die lange erwartete Herausgabe der Reisebriefe Freuds überschrieben. Wer den tiefer liegenden Motiven für diese Ausrichtung Freuds nachgeht, stößt auf eine scheinbar schlichte, doch unabweisbare Antwort: Freud sah sich in der Tradition der großen Entdecker und Eroberer, der »Konquistadoren«, wie er selbst es zugespitzt formuliert hat, vor allem aber fühlte er sich als Schatzgräber, als ein Tiefenforscher, der den Abgründen, Schlupfwinkeln, Geheimgängen und Grabkammern des Unbewussten nicht anders nachspüren mochte als die Pioniere der jungen, im 19. Jahrhundert gerade aufblühenden Archäologie. So nahm er sich von Anfang an Heinrich Schliemann zum Vorbild, der – zumal im deutschsprachigen Kulturkreis – bis heute als die Inkarnation des Schatzsuchers gilt und in dessen Gefolgschaft er sich zeitlebens fühlte.

Aus dieser Identifikation schöpfte Freud einen wesentlichen Teil seiner Kraft. In der Begeisterung des Archäologen für das Untergegangene und Versunkene, das zumeist nicht wirklich verschwunden, sondern in einer Fülle von Spuren noch nachweisbar und wirksam ist, erkannte er die Bestimmung und Berufung der eigenen Arbeit, ihre Mühen, ihre Anstrengungen, aber auch ihren Glanz, ihre Aura. Archäologische Expeditionen werden für ihn zum Vorbild und zum Idealfall der psychoanalytischen Methode: »Nehmen Sie an, ein reisender Forscher käme in eine wenig bekannte Gegend, in welcher ein Trümmerfeld mit Mauerresten, Bruchstücken von Säulen, von

Tafeln mit verwischten und unlesbaren Schriftzeichen sein Interesse erweckt« – so beginnt eine der Passagen, in denen Freud seine Hingabe an das Archaische und Ursprüngliche erläutert. Aufgabe des Seelenarztes sei es, zahlreiche »Schichten in der Psyche seines Patienten bloßzulegen, bevor er zu dem Wertvollsten, aber zugleich auch am tiefsten Verborgenen gelangen könne«, bevor die Steine zu sprechen beginnen und sich die seelischen Versteinerungen auflösen.

Als einer seiner Patienten durch die neue Methode der Psychoanalyse »eine Szene aus seiner Urzeit« wiederentdeckt, die tief unter Symptomen verschüttet war und nun »alle übrig gelassenen Rätsel« erklären kann, notiert der Seelengräber voller Euphorie: »Ich getraue mir noch kaum, daran ordentlich zu glauben. Es ist, als hätte Schliemann wieder einmal das für sagenhaft gehaltene Troja ausgegraben.«

Freuds Leidenschaft für das kulturelle Erbe, für die griechischen, römischen und ägyptischen Altertümer, aus der auch seine großartige Antikensammlung erwuchs, ist den Biografen natürlich nicht verborgen geblieben. Ihr spezifisches Gewicht aber und ihre motivationale Schubkraft für den Begründer der Psychoanalyse blieben weitgehend unterschätzt. Sich ihrer zu erinnern ist umso lohnender, als die Wesensverwandtschaft zwischen der Arbeit des Seelenforschers und der archäologischen Grabung in der therapeutischen Praxis deutlich an Bedeutung gewonnen hat.

Die Wurzeln der Psychoanalyse reichen bis nach Troja, ist somit festzuhalten. Auch dort lassen sich Bausteine finden, aus denen Freud das entwickelte, was zu einer ›kopernikanischen Wende‹ der Wissenschaft führte. Das Land der Griechen getreu der alten Verheißung mit der Seele suchend, sollte ihm schließlich das *Umgekehrte* gelingen: das Land der Seele mit Hilfe der Griechen zu finden und zu untersuchen.

3.
SIGMUND FREUD UND *SEIN* JAHRHUNDERT

Kaum eine Überschrift könnte missverständlicher sein als diese Schlagzeile. Denn um welches der beiden Jahrhunderte, die zu seinem Leben gehören, sollte es sich handeln? Aber vielleicht würde dem für Ambivalenzen und Mehrfachbedeutungen so hellhörigen Wiener Seelenarzt, diesem Spezialisten für seelische und sprachliche Doppelbödigkeiten, gerade ein solcher Titel besonders gut gefallen.

Das 19. Jahrhundert ist sein Jahrhundert, indem es *ihn* macht, mit allen Bildungstraditionen, allem geistigen Rüstzeug, aller kulturellen und wissenschaftlichen Nahrung versorgt, dessen es fähig ist (kaum ein Jahrhundert könnte reichhaltiger sein). Das 20. Jahrhundert dagegen ist dasjenige, das *er* macht, zu seinem Jahrhundert macht, dem er seinen Stempel aufprägt und das er bis in die feinsten Verästelungen hinein beeinflusst und imprägniert. Hermann Glaser hat in einem ebenso gehaltvollen wie kompakten Buch, das den Titel »Sigmund Freuds zwanzigstes Jahrhundert« trägt, eindrucksvoll zusammengetragen, wie Freud diesem zurückgab, was er vom 19. Jahrhundert, dessen Kind er in all seinen Fasern war, empfangen, in sich aufgenommen und dank seines Genies in schöpferische Produktion verwandelt hat.

Am 6. Mai 1856 wurde Sigismund Freud (mit 22 Jahren änderte er seinen Vornamen) geboren. Dem Brauch entsprechend hatte er zudem einen jüdischen Vornamen erhalten: Schlomo. Sein Geburtsort Freiberg in Mähren heißt heute Příbor. Von 1857 bis 1864 werden fünf weitere Kinder, sein Bruder Julius, der nach wenigen Monaten stirbt, und vier Schwestern, geboren. Maria, genannt »Mitzi«, und Adolfine, genannt »Dolfi«, werden 1942 im SS-Vernichtungslager Treblinka ermordet; Freuds jüngste Schwester, Pauline Regine, genannt »Paula«, stirbt im Konzentrationslager Theresienstadt. Seine älteste Schwester Anna wandert 1892 nach Amerika aus und lebt bis 1955 in New York. Freuds Vater Jacob (1815–1896), zwanzig Jahre

Sigmund Freud und seine Mutter Amalie (ca. 1872).

älter als seine Frau Amalie, die ihn um fast 35 Jahre überlebt, ist ein Stoffhändler, dessen Geschäft sehr bald durch die Wirtschaftskrise ruiniert wird. Kärglich richtet sich die Familie ab 1859 in Wien ein, wo Freud unter wechselnden Adressen (ab September 1891 in der berühmten Berggasse 19) bis zu seiner Emigration am 4. Juni 1938 lebt.

Das Jahrhundert, in dessen Mitte Freud hineingeboren wird, ist noch das Jahrhundert der deutschen Klassik und Romantik, der großen idealistischen Denker, die Ära Goethes, Hölderlins, Hegels, der Märchensammler Grimm, der Maler Carl Gustav Carus und Caspar David Friedrich – ein wahres Hochgebirge aus Kunst, Dichtung und Philosophie. Aber schon Goethe hatte in seinem 1805 erschienenen Roman »Die Wahlverwandtschaften«, der zu einem hochgerühmten Stück Weltliteratur – und einer Art Pflichtlektüre für Psychoanalytiker – werden sollte, die Dichtung für die Naturwissenschaften geöffnet, indem er zwischenmenschliche Gefühle in die Nähe chemischer Anziehungskräfte rückte und die Leser in ein literarisches Reagenzglas blicken ließ.

Technischer Fortschritt, Industrialisierung, Beschleunigung bestimmen den Takt und den Nerv der Zeit. Nicht nur in der marxistischen Philosophie, auch im Spektrum der Wissenschaften räumt der Materialismus mit der Vorrangstellung des Bewusstseins auf. Seele, Geist, Denken werden mehr und mehr als Kräfte oder Bewegungen der Materie aufgefasst. Mechanistische, auf physikalische, chemische und physiologische Daten gestützte Auffassungen gewinnen die Oberhand. Ganzheitliche Vorstellungen verlieren an Boden. Das Labor und das Experiment diktieren Verständnis und Methode der neuen Wissenschaften.

Sigmund Freud, dessen Psychoanalyse einen Wendepunkt im herkömmlichen Wissenschaftsbetrieb markiert, wird selbst in ein Jahrhundert voller geistiger Umstürze hineingeboren. Sein Werk hat viele dieser Spuren bewahrt und daher Gegnern sämtlicher Couleur prächtige Angriffspunkte geboten, doch zugleich ist es ein beeindruckender Brückenschlag, Zeugnis der Autarkie und der Selbstbehauptung gegen dogmatische Anmaßungen sowohl der Natur- als auch der Geisteswissenschaften.

Sucht man nach weiteren »Widerständlern« gegen den Trend der Zeit, nach Impulsgebern für den ganz eigenen, unangepassten Weg, den Freud beschritt, so ist die Skala der Namen begrenzt. Da ist einerseits der bei Freuds Geburt bereits hochgerühmte Physiker und Naturwissenschaftler Gustav Theodor Fechner, der auch als Begründer der experimentellen Psychologie gelten kann und der dennoch den Fesseln eines physikalisch-mathematischen Weltbildes entfliehen wollte. Nicht nur Mensch und Tier, Pflanzen und Sterne seien als »beseelt« zu betrachten, vor allem auch die Erde selbst ist für Fechner ein beseeltes Wesen. Einen vergleichbaren und ähnlich unkonventionellen Weg geht auch Rudolph Hermann Lotze, zunächst Mediziner und Physiologe, der die Bedürfnisse des Gefühls und des Glaubens, also der ästhetisch-religiösen Weltansicht, mit den Ansprüchen der Naturwissenschaften zu versöhnen suchte und den Menschen zum Ausgangs- und Orientierungspunkt für den »Allgemeinzusammenhang aller Dinge« nahm.

Noch breitere Wirkung erzielte Eduard von Hartmann, dessen viel zitierte »Philosophie des Unbewussten« erstmals 1868 und 1904 bereits in elfter Auflage erschien. Nicht nur das titelgebende Sujet, für den Autor gewissermaßen einheitsstiftendes Prinzip unserer Welt, auch seine gegenüber den Illusionen des Lebens tiefgehende Skepsis und Nüchternheit weisen auf Freud voraus. Hartmanns milder Pessimismus verwandelt sich bei seinem Zeitgenossen Friedrich Nietzsche in eine tragisch-leidenschaftliche Abrechnung mit den überkommenen Wertesystemen und ihren angeblich »ewigen Wahrheiten«. Dahinter spürt Nietzsche die verdeckten und verdächtigen Motive des menschlichen Selbstbetrugs und entfaltet die Kunst des Entlarvens zu höchster Meisterschaft. Erst 1900 vom Tod aus einem fast ein Jahrzehnt währenden Dämmerzustand erlöst, scheint es fast, als habe er darauf gewartet, den Stab an jenen weiterzugeben, dessen Tiefenpsychologie er wie in einem dramatischen Prospekt vorbereitet.

In der Tat ist die Psychoanalyse nicht vom Himmel gefallen, sondern sie musste erfunden und begründet werden und hat folglich irdische Erbschaften, Vorläufer und Spuren. Die meisten dieser Spuren hat Freud registriert und respektiert. Letzteres zumal dann, wenn es nicht um das weite Feld des Unbewussten ging (auf dessen eigenständige Definition er pochte), sondern wenn er eine spezifisch psychoanalytische Fährte gelegt fand.

Zu unserer (nicht Freuds) Überraschung ist es erneut der zeitlosaktuelle Autor der »Räuber« und des »Wallenstein«, der frühzeitig und nicht nur im Ungefähren, sondern sehr präzise einen charakteristischen Ansatz der Psychoanalyse vorwegnimmt, indem er dafür plädiert, die Menschen nicht mit zweierlei Maß zu messen. »In der ganzen Geschichte des Menschen ist kein Kapitel unterrichtender für Herz und Geist als die Annalen seiner Verirrungen«, schreibt Friedrich Schiller zu Beginn der Kriminalnovelle »Der Verbrecher aus verlorener Ehre« (1786). Bei allen Aufsehen erregenden Verbrechen sei eine »verhältnismäßig große Kraft in Bewegung«, an der sich trefflich studieren lasse, was »in der schmalen Umzäunung der Gesetze« sehr viel schlechter zu beobachten sei, aber in den Tiefen der Seele den Bürger mit dem »Ungeheuer« verbinde. Der »feinere Menschenforscher« könne nach Schiller auf diese Weise nicht nur das Leben unmittelbar »an den Quellen« aufspüren, sondern auch das öffentliche Interesse für den Bereich »gewaltsamer Leidenschaft« nutzen, um »das Nachdenken des Lesers auf würdige Zwecke zu richten«.

Es ist nicht nur der Grundsatz, aus dem Neurotischen auch die Norm für das »Normale« zu gewinnen, es ist vor allem auch die Würde, die der moderne Menschenforscher Freud, humanistischer Tradition folgend, seiner neuen Disziplin verordnet hat: Gleichrangigkeit des seelisch Kranken, des Gestörten, und des vermeintlich Gesunden, Normalen; Selbstbescheidung nicht zuletzt des Arztes gegenüber dem Patienten – auch das gehört zur Revolution der Psychoanalyse.

4.
DIE PSYCHOANALYTISCHE REVOLUTION

Am 4. November 1899 (aber versehen mit der magischen Jahreszahl 1900) erscheint in einer Auflage von 600 Exemplaren bei Franz Deuticke, Leipzig und Wien, Sigmund Freuds Buch »Die Traumdeutung«. Mit dem Sujet der Träume nahm sich Freud – inzwischen Familienvater mit drei Töchtern und drei Söhnen – das für einen Zugewinn an öffentlicher Reputation und Prestige, gar für den erhofften wissenschaftlichen Durchbruch in seiner Karriere denkbar Ungeeignetste vor. Während die meisten Psychiater und Psychologen, der Zeitströmung folgend, den sicheren Hafen einer exakten Wissenschaft ansteuerten, die nur das gelten ließ, was objektiv messbar, nachweisbar und nachprüfbar war; während Friedrich Albert Langes Diktum einer »Psychologie ohne Seele« mehr und mehr Zustimmung fand, ließ sich ein in der Wiener Szene ohnehin höchst umstrittener Mediziner auf das Flüchtigste, Schillerndste, Subjektivste und nach landläufiger Meinung (»Träume sind Schäume«) sogar Abstruseste ein, das es geben konnte – und widmete ihm ein *Opus magnum* von mehr als 500 Seiten!

Das Wie – der Inhalt des Buches – war den ärztlichen Kollegen egal oder erschien ihnen zumindest zweitrangig. Dass einer aus ihrer Zunft sich überhaupt des schwammigen und nachgerade abwegigen Themas annahm, war ihnen Alptraum genug. Die Reaktionen waren denn auch, wenn es überhaupt Rezensenten gab, die es nicht unter ihrer Würde befanden, sich mit der »Traumdeutung« zu beschäftigen, entsprechend verständnislos und feindselig. Aber Freud war sich seiner Sache sicher: sowohl, was den Erkenntnisgewinn im Speziellen – also Funktion und Gesetzlichkeiten des Traums – betraf, als auch, was den erkenntnistheoretischen Meilenstein, das tragende Fundament, anging.

Schon seit 1883 hatte er gelegentlich private Träume aufgezeichnet und auch gegenüber seiner Verlobten Martha Bernays, die er nach der ersten Begegnung im April 1882 stürmisch und eifersüchtig umworben hatte und viereinhalb Jahre später heiratete, kam er häufig auf dieses Thema zu sprechen. Aber erst in den 1890er Jahren wird aus einem Gegenstand der persönlichen Neugier ein ernsthaftes Forschungsobjekt.

Und doch schließen sich Leben und Werk an kaum einem anderen Punkt der Freud'schen Biografie so eng zusammen wie bei der Entstehungsgeschichte der »Traumdeutung«. Am 23. Oktober 1896 stirbt Jacob Freud im Alter von 81 Jahren. »Wie ein Stein, der in einen stillen Teich geworfen wird und nacheinander Ringe von unerwarteter Größe bildet«, so beschreibt es Peter Gay in seiner großartigen Biografie, senkte sich das Erlebnis in Freuds Gefühle und Gedanken. Im Vorwort zur zweiten Auflage seiner »Traumdeutung« (1908) wird er den Tod des Vaters »als das bedeutsamste Ereignis, den einschneidendsten Verlust im Leben eines Mannes« bezeichnen. Und als er zuvor, im Sommer 1904, erstmals Griechenland besucht, überwältigt ihn nicht nur der Eindruck des Unwirklichen – so als sei das, wohin er im Herzen immer schon unterwegs war, nun, da es vor ihm liegt, quasi zu schön, um wahr zu sein –, sondern er muss sich auch mit einem merkwürdigen Schuldgefühl auseinandersetzen: ist er doch dorthin gelangt, wohin es sein griechenlandbegeisterter Vater nie mehr geschafft hatte! In Freuds Skizze »Eine Erinnerungsstörung auf der Akropolis« lässt sich diese ambivalente Erfahrung intensiv nacherleben.

Aber aus der Entwurzelung, die Freud seit dem Tod seines Vaters zu spüren glaubt, gewinnt er zugleich neue und notwendige Anstöße zur Selbstbeobachtung. Ende Juli 1895 hatte er zum ersten Mal einen eigenen Traum systematisch analysiert; die psychoanalytische Geschichtsschreibung verzeichnet ihn unter dem Titel »Irmas Injektion«. Nun forciert er seine Forschungsarbeit auf diesem Feld, sodass er die »Traumdeutung« schließlich explizit als »Reaktion« auf den Tod des Vaters bezeichnet.

Nicht nur die Erscheinungsform, auch die Herkunft der Träume faszinieren ihn. Träume, wenn sie mehr sind als eine bloße Zuckung

DIE TRAUMDEUTUNG

VON

DR. SIGM. FREUD.

»FLECTERE SI NEQUEO SUPEROS, ACHERONTA MOVEBO.«

LEIPZIG UND WIEN.
FRANZ DEUTICKE.
1900.

»Die Traumdeutung« – Erstausgabe 1899 mit eigenhändiger Widmung.

des schlafenden Bewusstseins – wovon Freud ab 1895 endgültig überzeugt ist –, wären nicht möglich ohne Quellen, die sie speisen, ohne ein Reservoir, sozusagen ein Energiezentrum, das ihnen Kraft und Nahrung gibt. Und da alle Menschen träumen, stünden solche Quellen dem seelisch Kranken und dem Gesunden offenbar gleichermaßen zur Verfügung. Zu diesen verborgenen Kammern, den geheimen Produktionsstätten der Träume, will Freud vorstoßen.

Mit seiner »Traumdeutung« macht er den entscheidenden Schritt von der Pathologie, der Erforschung der kranken Psyche und ihrer Heilungsmöglichkeiten, zu einer neuen Theorie der »psychischen Struktur« des Menschen. Dieses Modell ist bis in die letzte Konsequenz geprägt von der Überzeugung, dass es einen vitalen Bereich, eine energiegeladene Sphäre gibt, die in höchstem Maße und ohne Unterbrechung aktiv und doch unseren Blicken entzogen ist: das Unbewusste. Was Freud über Funktionen, Antriebskräfte und Elemente des Traums mitteilt, ist Zünd- und Sprengstoff genug. Was er aber als Voraussetzung dafür definiert, ist der eigentliche Kern und Coup seiner Traumlehre.

Wie aber lässt sich diese Voraussetzung anschaulich machen? Wie darf man sich das Unbewusste vorstellen – dieses geniale, in Freuds Denksystem absolut notwendige und, betrachtet man den Gang der Kulturgeschichte, zugleich überfällige Konstrukt, das den orthodoxen Wiener Medizinern wie ein irritierendes Monstrum erschien und das sie so gern in den Bereich der Metaphysik zurückverbannt hätten? In welche Bilder lässt sich das »Ubw«, wie die Abkürzung für den neuen psychischen Kontinent lautet, übersetzen? Es verwundert nicht, dass Freud diesen auch für ihn noch weitgehend unerschlossenen Erdteil einmal mehr mit geschichtlich-archäologischen Kategorien zu erfassen und zu erläutern versucht: nämlich mit einer Modellskizze der »ewigen Stadt«, die die vielen Stufen und Vorformen ihrer Entwicklung nicht etwa verloren oder einfach abgestreift, sondern als architektonische »Einsprengungen« in das moderne Rom wunderbar erhalten habe.

»Nun machen wir die phantastische Annahme«, animiert der Seelenarchäologe Freud seine Leser, »Rom sei nicht eine menschliche

Wohnstätte, sondern ein psychisches Wesen von ähnlich langer und reichhaltiger Vergangenheit, in dem also nichts, was einmal zustande gekommen war, untergegangen ist, in dem neben der letzten Entwicklungsphase auch alle früheren noch fortbestehen.« Akribisch rekonstruiert er Paläste, Tempel, Burgen und Kirchen aus unterschiedlichen Epochen, um nach weiteren Ausführungen von stadtplanpräziser Genauigkeit zu bekennen: »Es hat offenbar keinen Sinn, diese Phantasie weiter auszuspinnen, sie führt zu Unvorstellbarem, ja zu Absurdem. Wenn wir das Historische nacheinander räumlich darstellen wollen, kann es nur durch ein Nebeneinander im Raum geschehen; derselbe Raum verträgt nicht zweierlei Ausfüllung. Unser Versuch hat nur eine Rechtfertigung: Er zeigt uns, wie weit wir davon entfernt sind, die Eigentümlichkeiten des seelischen Lebens durch anschauliche Darstellung zu bewältigen.«

Aber in der scheinbar resignativen Bilanz steckt eine revolutionäre Schlussfolgerung, auf die die ganze Metapher Rom zuläuft: Das Unbewusste ist »zeitlos« und entzieht sich damit radikal den Kategorien unseres Denkens. Es funktioniert nicht als geordnetes, gut organisiertes Archiv, sondern als dauerhafte Gegenwart aller Erfahrungen nebeneinander – ein Ozean aus Strömungen, die ohne Rücksicht auf Zeit und Realität der Lustgewinnung und der Unlustvermeidung unterworfen sind.

Mit der Festlegung auf die Psychologie des Unbewussten und ihre Anwendungen gelingt Freud ein radikaler Umbruch in der Wissenschaft, dessen Dimensionen sich allerdings erst langsam abzeichnen. Der erste Erfolg betrifft ihn selbst: Er fühlt festen Boden unter den Füßen, hat »sein Rätsel« gefunden und gelöst. Der neue Archipel ist betreten und mit der eigenen Flagge markiert. Nun kann er Schritt für Schritt die weiteren Bausteine des psychoanalytischen Ideensystems zusammentragen. Zunächst vertreibt er den Zufall – dem er schon beim Traum keinen Spielraum lässt – auch aus den alltäglichen Fehlleistungen des Verlierens, Verlegens, Vergessens, Versprechens und weist nach, wie auch hier das Unbewusste zum Vorschein, meist aber zum »Vorschwein« kommt – so das Verhängnis des Redners, der innerlich kocht, aber äußerlich Haltung bewahren will. Anschließend legt Freud eine ebenso vergnügliche wie hintersinnige Studie über den »Witz und seine Beziehung zum Unbewussten« (1905) vor.

All das sind virtuose Fingerübungen für das zweite große Modell, das zum theoretischen »Tafelsilber« der Psychoanalyse zählt: die Einteilung des psychischen Apparats in die drei Schichten Es, Ich und Über-Ich. Das Ich, im Idealfall die Lenkungs- und Führungsinstanz, bewohnt die mittlere, die Bewusstseinsebene. Das Es fungiert als Speicher und Fundus der unbewussten Inhalte, die teils ererbt, teils erworben sind, bildet somit das Hauptreservoir der psychischen Energie und steht deshalb im ständigen Konflikt mit den Instanzen Ich und Über-Ich. Das Über-Ich wiederum spielt die Rolle eines Richters oder Zensors, zu seinen Funktionen gehören das Gewissen und die Selbstbeobachtung. Mit dem Buch »Das Ich und das Es« (1923) schließt sich der Kreis zu Freuds Hauptwerk, der ein Vierteljahrhundert früher entstandenen »Traumdeutung«. Auch darin spielt die »Zensurschranke« eine entscheidende Rolle.

Träume – so Freuds unumstößliche Auffassung – haben einen Sinn. Dieser lässt sich entschlüsseln, denn die Fremdartigkeit, die oft bizarren, alltagsfernen, märchenhaft-alogischen Erscheinungsformen der Träume sind seiner Ansicht nach die Folge von Codierungen oder Entstellungen, die an ihrer ursprünglichen Gestalt vorgenommen wurden. Für diese Rückverwandlung des Traums, wie wir uns nach dem Erwachen an ihn erinnern, in jene Ursprungsform, die den Verfremdungen und Verschlüsselungen vorausgeht, entwirft Freud eine spezielle Methode des Dechiffrierens. Sie orientiert sich an einer Vermutung, die er seit langem hegt, aber wie das Grimm'sche Rumpelstilzchen – auf das er in einem Brief verweist – tief in sich verschlossen hat. Nach vielen Interpretationen eigener und fremder Träume ist daraus für ihn eine unabweisbare Tatsache geworden: Der Name des Rumpelstilzchens lautet »Wunscherfüllung«. Dies ist die geheime Mission der Träume, der Magier, aber auch der Hüter unseres Schlafs.

Die Geheimschrift des Traums, die es wieder lesbar zu machen gilt, ist ein Kompositum von nächtlichen Sinnesreizen (etwa einer Sirene oder heftigen Sturmböen), aktuellen Elementen (»Tagesresten«) aus dem Kurzzeitgedächtnis des Träumers und unbewussten (zumeist sexuellen) Wünschen oder Aggressionen, welche die wichtigste seelische Antriebskraft darstellen. Die Traumzensur, durch das abwehrstarke Ich mit weit reichenden Befugnissen ausgestattet, versperrt ihnen aber den Zugang zum Bewusstsein und unterdrückt somit ihre Inhalte. Der einzige Weg, diese Zollschranke zu passieren, ist die Verkleidung und Tarnung der brisanten Botschaften. Sie wird besorgt von der »Traumarbeit«, der eine Fülle von Kostümierungs-, Verfremdungs- und Verhüllungstechniken zur Verfügung stehen – bis hin zur Darstellung eines tabuisierten Traumdetails durch sein genaues Gegenteil.

Dechiffrierung und Deutung des Traums haben somit ein einziges Ziel: den Vorgang der Traumarbeit rückgängig zu machen. Damit lässt sich hinter den verzerrten Fassaden und den irreführenden Kulissen des »manifesten« (erinnerten) Traums das Versteck der »latenten« (originalen) Traum-, sprich: Triebimpulse ausfindig machen. Der Traum ist mithin, wie Freuds berühmte Formel lautet, der Königsweg, die *Via regia* zum Unbewussten.

Vielleicht ist es mehr als ein Zufall, dass die Freud'sche Entdeckung der Energien des Unbewussten zeitlich einhergeht mit der Entschlüsselung jener Kräfte, die im Atomkern vorhanden sind. Sowohl die Forschungsergebnisse auf der psychoanalytischen als auch die Erkenntnisse auf der physikalischen Seite sind der unmittelbaren Beobachtung nicht zugänglich und lassen sich nur durch abstrakte Modellkonstruktionen vermitteln. Hier wie dort gibt es ein Potenzial, das konstruktiv genutzt, aber auch destruktiven, zerstörerischen Zwecken zugeführt werden kann. Fließen beide Energiequellen in einem Rausch der Vernichtung zusammen, dann steht die Existenz der gesamten Menschheit auf dem Spiel.

In einer Fülle von Schriften und Briefen hat sich Freud mit dieser »Schicksalsfrage der Menschenart« auseinandergesetzt. In einer Art brieflicher Konferenz auf höchster Ebene tauschen schließlich im Sommer 1932 der Hüter des psychischen Feuers und Albert Einstein,

Bewacher des atomaren Feuers, ihre Gedanken aus. Insbesondere Freud bleibt skeptisch, was die intellektuelle Kontrolle oder die Um- und Ablenkung des menschlichen Aggressionstriebs durch die »andere der beiden himmlischen Mächte«, den »ewigen Eros«, angeht. Er ist im Zweifel, ob das bisher gewonnene Maß an »Kulturentwicklung« ausreicht, den Wolf im Menschen zu zähmen.

5.
VON WÖLFEN UND MENSCHEN

Nach jahrelanger Irrfahrt durch europäische Sanatorien und der kostspieligen, aber vergeblichen Konsultation medizinischer Kapazitäten in Moskau, Petersburg, Berlin und München betritt an einem Januartag des Jahres 1910 ein junger wohlhabender Russe die Arztpraxis in der Wiener Berggasse 19. Die Symptome seiner psychischen Störung haben ihn praktisch existenzunfähig gemacht. Der Psychoanalytiker Sigmund Freud, den er als seine letzte Hoffnung empfindet, sieht sich einem diffusen, depressiv gefärbten Krankheitsbild gegenüber, dessen Konturen erst im Verlauf einer vierjährigen Behandlung deutlicher hervortreten, als der Zusammenhang mit einer frühkindlichen Phobie, der Angst vor Wölfen, einsichtig wird.

Den Schlüssel zum Verständnis der infantilen Neurose liefert jener malerisch-bizarre Traum von hoch in einem Nussbaum sitzenden Wölfen, den der Patient schon bald nach Beginn der Analyse im Rahmen angsterfüllter Reminiszenzen an seine Kindheit erzählt:

»Ich habe geträumt, dass es Nacht ist und ich in meinem Bett liege (mein Bett stand mit dem Fußende gegen das Fenster, vor dem Fenster befand sich eine Reihe alter Nussbäume. Ich weiß, es war Winter, als ich träumte, und Nachtzeit). Plötzlich geht das Fenster von selbst auf, und ich sehe mit großem Schrecken, dass auf dem großen Nussbaum vor dem Fenster ein paar weiße Wölfe sitzen. Es waren

Wien, Berggasse 19: die »Heimatadresse« der Psychoanalyse.

sechs oder sieben Stück. Die Wölfe waren ganz weiß und sahen eher aus wie Füchse oder Schäferhunde, denn sie hatten große Schwänze wie Füchse und ihre Ohren waren aufgestellt wie bei den Hunden, wenn sie auf etwas passen. Unter großer Angst, offenbar, von den Wölfen aufgefressen zu werden, schrie ich auf und erwachte.«

In diesem Traum ist eine Fülle von Eindrücken aus den ersten Lebensjahren des Patienten enthalten: Erinnerungen an die Märchen der Gebrüder Grimm, die ihm »Nanja«, seine Kinderfrau, so oft vorgelesen hat, an Exkursionen zu den Schafherden auf dem riesigen Landbesitz des Vaters am Dnjepr, an Bilder von Fabeltieren, mit denen ihn die Schwester erschreckte. Freud aber entdeckt hinter der vordergründigen Szenerie, hinter den vielen Übermalungen, Überblendungen, Mehrfachbelichtungen von Bildern (auch ein Gymnasiallehrer des Kranken hieß Wolf), die die »Traumarbeit« bewerkstelligt hat, prekäre Informationen über das Verhältnis des Kranken zu den Erziehungspersonen, vor allem zu seinen Eltern. Für ihn trägt der Patient nun den Namen »Wolfsmann«. Seine Krankengeschichte, 1918 von Freud veröffentlicht und ein halbes Jahrhundert später von der New Yorker Psychoanalytikerin Muriel Gardiner mit reichhaltigen Ergänzungen dokumentiert, gehört zu den berühmtesten und meistdiskutierten Falldarstellungen der psychoanalytischen Literatur. Wer sie zur Hand nimmt, gerät in einen Sog, in ein Abenteuer des Lesens.

Das liegt zum einen an der romanhaft bunten Erlebniswelt des Wolfsmannes, der 1886 als Sohn eines reichen Großgrundbesitzers im zaristischen Russland geboren wurde und, versorgt von wechselnden Erzieherinnen, in einer exzentrischen Umgebung heranwuchs. Der Vater und dessen Geschwister, die wegen ihres turbulenten Wesens in der Familie »Die Brüder Karamasow« genannt wurden, die hypochondrische Mutter, die glänzend begabte Schwester Anna, die kaum zwanzigjährig Selbstmord begeht, sind nur einige der vielschichtigen Charaktere, die des Wolfsmannes Kindheit bevölkerten und zu seiner seelischen Mitgift wurden.

Zweitens liegt es daran, dass hier individuelle Krankengeschichte und daran geknüpfte Wissenschaftsgeschichte – wie in keinem anderen der vielen berühmten Fälle Freuds – zur Zeitgeschichte werden. Die in den Jahren vor dem Ersten Weltkrieg unternommenen luxuriösen Reisen durch das wilhelminische Deutschland, in das Österreich der Doppelmonarchie, zu den Treffpunkten der europäischen Aristokratie in Paris, London und Berlin, das Jurastudium in der Stadt Petersburg mit ihrem aufwendigen gesellschaftlichen Leben bilden die glanzvolle äußere Szenerie, vor der sich die innere Not des Wolfsmannes zum neurotischen Elend steigert. Ohne die Psychoanalyse, so wird dieser später in seinen »Erinnerungen« bekennen, wäre er zu lebenslangem Leid verurteilt gewesen.

Dritter Faktor für die legendäre Berühmtheit der Krankengeschichte des Wolfsmannes aber ist die psychoanalytische »Kur« – wie sie Freud damals noch nannte – selbst und ihre akribische Mitschrift durch den Erfinder der Psychoanalyse. Wie der Leiter einer polizeilichen Sonderkommission, die ein mysteriöses Verbrechen aufklären soll, verfolgt und notiert Freud jede Spur und jedes Indiz, das er findet. Er ist auf der Höhe seiner Deutungskunst und fühlt sich durch eine Fallgeschichte herausgefordert, die fast keines der seelischen Phänomene, welche die Psychoanalyse bis dato ans Licht gehoben hat, ausschließt.

Nicht minder eindrucksvoll als die Schlussfolgerungen des Analytikers sind allerdings die Aufzeichnungen des Wolfsmannes selbst. Es ist faszinierend zu beobachten, wie eine kranke Persönlichkeit – chaotischen Zeiten und familiären Katastrophen zum Trotz – sich zu organisieren beginnt und ein Protokoll anfertigt, das als Selbstbild gemeint ist und doch auch die Züge der gelebten Epoche trägt.

Für Sigmund Freud war die Lebensgeschichte des Wolfsmannes der Auftakt zur lebenslangen Beschäftigung mit einem anderen, einem wirklichen Raubtier: mit dem »Wolf im Menschen«. Denn der Wolf, dem der in einem Rangeskampf unterliegende Artgenosse die Halsschlagader darbietet – jene Stelle, an welcher Wölfe bei der Beutejagd tödlich zubeißen –, erfährt in diesem Augenblick eine Tötungshemmung: Der »Verlierer« kann entfliehen, aber das Rangverhältnis ist damit wiederhergestellt. Beim Menschen fehlt diese Sicherheit der

Instinkte, die die Schonung der eigenen Art garantiert. An die Stelle der angeborenen, vererbten Trieb- und Instinktrituale müssen soziale Regeln, Gewohnheiten, Gesetze, Tabus treten. Die Bezeichnung »Homo homini lupus« ist demnach unzutreffend, weil sie den Wolf dämonisiert. Die Tötungshemmung, die beim Wolf die Schonung seines Artgenossen erzwingt, kann beim Menschen leicht außer Kraft gesetzt werden.

Die Möglichkeiten, diese Triebansprüche zu bändigen, hat Freud mit Skepsis betrachtet. Die »Kultureignung« des Menschen war für ihn keine Selbstverständlichkeit, sondern eine nur mühsam, durch Ich-Kontrolle, Verzicht, Erziehung und Gewissensbildung zu erzielende Ordnung. Wirksam und erfolgreich durch die ganze Geschichte hindurch sah Freud zwei polare Triebtendenzen: auf der einen Seite den Eros, die Sexualität im weitesten Sinne, und auf der anderen Seite die Aggressionstriebe, deren Ziel auf Destruktion, Zerstörung gerichtet ist. Immer wieder, so Freud, habe der Aggressionstrieb seine Macht unter Beweis gestellt und es sei ein Irrtum zu glauben, dass sich dieses Potenzial seit dem Mittelalter, das uns mit seinen Folterkammern und Hexenprozessen als besonders versessen auf Grausamkeit erscheine, wesentlich verringert habe. Alexander Mitscherlich, der – zusammen mit seiner Frau Margarete – als einer der kundigsten Freud-Interpreten gelten darf, hat es so ausgedrückt: »Einsichten, die sich auf die menschliche Triebnatur selbst bezogen, die Selbsterkenntnis, die großen Erleuchtungen über die menschliche Existenz, die erhabensten Gesetzessammlungen sind immer wieder tiefer vom Staub der Geschichte verschüttet worden als die tiefsten Schichten, die der archäologische Spaten stößt. Eine dauerhafte Bändigung der Triebnatur des Menschen ist ihnen nicht gelungen.«

Die große Debatte über die psychische Bereitschaft der Deutschen, sich auf den Zweiten Weltkrieg einzulassen, und über ihre Bemühungen, die seelischen Folgen dieses Krieges zu verdrängen – angestoßen durch Alexander Mitscherlichs Buch »Die Unfähigkeit zu trauern« aus dem Jahr 1967 –, ist schon lange wieder abgeebbt. Viele Konflikt-

und Friedensforschungsinstitute sind inzwischen geschlossen worden. Auch auf internationaler Ebene besteht ein unheilvoller Konsens darüber, dass Kriege und Konflikte vermeintlich nach rationalen, d. h. politisch und ökonomisch begründeten »Sachzwängen« entstehen und mit der aggressiven Triebstruktur des Menschen nichts zu tun haben. Verdrängung und Verklärung, also Abwehr und Verleugnung der destruktiven Kräfte, bei gleichzeitiger Idealisierung und Beschönigung menschlicher Handlungsmotive haben ihre Dominanz einmal mehr unter Beweis gestellt.

Sigmund Freud hat uns zur Introspektion, zur »seelischen Inspektion«, zur Gewissensschärfung eingeladen. Die Chance, seiner Einladung zu folgen, wird kleiner, je mehr aggressiv aufgeladene Ideologien in der Welt um sich greifen.

6.
ÖDIPUS, HAMLET UND DAS WELTTHEATER DER SEELE

Der Weg zur Erfindung und Modellierung der Psychoanalyse war ein Prozess der Provokation, ein Akt der Gratwanderung. Freuds unbeirrbares Credo, zu den bisher verdeckten Wurzeln seelischer Krankheiten vorzustoßen, ist im ganz ursprünglichen Sinn radikal und verletzt kontinuierlich kleine und große Tabus. Der Forscher wendet jeden Stein um, der in sein Blickfeld gerät, und das, was darunter hervorkriecht, ist sowohl für die konventionelle Wissenschaftsgemeinde als auch für eine noch immer auf starre moralische Spielregeln festgelegte Gesellschaft irritierend, störend und von daher in keiner Weise willkommen.

Freud war sich der Brisanz und des gesellschaftlich Anstößigen seiner Erkenntnisse schon frühzeitig bewusst. Er hat die Reaktionen der

Gesellschaft, die Grenzüberschreitung mit Ausgrenzung beantwortete, bereits zu Beginn seiner Karriere erleben müssen, und im Bewusstsein wachsender Bedrohungen hat er auch in der Spätphase seines Lebens sein Schicksal aktiv in die Hand genommen. Wäre er 1938 nicht nach England geflohen, hätte man ihn sehr wahrscheinlich umgebracht. Den geistigen Mord, das Einstampfen seiner Werke und das Druckverbot, hat er jedenfalls noch real erfahren. Die Parole, unter der seine Bücher 1933 in Berlin ins Feuer geworfen wurden, lautete: »Gegen die seelenzerstörende Überschätzung des Sexuallebens – und für den Adel der menschlichen Seele übergebe ich den Flammen die Schriften eines gewissen Sigmund Freud!«

Am allerwenigsten durfte der Begründer der Psychoanalyse dort auf Verständnis hoffen, wo er den »Adel«, die geheiligte Schutzzone, die selige Unschuld des Kindseins störte. Dass die *Vita sexualis* im Zusammenhang mit bestimmten Krankheiten nicht ganz irrelevant war, hatte sich unter den Psychiatern seiner Zeit mittlerweile herumgesprochen. Und vor allem wenn es dabei um das männliche Triebleben ging, durfte sich der Patient zumindest auf Ratschläge aus der Vorratskammer kameradschaftlicher Ermutigung durchaus verlassen. Frauen hingegen stießen in solchen Fragen nach wie vor auf eine Sphäre der Sprachlosigkeit, hinter der nicht nur Inkompetenz, sondern auch der traditionelle Herrschaftsanspruch einer männlich geprägten Medizin steckten, aus deren Dunstkreis sich auch die Psychoanalyse nur allmählich befreite.

Erst recht mit Empörung, Wut und Abscheu reagierte nun die Öffentlichkeit, als Freud die angeblich so herzensreine und unbefleckte Kinderseele mit massiven Triebkräften, eindeutig sexuell geprägten Entwicklungsphasen, speziellen erogenen Körperzonen und gezielt auf Lustgewinn gerichteten Motiven ausstattete. Das Kind als quasi »polymorph pervers« – nun hatte sich bestätigt, dass die Psychoanalyse vor nichts Halt machte und auch das Unbefleckteste in den Schmutz zog!

Wie gern wäre man bei der noch heute verbreiteten Meinung geblieben, die menschliche Sexualität erwache ganz plötzlich, wie nach einem langen unschuldigen Dornröschenschlaf, erst in der Pubertät.

Freuds Londoner Arbeitszimmer in Maresfield Gardens.

Freud aber gewährte eine solche sexuelle Ruhe oder, wie er es nannte, »Latenzphase« nur als Intermezzo vom sechsten bis zum zwölften Lebensjahr. Davor aber konstatierte er eine »pulsierende Sexualität«, die im ersten Lebensjahr auf das Saugen und Lutschen (orale Phase), im zweiten und dritten Lebensjahr auf die Zurückhaltung bzw. Entleerung des Kots (anale Phase) und vom vierten bis zum sechsten Lebensjahr auf die Genitalien gerichtet ist, die jetzt die führende Rolle übernehmen. Störungen, Rückschläge und Konflikte innerhalb dieser Lebenszyklen können zu so genannten »Fixierungen« führen. Der Entwicklungsstand wird quasi eingefroren. Das Zerrbild des »analen Charakters«, der zwanghafte Sauberkeit mit notorischem Ordnungswahn und rigider Sparsamkeit verbindet, ist immer wieder benutzt worden, um Freuds Denken der Klischeehaftigkeit zu bezichtigen. Gleichwohl kann dieser selbst keineswegs als ausgestorben gelten, sondern erfreut sich, in vielen Schattierungen und Abstufungen, bester Gesundheit.

Das ultimative Skandalon aber hatte Freud bereits in seiner »Traumdeutung« herausgearbeitet: die herausragende Rolle der an die Eltern gerichteten Todes- und Inzestwünsche für die seelische Entwicklung des Kindes. Damit hatte er erstmals ein Beziehungsnetz zu beschreiben versucht, das insgesamt für die Psychoanalyse von zentraler Bedeutung werden sollte, oft sogar mit der Freud'schen Lehre schlechthin gleichgesetzt worden ist. Es handelt sich um den berühmt-berüchtigten »Ödipus-Komplex«.

Verliebtheit gegen den einen, Hass gegen den anderen Teil des Elternpaares, so führt Freud im fünften Kapitel der »Traumdeutung« aus, seien der Kernpunkt, eine Art Keimzelle für die Symptomatik der späteren Neurose. Allerdings sei es ein Irrtum anzunehmen, dass die Psychoneurotiker sich hierin von allen anderen, mit dem Attribut »normal« geadelten Menschen unterschieden. Bei weitem wahrscheinlicher sei es, »dass sie auch mit diesen verliebten und feindseligen Wünschen gegen ihre Eltern uns nur durch die Vergrößerung kenntlich machen, was minder deutlich und weniger intensiv in der Seele der meisten Kinder vorgeht«.

Als wolle er das Wagnis dieser Schlussfolgerung, sowohl was die Dominanz der auf die Eltern gerichteten kindlichen Triebwünsche, die er zum »eisernen Bestand« des Seelischen rechnet, als auch was die prinzipielle Gleichstellung des Normalbürgers und des Neurotikers angeht, durch eine quasi objektive, mit besonderer geistiger Autorität versehene Instanz mildern und beglaubigen, begibt sich Freud nun auf die absoluten Gipfel der Weltliteratur. Diesem Weg nachzuspüren ist nicht nur verführerisch, sondern auch erkenntnisträchtig, weil er sich gewissermaßen Schritt für Schritt, auf einem steilen Pfad der Interpretation, zu seinen Erkenntniszielen vorkämpfte.

Erneut und zuallererst ist es Freud zufolge die Kultur der Griechen, die klassische Antike, die Licht in das Land der Seele trägt und auch dort etwas zutiefst Archaisches, eine Art Grundgesetz der psychischen Entwicklung vermuten lässt: »Ich meine die Sage vom König Ödipus und das gleichnamige Drama des Sophokles.« Der Königssohn Ödipus aus Theben – so die Überlieferung – wurde als Säugling von seinen Eltern ausgesetzt, weil seinem Vater Laios prophezeit worden war, sein Sohn werde ihn erschlagen. Das Kind wurde jedoch gerettet, tötete als Erwachsener unwissentlich seinen

Vater und heiratete tatsächlich seine Mutter Iokaste – die Prophezeiung war erfüllt. Das Stück des Sophokles, so Freuds überzeugender Ausgangspunkt, könne nicht von so »durchgreifender und allgemeingültiger Wirksamkeit« sein, wenn nicht in uns, im Menschen, seit alters her eine gleichgestimmte seelische Struktur vorhanden sei und echogleich darauf antworte. In der ihm eigenen plastischen Prosa schildert er den dramatischen Bezug, der die archaische Tragödie mit dem Seelenleben auch des modernen Menschen verknüpft und Ödipus zu unserem eigenen Schatten macht:

»Sein Schicksal ergreift uns nur darum, weil es auch das unsrige hätte werden können, weil das Orakel vor unserer Geburt denselben Fluch über uns verhängt hat wie über ihn. Uns allen vielleicht war es beschieden, die erste sexuelle Regung auf die Mutter, den ersten Hass und gewalttätigen Wunsch gegen den Vater zu richten; unsere Träume überzeugen uns davon. König Ödipus, der seinen Vater Laios erschlagen und seine Mutter Iokaste geheiratet hat, ist nur die Wunscherfüllung unserer Kindheit. Aber glücklicher als er, ist es uns seitdem, insofern wir nicht Psychoneurotiker geworden sind, gelungen, unsere sexuellen Regungen von unseren Müttern abzulösen, unsere Eifersucht gegen unsere Väter zu vergessen. Vor der Person, an welcher sich jener urzeitliche Kindheitswunsch erfüllt hat, schaudern wir zurück mit dem ganzen Betrag der Verdrängung, welche diese Wünsche in unserem Innern seither erlitten haben. Während der Dichter in jener Untersuchung die Schuld des Ödipus ans Licht bringt, nötigt er uns zur Erkenntnis unseres eigenen Innern, in dem jene Impulse, wenn auch unterdrückt, noch immer vorhanden sind.«

Die eigentliche Wirkung des griechischen Dramas liegt also darin, dass der Zuschauer gewissermaßen von dessen heilsamen Folgen profitiert, die zugrunde liegenden Konflikte aber nicht mehr selbst durchleben muss. Die Bühne des Theaters wird – dank der stellvertretenden Rolle des Ödipus – zur Bühne der Seele, die eine emotionale Erschütterung erlebt, ohne dass die das Geschehen steuernden Wünsche dem Zuschauer noch einmal quälend als die eigenen bewusst werden.

Um eben diese Wünsche geht es Freud, und mit den Ergebnissen seiner eigenwillig-schlüssigen Ödipus-Analyse hat er genügend sicheres Terrain gewonnen, um sie als Grundkonstanten in seiner Lehre zu verankern. Denn sie steuern die so genannten Objektbeziehungen in der Lebensperiode zwischen drei und sechs Jahren, in jenem Abschnitt also, der als »phallische« oder notabene als »ödipale« Phase bezeichnet wird. Das kindliche Ich beginnt jetzt zwischen dem eigenen Selbst und den Objekten bzw. Personen in seiner Umgebung zu unterscheiden. Es geht emotionale Bindungen ein, die einen Sturm von Leidenschaften nach sich ziehen und über seine zukünftige Entwicklung entscheiden können. Diese ersten »Liebesabenteuer« des Kindes, seine sexuellen Wünsche gegenüber dem Elternteil des anderen Geschlechts, die Triebimpulse der Eifersucht und der mörderischen Wut gegen den Elternteil (oder die Geschwister) des eigenen Geschlechts, die damit zusammenhängenden, später ins Unbewusste verdrängten Konflikte sowie die erfolgreichen oder problematischen Identifizierungsprozesse mit dem vorher »bekämpften« Elternteil, die die Überwindung des Ödipus-Komplexes kennzeichnen, können das ganze weitere Leben bestimmen oder beeinflussen.

Um dieses universelle Geschehen auf der Bühne der Seele angemessen zu würdigen, kommt Freud auf ein zweites kapitales Drama der Weltgeschichte zu sprechen, das für ihn – jenseits der Ausnahmestellung des »König Ödipus« – *das* Drama schlechthin, *das* literarische Opus überhaupt darstellt und auf das er auch in späteren Studien immer wieder zurückgreift. Es handelt sich um Shakespeares »Hamlet«.

Der Schweizer Literaturwissenschaftler Peter von Matt hat das Kernproblem der »Hamlet«-Interpretation, in das sich Freud nun selbstbewusst einklinkt, wunderbar lakonisch auf den Punkt gebracht: »Warum geht Hamlet nicht einfach hin und schlägt den Onkel tot, der ihm den Vater ermordet hat und jetzt mit seiner Mutter schläft? Das wäre innerhalb des Stückes landesüblich und standesüblich und würde von jedermann wohlwollend zur Kenntnis genommen.« Aber eben dies tut Hamlet nicht und ist deshalb als der Prototyp des ewig Zögerlichen, des Kunktators, des von Zweifeln zerfressenen Melancholikers in die Literaturgeschichte eingegangen. Dass er aber sehr wohl zur Tat schreiten kann, dass er den Lauscher hinter der Tapete ersticht, Ophelia in den Wahnsinn treibt und zwei Höflinge in den sicheren Tod schickt, dass er also höchstens im speziellen, nicht aber im allgemeinen Sinn handlungsunfähig ist, scheint nicht sehr vielen Interpreten aufgefallen zu sein.

Und so legt Freud als der präzise, an der Kultur des 19. Jahrhunderts geschulte Leser den Finger in diese wunde Stelle fast aller Erklärungen des Stückes und erhebt den Anspruch, er habe den gordischen Knoten der »Hamlet«-Deutungen gelöst. Shakespeares zögerlicher Held, so Freud, sei im Prinzip zu allem fähig, nur *eines* könne er nicht: nämlich die Rache an jenem Mann vollziehen, der seinen Vater beseitigt und bei seiner Mutter dessen Stelle eingenommen hat. König Claudius, so darf man schlussfolgern, ist Hamlet quasi zuvorgekommen. Er hat getan, was als drängender, aber unbewusster Wunsch noch in Hamlet schlummert und nur als dumpfe Ahnung bereits vorhanden ist: Wenn er den Onkel umbringt, müsste er eigentlich auch sich selbst töten, weil er dessen Motiv als »zeitlose Erfahrung« in sich trägt. Der berühmte Selbstmord-Monolog fügt sich vorzüglich in diese Interpretation ein.

Freud hat immer davon geträumt, dass die exakten Naturwissenschaften, wenn sie einmal die Höhe ihrer Möglichkeiten erreicht hätten, seine eher intuitiv gewonnenen Einsichten bestätigen würden. Darin war er ein Kind des fortschrittsgläubigen (späten) 19. Jahrhunderts. Zugleich aber – und erst beides zusammen macht sein Werk so faszinierend – setzte er auf das, was bereits zum Menschheitsgedächtnis, zum kulturellen Erkenntnisbestand gehört. Dessen Substanz herauszuarbeiten und zu sichern, aber auch für sich in Anspruch zu nehmen – nicht als Bildungsballast, sondern als konkrete Nutzanwendung –, gehört untrennbar zu seinem Selbstverständnis und seinen Arbeitsmethoden. In diesem Sinn schöpft er auch aus dem Kanon der Weltliteratur – nicht um seine Thesen zu beweisen, sondern weil sie, die Literatur, des Beweises nicht bedarf.

Fazit seiner »Ödipus«- und »Hamlet«-Analyse: Beide Werke stimmen im Kern überein, weil sie das ewige Drama der menschlichen Psyche abbilden, den von furchtbaren Tabus gebrochenen Wunsch, den Vater zu töten und die Mutter zu erobern. Dies mache ihr Echo in der Kulturgeschichte aus. Der spezifische Unterschied aber liegt darin: Im »Ödipus« werde die zugrunde liegende Wunschphantasie des Kindes wie »im Traum ans Licht gezogen und realisiert«, im »Hamlet« dagegen bleibe »sie verdrängt und wir erfahren von ihrer Existenz – dem Sachverhalt bei einer Neurose ähnlich – nur durch die von ihr ausgehenden Hemmungswirkungen.«

So wie die meisten Mütter die Aggressionen ihrer Töchter und die meisten Väter die Todeswünsche ihrer Söhne überleben, hat auch der Ödipus-Komplex das erste Jahrhundert seit seiner Formulierung überstanden. Das liegt darin begründet, dass er – wie die Psychoanalyse insgesamt – ein »offenes Modell« ist, ein tragfähiges, aber letztlich unfertiges Haus, das Nebenräume, Modifizierungen und Renovierungen nicht nur aushält, sondern gewissermaßen auch einfordert. Aus dem Kreis der Psychoanalytiker selbst kamen plausible Hinweise, die die Dynamik der ersten großen Dreiecksgeschichte des Menschen sowohl ein Stück nach vorn, also in die ganz frühe Lebensphase, als auch in die eruptive Zeit der Pubertät verlagert sehen möchten. Auch müsse die aktive Rolle der Eltern, die Freud nach Verabschiedung seiner »Verführungstheorie« – viele seiner früheren Patienten hatten sich als Opfer sexueller Übergriffe in der Familie dargestellt – eher vernachlässigt hatte, in die Betrachtung einbezogen werden – bis hin zu der Möglichkeit, dass das Ödipus-Geschehen auch in umgekehrter Richtung ablaufen könne.

Zahlreichen klinischen Fallstudien, die für den Ödipus-Komplex sprechen, stehen wissenschaftstheoretische, evolutionsbiologische und entwicklungspsychologische Ansätze der Kritik gegenüber. Bei vielen Kritikern hat man allerdings das Gefühl, dass sie das Geschehen selbst – jenseits des Freud'schen Entdeckerpathos – sehr wohl als relevant empfinden, den Geburtshelfer Ödipus aber loswerden möchten. Gänzlich unbestritten bleibt das Verdienst der Psychoanalyse, die seelischen Weichenstellungen, die sich schon in der Kindheit vollziehen, aber häufig – ins Unbewusste verdrängt – das ganze Leben beeinflussen, erstmals in ganzer Tragweite dargestellt zu haben. Dass Freud dabei einige Schneisen zu martialisch geschlagen, einige Wegweiser zu grell beschriftet hat, gehört zur Kreditwürdigkeit jener, die die *Terra incognita* durchschritten und nach neuen Denkpfaden gesucht haben.

7.
SESAM, ÖFFNE DICH!

Das weltweite Echo auf die Ideen Sigmund Freuds ist von der Wirkung seiner Persönlichkeit nicht zu trennen. Sein Sendungsbewusstsein war spürbar, aber von Bescheidenheit verdeckt, seine Charakterstärke offensichtlich. Als Psychotherapeut beeindruckte er nicht nur durch Scharfsinn und Beobachtungsgabe, sondern vor allem durch eine unendliche Geduld, die es ihm ermöglichte, sich jahrelang in seine Patienten zu vertiefen, immer offen für neue Einflüsse, für neue Erkenntnisse, dabei wachsam und fähig, auch das Entlegenste zu kombinieren und zusammenzufügen. Patienten und Schüler berichten zudem über seinen Humor und eine beachtliche Ausstattung an Güte, die sich sogar in der Bereitschaft zeigte, Honorare den finanziellen Verhältnissen der Analysanden anzupassen.

Aus nicht wenigen dieser Analysanden wurden wiederum Analytiker, und Freud trug auch durch seine Auslandsreisen – insbesondere einen Amerikaaufenthalt im August/September 1909 – zur Verbreitung der Psychoanalyse bei, die sich allmählich in Form von Gremien, Gesellschaften und Kongressen organisierte.

Dass Abspaltungen und Zerwürfnisse angesichts der Komplexität und der gesellschaftlichen Brisanz psychoanalytischer Themen nicht ausbleiben konnten, liegt auf der Hand. Betrachtet man sie aus dem Abstand eines Jahrhunderts, so lassen sich jenseits der persönlichen Konflikte notwendige »Zellteilungen« erkennen. Dies gilt für Alfred

Adlers Leitidee einer körperlich-organischen Minderwertigkeit als Quelle psychischer Störungen ebenso wie für das »kollektive Unbewusste« von Carl Gustav Jung, das von so genannten Archetypen – Urbildern seelischer Reifungsmöglichkeiten – bestimmt wird. Angesichts solcher Verzweigungen, die nicht in Zersplitterungen mündeten, musste es den Kritikern der neuen Seelenkunde – etwa Karl Kraus, der die Psychoanalyse als die Krankheit bezeichnete, für deren Therapie sie sich halte – in der Tat so vorkommen, als breite sich eine gefährliche Seuche mit hohem Ansteckungspotenzial schnell über die Welt aus.

Die große Wirkung der psychoanalytischen Revolution, die Sigmund Freud ins Werk setzte, wäre sicher nicht möglich gewesen ohne die Ausstrahlungskraft seiner Sprache. Als tauche er seine Feder tief in jenes »tintenklecksende Säkulum«, das Schiller in seinen »Räubern« so karikierte und dem er doch wie viele seiner schreibenden Kollegen eine unerhörte Sprachgewalt verlieh; als habe er den literarischen Reichtum des Jahrhunderts, dem er entstammte, jederzeit zur Verfügung – so hob Freud seine wissenschaftliche Prosa souverän und scheinbar mühelos auf das Niveau dichterischer Ausdruckskunst, nicht nur in seinen großen Essays, sondern auch in den zahlreichen Skizzen und Miniaturen. Dass das Wien der Jahrhundertwende jenseits der trockenen akademischen Sphären selbst ein ideales geistiges Biotop war, das den Aufbruch in die Moderne mit vielen künstlerischen Signalen begleitete, mag Freuds Sprachkunst befördert und beflügelt haben. Zumal die Schriftsteller um ihn herum auch die Symptome seiner Forschungen artikulierten: Seelenpein, sexuelle Obsessionen, Identitätskrisen, Weltekel, Ich-Verluste, Sprachzerstörung.

Sigmund Freud jedenfalls hätte jenseits seiner Verdienste als Wissenschaftler und Friedensforscher gewiss auch einen Nobelpreis für Sprache verdient. Sein Stil, geschult an der Lektüre deutscher Klassiker, am Studium lateinischer und griechischer Originaltexte, ist ebenso präzise wie formvollendet, konzentriert auf das Notwendige und Substanzielle, frei von Schnörkeln und Posen. Das Sprachschöp-

Sigmud Freud und seine Enkelin Eve .

ferische, die Kreation eigener Termini für neu entdeckte Phänomene, und das Sprachprägende, die selbstverständliche Neudefinition und Verbuchung bereits vorliegender Begriffe auf das Konto der neuen Wissenschaft, der Reichtum des Wortschatzes und der elegante Sprachfluss seiner Prosa ergänzen sich zu einer Vollkommenheit, die schon nach den frühen Veröffentlichungen dazu führt, dass Freud sich künftig von Meistern der Sprache umgeben sieht.

So wird ihm Thomas Mann zeitlebens die Treue halten, dankbar für einen neuen Humanismus, den er um das Begreifen der »Mächte der Tiefe« bereichert sah. Stefan Zweig, der Freud noch im Juli seines Todesjahres zusammen mit Salvador Dalí besuchte, hält am 26. September 1939 im Krematorium Golder's Green auf ihn die Trauerrede. Drei Tage zuvor war Freud infolge einer Morphiuminjektion seines »Leibarztes« und langjährigen Vertrauten Max Schur ins Koma gefallen und kurz darauf gestorben.

Mehr als dreißig Krebsoperationen hatte er seit 1923, als erstmals eine Geschwulst im Gaumen aufgetreten war, stoisch und mit einem Minimum an Klage über sich ergehen lassen. Dass es – Schillers Wort zufolge – der Geist ist, der sich den Körper baut, trifft nicht nur auf den Dichter selbst, sondern in hohem Maß auch auf Freud zu.

»Schläft ein Lied in allen Dingen,
die da träumen fort und fort,
und die Welt hebt an zu singen,
triffst du nur das Zauberwort.«

In der Literatur, ohne die Freuds Werke nicht denkbar wären, speziell aber in der romantischen Poesie und erst recht im Märchen, dem die Psychoanalyse bis hin zum Kanon ihrer Traumsymbole so viel verdankt, spielt die Sprache, spielen Sprüche, Schlüssel- und Losungsworte eine entscheidende Rolle. Wer das »Zauberwort« verfehlt, verfehlt auch den Schatz und verliert nicht selten sogar sein Leben. Das passgenaue »Sesam, öffne dich!« ist nicht durch eine andere beliebige Wortkombination zu ersetzen.

Freud war, nach manchen Weg- und Vorbereitern, der Erste, der die richtigen Kombinationen gefunden hat, um den Tresor der Seele zu öffnen. Der Psychoanalytiker heilt – so unangemessen feierlich es auch klingen mag – durch das Wort. Die Sprache ist das Medium der seelischen Gesundung. Und sie ist auch die entscheidende Qualität des Bewusstseins. Das Unbewusste ist analphabetisch, vorsprachlich organisiert, es braucht sich um Logik, auch um die Logik des Widerspruchs, nicht zu kümmern. Vor allem das Nein ist ihm unbekannt. Erst auf dem Weg über die Sprache kann das Unbewusste bewusst werden. Und was wären wir, davon ganz abgesehen, ohne die schöne, schillernde Wortpalette, die Freud uns hinterlassen hat: ohne »Verdrängung« und »Widerstand«, »Über-Ich« und »Krankheitsgewinn«, ohne »Sublimierung«, »Libido«, »Deckerinnerung« oder »Urszene«?

Aber Freud wusste auch, dass die Sprache nicht alles ist. Vor allem müsse der Patient die Worte wiederfinden, dem Strom der Assoziationen, dem er sich getreu der analytischen Grundregel überlassen soll, eine Stimme geben. Der Analytiker, der aus dem zurückhaltenden Zustand der berühmten »frei schwebenden Aufmerksamkeit« herausfällt, die Freud für ihn vorgesehen hat, und zum Souffleur der heilenden Zauberworte wird, hat seinen Beruf verfehlt und therapeutischen Diebstahl begangen.

Nicht zuletzt reicht es nicht aus, über vergangene Konflikte nur zu sprechen, zumal die entscheidenden konflikthaften oder traumatisierenden Beziehungen dem Patienten gerade nicht oder nicht mehr bewusst sind. Nur indem diese Beziehungen auf den Analytiker übertragen und im Hier und Jetzt neu erlebt werden können, gelingt die Veränderung. Schon im Bannkreis Charcots hatte Freud beobachtet, dass zwischen Arzt und Patient ein geradezu »magnetisches« Verhältnis entstehen kann. Ab 1912 hat er diesen Faktor als Konstante seiner Lehre weiterentwickelt. Seither steht das »Prinzip der Übertragung« für die exemplarische Möglichkeit der Analyse, längst vergangene Beziehungserfahrungen in der Gegenwart mit allen begleitenden Affekten wiederzubeleben.

8.
EPILOG:
IM GARTEN DES MENSCHLICHEN

Sigmund Freud, klassischen Wurzeln verbunden, ist längst selbst ein Klassiker. Ob Literaturwissenschaft oder Theologie, ob klinische Praxis oder naturwissenschaftliche Forschung – an den Postulaten und erst recht an den heilsamen Provokationen seiner Lehre kommt niemand vorbei. Die Kunst und das Kino hat er ohnehin wie kein anderer Denker des 20. – seines – Jahrhunderts beeinflusst.

Dass anlässlich seines 150. Geburtstages am 6. Mai 2006 auch die kleinen und größeren Peinlichkeiten in Freuds Gesamtwerk mal genüsslich, mal genierlich aufgelistet wurden, gehört zur Bilanzierung, verstellt aber den Blick sowohl für die vielen noch unausgeschöpften Lichtquellen im Freud'schen Universum als auch für die raschen Korrekturarbeiten seiner »Erben«. Mit dem beherzten Auftritt seiner Schülerin Karen Horney beim Internationalen Psychoanalytischen Kongress in Berlin 1922 – Freud selbst führte den Vorsitz – war das »Penisneid«-Konstrukt vom Tisch und das fatale Dogma einer »Minderwertigkeit der Frau« im Prinzip aus der Welt. Das emanzipatorische Potenzial der Psychoanalyse war auch für den weiblichen Teil seiner Anhängerschaft – von Lou Andreas-Salomé bis Prinzessin Marie Bonaparte – zu offensichtlich. Insbesondere die refrainartige Erinnerung an bestimmte alte Zöpfe, die bereits abgeschnitten worden waren, hat allerdings dazu geführt, dass die Kritik an Freuds Psychoanalyse im historischen Verlauf, aber auch in der aktuellen Reflexion wesentlich uninteressanter geblieben ist als die »Kritik der Kritik«. Letztere kommt derzeit vor allem aus dem Bereich der Neurobiologie und der Gedächtnisforschung, die sich mit unterschiedlichen Experimenten und Testprogrammen auf die These zubewegen, dass erfolgreiche Psychotherapien auch Veränderungen im Gehirn bewirken können.

Dass die Therapie von Neurosen die Struktur unserer Neuronen verändern kann, dass erfolgreiche Psychoanalyse auch anatomische Mechanismen beeinflusst – von solchen Annäherungen war Freud überzeugt. Ganz und gar nicht überzeugt war er hingegen von seinen eigenen Beiträgen zur Psyche der Frau. Selbstkritisch und fast resignativ bezeichnete er sie als den »dark continent«, zu dessen Erforschung er nicht wesentlich habe beitragen können. So wandte er sich stattdessen am Ende seines Lebens den großen Mythen und der Religion zu. Und betrieb auch dort, was seine ureigene Sache war: Desillusionierung. Etwa mit dem unmissverständlichen Hinweis darauf, dass Kultur ohne Triebverzicht nicht möglich sei, oder mit der Aufforderung, das »Lustprinzip« anzuerkennen, aber nach dem »Realitätsprinzip« zu leben.

Er selbst hat es vorgemacht (ohne sich jemals in einer solchen Rolle zu fühlen): durch einen maßvollen Lebensstil, der intensive Arbeit bis

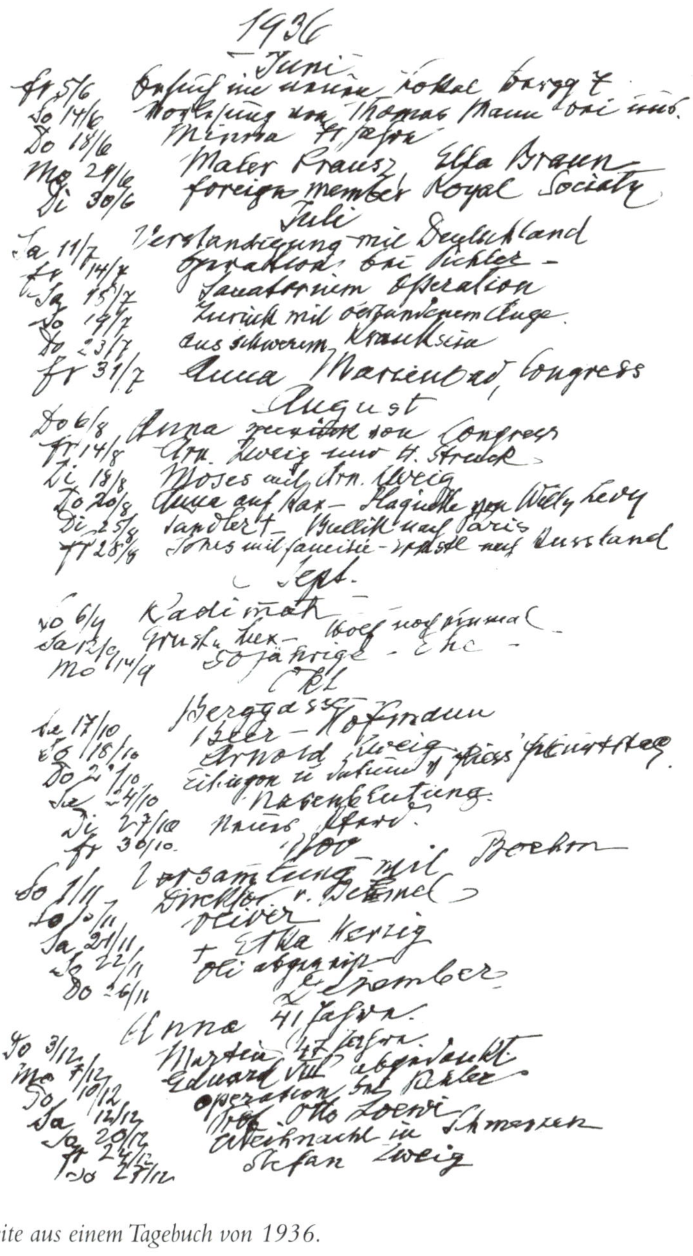

Seite aus einem Tagebuch von 1936.

spät in die Nacht mit einer warmherzigen Aufmerksamkeit für die große Familie um ihn herum verband. Mittel- und Bezugspunkt dieser Familie war zweifellos Freud selbst. Dass aber den vielen Besuchern das bewegte Leben in der Berggasse 19 »wie ein Spiel« vorkam, dass der komplette Haushalt »wie auf Rädern« lief, lag an Martha Freud, die eine ausgesprochen sanfte Zentralregie walten ließ, in der sich die sechs Kinder und die diversen Hausangestellten gut aufgehoben fühlten. Paula Fichtl, die 1929 als Hausmädchen zu den Freuds kam, blieb der Familie ein halbes Jahrhundert verbunden – bis zum Tod Anna Freuds, die als Einzige aus der Geschwisterreihe die psychoanalytische Arbeit ihres Vaters fortführte und 1982 in London starb.

Die aufgeräumt-gelassene, von keinerlei Betriebsamkeit geprägte Atmosphäre des Hauses beeindruckte Fremde und Freunde, Kollegen und Patienten, berühmte und namenlose Gäste gleichermaßen. Selbst das Diktat der Uhr, dem insbesondere Freud unterworfen war, hatte seine entspannten Seiten. So oblag die Zeitmessung weitgehend dem Familienhund, der während der Analysesitzungen regelmäßig zu Freuds Füßen lag. Erhob sich der Hund und gähnte, waren die 45 Minuten um. Nur anfangs schaute Freud zur Kontrolle auf die eigene Uhr, dann unterließ er auch das.

Ein solches Leben, dem Buchtitel »Jenseits des Lustprinzips« nachempfunden, aber geist- und genussvoller Geselligkeit sehr wohl zugeneigt und – was Freud selbst angeht – mit unspektakulären Abneigungen (gegen religiöse Bevormundung ebenso wie gegen Blumenkohl oder Hühnergerichte) und teils harmlosen, teils ungesunden Vorlieben (Rindfleisch, Pilzesammeln, Rauchen) gesegnet, ließ wenig Raum für Legenden, höchstens für Anekdoten. Auch diese waren freilich von zweifelhaftem Unterhaltungswert. So soll eines der Kinder, nach Neuigkeiten in der Familie befragt, bedeutsam geraunt haben: »Vater trinkt jetzt Tee aus der grünen Tasse statt aus der blauen.« Über die Wertigkeit und Wichtigkeit Freud'scher Verhaltensweisen für den Rest der Familie sagt dies viel, für Sensationsjournalisten blieb allerdings wenig übrig. Auch die Fragen »Hatte er ein Verhältnis mit seiner Schwägerin und ewigen Reisegefährtin Minna?« (Stand der Forschung: nein) und »Welche Beziehung bestand zwischen dem kleinen Sigmund und seiner schönen jungen Mutter?« (Antwort: Sohn, genauer: Lieblingssohn) boten frustrierend wenig Material.

Doch die wirklichen Zumutungen durch den Schöpfer der Psychoanalyse liegen woanders: Sigmund Freud hat die Trias der »Enttäuschungen« vollendet, die dem Menschen die zivilisatorische Erfolgsbilanz verdorben und seinen Blick in den Spiegel getrübt haben. Die erste Enttäuschung war der Siegeszug des kopernikanischen Systems, der die ptolemäische Glaubensgewissheit, die menschliche Erde sei der Mittelpunkt des Universums, zunichte machte und die Menschheit in den Schock der Heimatlosigkeit stieß. Die zweite Enttäuschung ging mit den Erkenntnissen Darwins einher, der dem Adelsprädikat des Homo sapiens ein Ende setzte und seinen Stammbaum nahe heranrückte an eine gänzlich unwillkommene Verwandtschaft: die Spezies der Affen.

In die Unheimlichkeit des Universums gestoßen und seiner einzigartigen Abstammung beraubt, traf die Menschheit der dritte Schock besonders tief – die Herrschaft des Ichs über das Reich der Triebe, Wünsche und Lüste sei reiner Selbstbetrug, verkündete Sigmund Freud. Pointe seiner Hiobsbotschaft: Die Spitze unseres Bewusstseins verhalte sich zur Übermacht des Unbewussten wie der winzige, aber sichtbare Teil des Eisbergs zu seiner riesigen Gesamtfläche unter Wasser. Aber in aller Enttäuschung steckt zunächst das Ende einer »Täuschung«. Und so sahen die, die sehen konnten (und wollten), statt einer Entfesselung unwillkommener Begierden eine »Revolution der Denkungsart«, die dem Leben und der Kultur die Reichhaltigkeit zurückgab, welche in der Fixierung auf die dünnen Fäden des Bewusstseins verloren zu gehen drohte.

Wie hatte Jean Paul, auch er ein deutscher Dichter, mit dessen Werk Freud vertraut war, schon 1823 geschrieben: »Wir machen von dem Länderreichtum des Ich viel zu kleine oder enge Messungen, wenn wir das ungeheure Reich des Unbewussten, dieses in jedem Sinne wahre innere Afrika, auslassen. Von der weiten vollen Weltkugel des

Gedächtnisses drehen sich dem Geiste in jeder Sekunde immer nur einige erleuchtete Bergspitzen vor, und die ganze übrige Welt bleibt in ihrem Schatten liegen.« Freud hat diese Welt endlich zugänglich gemacht; er hat ihr die Schatten nicht genommen, aber uns gelehrt, mit ihnen umzugehen. Freuds Trümpfe und zugleich die Eckpfeiler seines Systems sind die Heilung durch allmähliche Kenntnisnahme des Verdrängten, die Befreiung von Zwängen, Ängsten, Schmerzen durch Wiederannäherung an die eigene Biografie, die Rehabilitierung des Patienten durch Sinnzuweisung an vorher scheinbar willkürliche und abstruse Symptome.

Sigmund Freud war ein instinktsicherer intellektueller Spürhund, ein begnadeter Detektiv und ein begeisterter Reisender – in der äußeren wie in der inneren Wirklichkeit. Am Ende hatte er, der so leidenschaftlich und unermüdlich unterwegs war, nicht nur einen gänzlich neuen Kontinent, das Unbewusste, kartiert und vermessen, sondern er konnte die menschliche Existenz, den Umgang mit Leben, Liebe und Tod, mit Sexualität und Aggression einer fundamentalen Revision unterziehen.

In einem Beitrag für das Buch »Tausend Jahre Abendland – die großen Umbrüche«, das in Zusammenarbeit mit dem ZDF-»nachtstudio« entstanden ist, hat der Philosoph Peter Sloterdijk seine Sorge darüber geäußert, die Psychoanalyse könne in einer auf Trivialisierung und Infantilisierung gerichteten Zeit als unbequemer geistiger Besitzstand über Bord geworfen und zum alten Eisen gerechnet werden. »Nicht Erinnerungen«, sagt Sloterdijk, »sondern Vorsätze und Selbsteinbildungen sind der Stoff, aus dem die Zukunft des Seelischen ist. Statt ›Erinnere dich!‹ heißt jetzt die Maxime ›Vergiss, was dich stört!‹; statt ›Erkenne dich selbst‹ heißt es einfach ›Mache dir erfolgreich etwas vor!‹«. Blickt man dorthin, wo die Herzen der Spaßgesellschaft beim Krönen neuer Topmodels oder Superstars höher schlagen, so möchte man diese Sorge teilen. Freuds Beitrag zur Menschenkunde und zur Verbesserung des öffentlichen Gedächtnisses sowie sein einzigartiges Potenzial, Vereinfachungen, Verklärungen und Verdrängungen zu durchleuchten, sind offenbar nicht mehr gefragt.

Aufklärung, welche Arbeit – Denkarbeit *und* Seelenarbeit – voraussetzt, scheint verzichtbar.

Aber die Psychoanalyse und Sigmund Freud haben schon viele Phasen der Ächtung und Missachtung überlebt. Der Begründer einer neuen Seelenkunde hat auch den Garten des Menschlichen neu definiert und geordnet. Was immer die Menschen darin treiben, sie werden diesem Garten und seinem Gärtner auch in den kommenden Jahrhunderten nicht entgehen.

ALBERT EINSTEIN
(14.03.1879 – 18.05.1955)

VON
GERO VON **BOEHM**

*Wenn ein blinder Käfer an einem gekrümmten Ast
entlangkriecht, merkt er nicht, dass der Ast gekrümmt ist.
Ich hatte das Glück zu bemerken, was der Käfer nicht
bemerkt hatte.*

Albert Einstein 1919

1.
KEINE PHYSIK OHNE METAPHYSIK

Er wollte, dass nichts von ihm bleibe. »Es wäre mir widerlich, zu wissen, dass die Leute womöglich zu meinen Knochen pilgern«, hat er gesagt. So ist es bei inneren Pilgerfahrten zu diesem Giganten geblieben, bei Reisen in die Welt seiner Gedanken. Und wer damit nichts anfangen kann, bewundert Einstein einfach als Ikone, als ersten und letzten Popstar der Wissenschaft. Ein Verhältnis haben wir alle zu ihm.

1955 ist sein Todesjahr. Der Warschauer Pakt wird begründet, in Deutschland läuft der einmillionste Käfer vom Band. Am 5. Februar schreibt Einstein: »Den Tod empfinde ich wie eine alte Schuld, die man endlich entrichtet. Dabei tut man doch instinktiv alles Mögliche, um diese letzte Erfüllung hinauszuschieben. So ist das Spiel, das die Natur mit uns treibt. Wir mögen selbst darüber lächeln, dass wir so sind, aber wir können uns doch nicht freimachen von den Instinkten, denen wir alle unterworfen sind.« Er gibt sich der Harmonie der Naturgesetzlichkeit hin – jene Metapher für den Begriff »Gott«, den er so oft verwendete. Und er hat an folgende Physikergenerationen weitergegeben, was er glaubte: Physik und Metaphysik haben eine gemeinsame Wurzel, die man mit Einstein »kosmische Religiosität« nennen kann. Oder anders ausgedrückt: Die Physik kommt nicht ohne Metaphysik aus.

Albert Einstein besaß eine tiefe Religiosität, aus der sich sein humanitäres Engagement ebenso erklärt wie die Tatsache, dass er ein neues Weltbild, ein neues Bild vom Kosmos geschaffen hat.«Zu empfinden, dass hinter dem Erlebbaren ein für unseren Geist Unerreichbares verborgen sei, dessen Schönheit und Erhabenheit uns nur mittelbar und in schwachem Widerschein erreicht, das ist Religiosität. In diesem Sinne bin ich religiös. Es ist mir genug, diese Geheimnisse staunend zu ahnen und zu versuchen, von der erhabenen Struktur des Seienden in Demut ein mattes Abbild geistig zu erfassen.« Das schrieb er schon 1930 als eine Art Glaubensbekenntnis.

Am 11. April 1955 unterzeichnet Einstein in seinem Haus, das er nun kaum mehr verlässt, einen Appell gegen das Wettrüsten. Diesen hatte er gemeinsam mit seinem Philosophenfreund Bertrand Russell erarbeitet. Am Nachmittag empfängt er den israelischen Botschafter Abba Eban, um mit ihm über die Sicherheit Israels in einer feindlichen Welt zu diskutieren. Außerdem geht es um eine Rundfunkansprache zum bevorstehenden siebten Jahrestag des Landes. Einstein fühlt sich nicht gut, lässt aber seine Besucher nichts merken. Er ist schwach, andauernd ist ihm übel. Am Tag darauf bricht er im Badezimmer zusammen. Er weiß um die Ursache – jene Ausbeulung der großen Schlagader im Unterleib, die schon vor sieben Jahren festgestellt worden ist. Aber eine Operation hält er für sinnlos. Er will nicht in die Klinik, will zu Hause bleiben, spürt jetzt den nahen Tod: »Ich möchte gehen, wann ich möchte. Es ist geschmacklos, das Leben künstlich zu verlängern.« Später wird er ins Princeton Hospital gebracht. Am frühen Morgen des 18. April, gegen ein Uhr fünfzehn, kommt eine Krankenschwester ins Zimmer, stellt fest, dass er unregelmäßig atmet, und hebt seinen Kopf leicht an. Einstein flüstert ein paar deutsche Worte, die die Schwester nicht versteht, atmet zweimal tief und stirbt. Seinem Testament entsprechend, das er 1950 verfasst hat, wird er verbrannt. Seine Asche wird verstreut – am Ufer des Delaware River, an einer Flussbiegung, wo die Zweige der Weiden das Wasser berühren. Albert Einstein wird wieder Teil des Kosmos, aus dem er gekommen ist, um das große Geheimnis zu lüften. Wie hatte er kurz vor seinem Tod gesagt? »Für uns gläubige Physiker hat die Scheidung zwischen Vergangenheit, Gegenwart und Zukunft nur die Bedeutung einer hartnäckigen Illusion.«

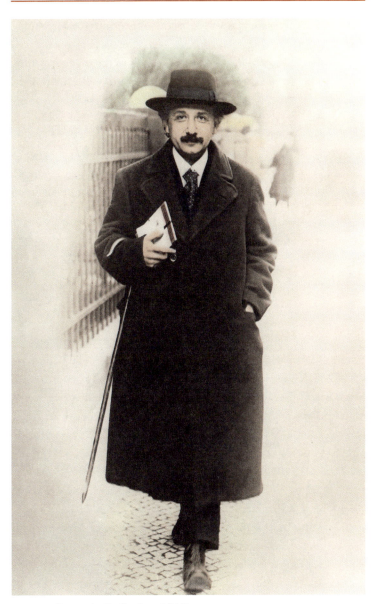
Einstein flaniert in Berlin (um 1920).

Bevor Einstein verbrannt wurde, hat man eine Autopsie vorgenommen. Einer der beteiligten Pathologen, Dr. Thomas Harvey, entnahm das Gehirn des Physikers und begann, seine Struktur zu untersuchen. Später schickte er Proben an verschiedene Labors. Bis heute wird dort nach strukturellen Besonderheiten gesucht, vage Hinweise hat man gefunden. Aber sein ureigenes Geheimnis, das Mysterium seines Geistes, hat Albert Einstein mit sich genommen – alle Anstrengungen, eine schlüssige Erklärung für sein Genie zu finden, sind bisher vergeblich geblieben. Ebenso wie die Suche einer neuen Physikergeneration nach der »Weltformel«.

2.
EIN NEUES WELTBILD

Wir schreiben das Jahr 1905. Im Atelier eines jungen spanischen Malers namens Pablo Picasso tut sich Ungeheuerliches. Die ersten Skizzen für seine abstrakten »Démoiselles d'Avignon« entstehen. Körperteile und Gesichtshälften erscheinen auseinandergenommen und neu wieder zusammengesetzt. Alle Regeln des Raumes, aber auch der Zeit scheinen aufgehoben zu sein. Picasso gibt den festen Punkt des Betrachters auf und damit die Zentralperspektive, die die Meister der Renaissance entdeckt hatten. Im selben Jahr veröffentlicht Albert Einstein seine Relativitätstheorie. Auch er weist dem Beobachter im Kosmos eine vollkommen neue Rolle zu und schafft Newtons Bild vom Universum ab. Seine gigantische Leistung wird die Welt verändern, und es ist kein Zufall, dass sich in Kunst, Philosophie und Literatur ganz ähnliche Entwicklungen anbahnen.

Das 20. Jahrhundert hat mit Brachialgewalt begonnen. Der Gigant Albert Einstein steuert unaufhaltsam auf den Zenit seiner Laufbahn zu. Überall wird die Zeit zum Thema. Sie ist keine feste, undurchschaubare Größe mehr. Auch in der Literatur lösen James Joyce und

Einstein während seiner Zeit am Berner Patentamt (1905), im eigens für diese Tätigkeit gefertigten Maßanzug.

Marcel Proust das Dogma auf; in der Philosophie führt Henri Bergson den Begriff der *durée,* der Dauer, ein, jenen Fluss, der aus der innerlich ablaufenden Zeit des subjektiven Erlebens besteht. Und Friedrich Nietzsche hatte durch die Beschreibung der ewigen Wiederkehr historischer Abläufe die Geschichte der Zeit enthoben. In diesem Umfeld lässt Einstein die Formel durchschimmern. Das Konzept hatte er schon seit zehn Jahren im Kopf. So lange beschäftigte ihn die Frage, was eigentlich geschehen würde, wenn man einem Lichtstrahl nachliefe. Jetzt muss alles nur noch in eine logisch-mathematische Form gegossen werden. Das dauert fünf Wochen, in denen Einstein sich völlig verzehrt. Jede Nacht arbeitet er an den Gedanken und Formeln, die später als Relativitätstheorie in die Geschichte eingehen werden. Sorgsam ziseliert er jedes Wort. Später wird er sagen: »Ich würde am liebsten in einem Leuchtturm leben und arbeiten, so wenig bin ich von anderen Menschen abhängig. Ich brauche sie nicht.« Die Formel zu entwickeln kostet ihn alle Kraft, die er hat. Es ist anstrengend, ein Genie zu sein. Genialische Leichtigkeit? Keine Rede davon. Den Prozess beschreibt er später so: »Wir befinden uns in derselben Situation wie ein kleines Kind, das in eine riesige Bibliothek kommt, deren Regale bis zur Decke vollgestopft sind mit Büchern in den verschiedensten Sprachen. Das Kind weiß, dass sie irgendjemand geschrieben haben muss. Es weiß aber nicht, wer das war und wie er das getan hat, und es versteht die Sprachen nicht, in denen sie geschrieben sind. Das Kind bemerkt nun eine gewisse Regel in der Anordnung der Bücher, eine geheimnisvolle Reihenfolge, deren Prinzip es nicht kennt, sondern nur erahnen kann.« Einstein – das ewige Kind in der Bibliothek des Kosmos. Sein Ziel: jenes Buch zu finden, das »der Alte«, wie er Gott nennt, geschrieben hat. Gleichsam eine Gebrauchsanleitung für alles.

Das Jahr 1905 ist sein *annus mirabilis* – jenes wunderbare Jahr, in dem er gleich drei Arbeiten verfasst, die die Welt für immer verändern werden. Die wichtigste von ihnen trägt den Titel »Zur Elektrodynamik bewegter Körper«. Am 30. Juni geht sie bei den »Annalen der Physik« ein. Am 26. September wird sie veröffentlicht. In seinem

Manuskript stellt Einstein Isaac Newtons Sicht auf das Universum in Frage, die zwei Jahrhunderte lang gegolten hat. Für Newton war der Raum eine feste physikalische Größe, in der sich Sterne und Planeten bewegten und in der ihre Bewegung gemessen werden konnte. Auch die Zeit sah er als einen unveränderlichen, absoluten Fluss, der von einer unendlichen Vergangenheit in eine unendliche Zukunft reicht. Gott steuerte dieses Geschehen sozusagen von einem imaginären Schaltpult aus. Albert Einstein, der Denker, Zweifler und auch Philosoph hatte schon als Kind Aaron Bernsteins »Naturwissenschaftliche Volksbücher« gelesen. Ein paar Sätze daraus sind ihm nie mehr aus dem Kopf gegangen: »Raum, Zeit und Licht sind aufs Engste miteinander verbunden«, hatte Bernstein geschrieben. Da Licht Zeit braucht, um den Raum zu durchdringen, ist das Bild, das wir sehen, immer nur ein Abbild der Vergangenheit. »Wir sehen in diesem Sinne niemals die Gegenwart«, schrieb Bernstein und setzte damit in dem jungen Einstein ein Feuerwerk an Gedanken frei. Das Licht der Sonne braucht acht Minuten, um auf der Erde anzukommen. Würde sie plötzlich erlöschen, träte auf der Erde erst nach acht Minuten Dunkelheit ein. Wenn die Sonne eine riesige Uhr mit leuchtendem Zifferblatt wäre, dann ginge sie, verglichen mit unseren Uhren, acht Minuten vor. Albert Einstein bringt die Mathematik ins Spiel, um die Annahmen Newtons zu korrigieren und zu erweitern. Sein Modell ist ein Kosmos, in dem sich Sterne, Planeten und Galaxien in Beziehungen zueinander bewegen und nicht in der Beziehung zu einem geschlossenen Raum, in dem es einen Punkt gibt, der objektiv stillsteht. In einem solchen Raum hätte ein Beobachter an jenem Punkt das Gefühl, als Einziger stillzustehen, während sich alle anderen bewegen. Einstein dagegen postuliert, dass niemand im Universum bevorzugt sei.

Gleichheit für alle – das ist ein Gedanke, der ihm ohnehin vertraut ist. Warum soll er ihn nicht auch auf das Universum anwenden? Diese Idee, die vielleicht sogar Zündfunke für die Relativitätstheorie war, entspringt nicht wissenschaftlichem Räsonieren, sondern der Gedankenwelt eines Menschen, der schon sehr früh, durch Erziehung, durch Beobachtung, durch Prägung, zum Humanisten wurde. Und sie ist Frucht jener Neugier, die sich Einstein seit seiner Kindheit bewahrte. Schon im Alter von 16 Jahren hatte er sich gefragt: »Wie mag es sein, mit einem Lichtstrahl zu reisen, mit 300 000 Stundenkilometern Geschwindigkeit auf ihm zu reisen, ihm nachzulaufen? Bleibt das Licht dann stehen? Oder taucht man in die Dunkelheit ein?« Mit seiner Theorie will er diese Fragen endlich beantworten. Er weiß genau, dass er damit das letzte Geheimnis berührt. Konturen eines Schöpfers schimmern durch, wie die Formel selbst. Einstein ist davon überzeugt, dass die Welt für alle Beobachter nach den gleichen Gesetzen funktioniert – selbst für den glücklichen (oder unglücklichen?), der mit dem Licht reisen darf. Dieser Gleichheitsgrundsatz ist tief in ihm verankert. Alle Philosophen, die ihn interessieren, stellen überkommene Strukturen in Frage, predigen Toleranz, beschäftigen sich mit der Freiheit des Denkens, beeinflussen die Aufklärung: Kant, Spinoza und schließlich auch Hume mit seiner kritisch-rationalistischen Philosophie des Positivismus. Auf ihn wird sich Einstein später berufen: »Sein Traktat über den Verstand studierte ich kurz vor Auffindung der Relativitätstheorie mit Eifer und Bewunderung. Es ist sehr gut möglich, dass ich ohne diese philosophischen Studien nicht auf die Lösung gekommen wäre.«

Das Geniale an Einsteins Theorie ist, dass er darin nicht nur beide Elemente, den Gleichheitsgrundsatz bei der Beobachtung und die Konstanz der Lichtgeschwindigkeit, zusammenführt, sondern den drei Dimensionen eine vierte hinzufügt: die Zeit. Er macht deutlich, dass Zeit sich dehnen kann und das Universum gekrümmt ist – das bedeutet eine Revolution in der Physik. Denn der Kern seiner Theorie widerspricht beispielsweise vollkommen dem gewohnten Zeitbegriff. Die Zeitverzerrung bedroht das, was wir als »Wirklichkeit« bezeichnen. Eine bewegte Uhr tickt nach Einsteins Auffassung langsamer als eine ruhende. Wir glauben, wir könnten ein objektives Datum angeben, ein einziges Jetzt, das gleichzeitig für die ganze Welt gilt. Aber die Relativitätstheorie zeigt, dass Gleichzeitigkeit eben nur relativ zum jeweils gewählten Bezugssystem zu definieren ist. Eine objektive Gleichzeitigkeit existiert nicht. Diese Gedanken zu formulieren kostet Einstein in der Tat all seine Kraft. Nachdem das Manuskript abgeschickt ist, streikt sein Körper. Er liegt zwei Wochen mit Fieber im Bett und seine Frau Mileva pflegt ihn.

Zum Zeitpunkt der Veröffentlichung ist bei den »Annalen der Physik« schon ein Nachtrag aus Einsteins Feder eingegangen. Jetzt erst liefert er die eigentliche Sensation. Die kurze Ergänzung handelt von der Beziehung zwischen Masse und Energie. Einstein zeigt, dass die Masse eines Körpers dann, wenn er Energie in Form von Strahlung freisetzt, um eine entsprechende Menge abnimmt. Die Schlussfolgerung: Alle Energie hat Masse. Die wirkliche Bedeutung dieser Erkenntnis wird erst zwei Jahre später klar, als Einstein zeigt, dass auch die Umkehrung dessen zutrifft: Alle Masse hat Energie. Die Gleichung »$E = mc^2$«, mit der er diese Beziehung beschreibt, ist die berühmteste Formel, die je geschrieben wurde. Aus einer winzigen Masse lässt sich eine ungeheure Menge an Energie gewinnen – theoretisch aus jedem Stein, jeder Pflanze. Vor allem aber schlummert die Urgewalt in spaltbarem Material, in jener Masse, die verloren geht, wenn die Kerne schwerer Atome wie Plutonium und Uranium zerfallen – die wichtigste Folgerung der Relativitätstheorie. Vierzig Jahre später wird dies die Atombombe auf dramatische Weise bestätigen. Damals, 1905, konnte Albert Einstein nicht ahnen, dass er die theoretische Basis für Entwicklungen geschaffen hat, die unsere Welt inzwischen vollkommen verändert haben. Dabei geht es nicht etwa nur um die Bombe. Computerchips und Vernetzungen, Biotechnologie, Laserstrahlen und eine neue Sicht des Kosmos gehen auf seine Ideen zurück. Diese Revolutionen, die zugleich nochmals in sich selbst verwoben sind, haben eines gemeinsam: Sie beschleunigen und lassen uns die Zeit ganz anders empfinden als in Einsteins Epoche. Die Radikalität, mit der sich der wissenschaftliche Fortschritt gegenwärtig vollzieht, wird er nicht mehr kennen. Die Wahrheiten der modernen Wissenschaft benötigen die Weisheit der Vergangenheit längst nicht mehr. Heute sind die Naturwissenschaften längst zur Religion unserer Zeit geworden. Nur noch Ergebnisse zählen, Kultur und Geschichte werden unablässig auf dem Altar der Naturwissenschaften geopfert. Einstein dagegen verdankt sich selbst seinen kulturellen Wurzeln.

3.
DER GEHEIMNISVOLLE GIGANT

Wer aber war Albert Einstein wirklich? Wie war er? Vielleicht hat ihn niemand treffender charakterisiert als der Schriftsteller Max Brod, der 1911 in Prag Gelegenheit hatte, den jungen Forscher zu beobachten. »Eine übernatürliche, unheimliche Macht musste sich in diesem Körper zusammengeballt haben. Wirklich war nichts im Stande, ihn von dieser einzigen Richtung seines Daseins abzubringen, durch die gleichsam all das unendliche Feuer, alles Große und Lebendige seiner Seele aufgespart dalag.« Dies schrieb Brod über Johannes Kepler, der die zentrale Figur in seinem Roman »Tycho Brahes Weg zu Gott« ist. Gemeint ist aber vor allem Albert Einstein, den der Schriftsteller im Prager Salon von Bertha Fanta kennen gelernt hatte. Auch die Beschreibung seiner Seelenlandschaft gehört dazu: »Die Ruhe, mit der er seinen Arbeiten nachging und die Flöten der Schmeichler gänzlich überhörte, hatte für Tycho etwas Außermenschliches, unbegreiflich Gefühlloses, aus einer fernen Eisregion her Wehendes ... Jenes Volksmärchen fiel ihm ein, in dem ein Landsknecht dem Teufel sein Herz verkauft und dafür einen schussfesten Panzer erhält. So war Kepler. Er hatte kein Herz. Und deshalb eben hatte er von der Welt nichts zu fürchten. Er hatte kein Gefühl der Liebe. Und deshalb war er natürlich auch vor den Verirrungen des Gefühls sicher.« Brod hatte richtig erkannt: Einstein war ein Steppenwolf. Alles, was er brauchte, war Alleinsein und Nachdenken. Er war so, wie er dachte. Bestechend einfach und unendlich kompliziert zugleich. Ein Weiser, der Weisheit nicht als Ergebnis von Bildung ansah, sondern als Folge eines lebenslangen Versuchs, diese zu erwer-

Erst im Alter von knapp drei Jahren begann Albert zu sprechen.

ben. Ein Mann des Gefühls war er tatsächlich nicht. Durchaus fähig zu Zärtlichkeit, war er zugleich ein schlechter Ehemann, der seine Frauen betrog. Er liebte Kinder und verstieß zugleich die eigenen. Seine Tochter hat er nie gesehen, ein Sohn landete in der Psychiatrie. Was hat das »Albertle«, wie er als Kind genannt wurde, so werden lassen; welche waren die entscheidenden Prägungen?

1879, das Jahr seiner Geburt in Ulm, war kein gewöhnliches Jahr. Thomas Alva Edison hatte die Glühbirne erfunden und damit eine Revolution ausgelöst. Seine Lichtspektakel, die Hunderttausende anziehen, sind die Leuchtfeuer einer neuen Zeit. Im gleichen Jahr nimmt in Berlin die erste elektrische Straßenbahn ihren Betrieb auf, das Telefon des Alexander Graham Bell funktioniert schon seit drei Jahren. Die »Elektrotechnische Fabrik J. Einstein & Cie.« wird 1885 von seinem Vater Hermann Einstein und dessen Bruder Jakob gegründet – in München, weil man sich dort ganz zu Recht größere Chancen versprach als in Ulm, wo Jakob bereits als Ingenieur gearbeitet und Hermann erfolgreich mit Bettfedern gehandelt hatte. 1885 kauften sie gemeinsam von ihren ersten Erlösen ein Haus, ihre Frauen teilen sich das Kochen. Die Familien leben in großer Harmonie zusammen, nie gibt es Streit. Dafür ergeben sich jeden Abend beim gemeinsamen Essen gute, angeregte Gespräche. Onkel Jakob führt Albert auch in die ersten wissenschaftlich-theoretischen Überlegungen ein. Und natürlich wird über das neue Abenteuer Technik parliert, Perspektiven werden erörtert, Möglichkeiten und Lösungen ventiliert. Kein schlechtes Biotop für den kleinen Albert Einstein. Experimentierstube, Werkstatt und Geschäft befinden sich im Haus. Der Junge erlebt, wie Dynamomaschinen und Telefonanlagen gebaut werden. Sieben Patente hält die Firma.

Noch schärft er durch Beobachtung und kleine Handgriffe sein Sensorium für die Technik und das, was dahinter steckt. Er ahnt noch nicht, dass er eines Tages selbst im Patentamt von Bern arbeiten und alles neu hinterfragen wird. Einstweilen entwickeln Vater und Onkel die elektrische Straßenbeleuchtung im Stadtteil Schwabing und installieren 1886 erstmals die Illumination des Münchner Oktoberfestes. Albert Einsteins Interesse für wissenschaftlich-technische Zusammenhänge und Erklärungen hat sicher auch in diesem Umfeld seine Wurzeln. Vor allem aber ist er fasziniert vom Inhalt der populären »Naturwissenschaftlichen Volksbücher« Aaron Bernsteins und dem Klassiker »Kosmos. Entwurf einer physischen Weltbeschreibung von Alexander von Humboldt«. Die Schriften dieses preußischen Freigeistes faszinieren ihn ungemein – nicht nur wegen ihres wissenschaftlichen Gehalts und der »Naturgemälde«, die Humboldt entwirft. Wenn er von der »Schöpfung« schreibt, erkennt er zugleich keinen konkreten Gott an und vertritt keine Religion. Im damaligen Preußen hatte dies durchaus revolutionären Charakter, was der kleine Albert nicht wissen kann. Aber die Lektüre mag ihn in dieser Hinsicht ebenso geprägt haben wie ein weiterer Grundgedanke Humboldts: In der Natur wie in den Angelegenheiten der Menschen gelte es, die »Einheit in der Vielheit« zu finden. »Die Natur aber ist das Reich der Freiheit«, heißt es bei Humboldt, und genauso wird es Albert Einstein ein Leben lang sehen.

Dann folgt das erste »Erlebnis« eines Naturphänomens. Albert ist fünf Jahre alt und liegt krank im Bett. Er hat Fieber und darf nicht aufstehen, obwohl er sich so gern mit seinem Baukasten beschäftigen würde. Die Mutter erneuert stündlich die verhassten Wadenwickel und lobt ihn für seine Geduld. Als der Vater abends aus der Firma kommt, hat er ein Geschenk für seinen Sohn: einen kleinen Kompass. Albert ist fasziniert vom Verhalten der Nadel und fragt sich sogleich nach dem Ursprung dieses Phänomens. Sechzig Jahre später notiert er: »Dass die Nadel in so bestimmter Weise sich benahm, passte so gar nicht in die Art des Geschehens hinein, die in der unbewussten Begrifflichkeit Platz finden konnte. Ich erinnere mich noch jetzt – oder glaube mich zu erinnern –, dass dieses Erlebnis tiefen und bleibenden Eindruck auf mich gemacht hat. Da musste etwas hinter den Dingen sein, das tief verborgen war.« Er selbst glaubt, dass sich seinerzeit eine Art Initialzündung ereignet hat, und sucht noch Jahre später nach einer Erklärung dafür. »Der Mensch hat wenig Einblick in das, was in seinem Inneren vorgeht. Auf einen jungen

Hund mag es keine ähnliche Wirkung haben, wenn er zum ersten Mal einen Kompass sieht, auch auf manches Kind nicht. Was ist es also, das die besondere Reaktion eines Individuums bedingt? Man kann darüber mehr oder weniger plausible Theorien aufstellen. Aber zu einer tieferen Einsicht gelangt man nicht.« Das Geheimnis bleibt. Man kann nicht alles erklären. Das hat Albert Einstein auch später immer akzeptiert. Sein Biograf Albrecht Fölsing resümiert: »Begnügen wir uns mit der Andeutung, dass es zum produktiven Zusammenklang wohl auf beide ankommt, das Wunder, und denjenigen, der sich da wundert.«

Weil er zuvor Privatunterricht erteilt bekommen hatte, wird er gleich in die zweite Klasse der Volksschule aufgenommen. Der ältere Bruder des Malers Franz Marc ist ebenso ein Mitschüler wie der Enkel Wilhelm von Kaulbachs. Albert ist ein sehr guter Schüler, wird in den folgenden Jahren oft Klassenbester, macht stets alle Hausaufgaben gewissenhaft und kommt mit seinen Lehrern gut aus. Allein den Sportunterricht schätzt er nicht, körperliche Ertüchtigung ist ihm schon damals zuwider. All diese wenig kindlichen und etwas verschrobenen Züge tragen ihm den Spitznamen »Biedermann« ein. Zu Hause beschäftigt er sich am liebsten mit anspruchsvollen Basteleien, baut Kartenhäuser mit zwölf oder 14 Stockwerken und versucht sich an gewagten Konstruktionen mit Elementen aus seinem geliebten Metallbaukasten. Oft versinkt er für Stunden in seiner eigenen Welt, bis er erreicht hat, was er will. Alles muss für ihn ein Ergebnis haben, schon damals. Ergebnisse und der Weg dahin lösen in Einstein das aus, was Psychologen heute »Flow-Erlebnis« nennen. Dabei ist man ganz eins mit sich selbst und dem Gegenstand seiner Passion; die Aufmerksamkeit ist optimal geschärft. Einstein ist schon früh süchtig nach diesem Zustand. Sobald er sich einstellt, ist er kaum mehr ansprechbar.

Die Eltern, souverän und liebevoll, lassen ihm jene Distanz zur Welt, die er zu brauchen scheint und bis ans Ende seines Lebens nie verlieren wird. Einen »typischen Einspänner« nennt er sich später – jemand, der am liebsten allein ist und zu stärkeren Bindungen kaum fähig. Schnell verstehen Hermann und Pauline Einstein, dass ihr Sohn

Albert sich herkömmlichen Maßstäben entzieht. In seinen ersten beiden Lebensjahren waren sie noch beunruhigt, weil das Kind nur zögernd Kontakt zur Außenwelt aufnahm. Albert sprach nicht, auch nicht andeutungsweise, und die Eltern konsultierten mehrere Ärzte. Seine ersten Worte, die er dann mit knapp drei Jahren spricht, bilden bereits einen vollständigen Satz. »Die Milch ist zu heiß« – dieser Befund soll sein sprachliches Debüt gewesen sein. Auf die Frage der Eltern, warum er nicht früher gesprochen habe, erwidert er: »Weil vorher alles in Ordnung war.« Hatte er bis dahin der Sprache als Ausdrucksmittel misstraut? War es der Ehrgeiz, wie die Erwachsenen, die er bis dahin aufmerksam beobachtet hat, gleich vollständige Sätze zu sprechen, statt kindlich zu radebrechen? War es der Wille, durch die Sprache, durch das Aussprechen, auch scheinbar banalen Dingen eine Bedeutung zu geben, nichts »Dummes« zu sagen, allein um des Sprechens willen? Eher war es wohl Misstrauen gegen das Terrain der Sprache. *Terra incognita*. Auf Fragen antwortet der kleine Albert erst nach einigem Zögern, sorgsam mit den Lippen Worte formend, nachdem er zuvor halblaut »geprobt« hat. So sagt er alles doppelt, und die Angestellten der Familie nennen ihn – halb scherzhaft, halb besorgt – »deppert«. Erst im siebten Lebensjahr legt er diese Angewohnheit ab und beginnt normal zu sprechen. Später wird er immer wieder betonen, dass sich sein Denken letztlich den Worten entziehe: »Worte oder Sprache, wie sie geschrieben oder gesprochen werden, spielen in meinem Denkmechanismus anscheinend überhaupt keine Rolle … Es ist mir nicht zweifelhaft, dass unser Denken zum größten Teil ohne Verwendung von Zeichen (Worten) vor sich geht und dazu noch weitgehend unbewusst. Denn wie sollten wir sonst manchmal dazu kommen, uns über ein Erlebnis ganz spontan zu ›wundern‹? Dies ›sich wundern‹ scheint dann aufzutreten, wenn ein Erlebnis mit einer in uns hinreichend fixierten Begriffswelt in Konflikt kommt.«

Das »sich wundern« erklärt, zumindest teilweise, Einsteins Kreativität. Die Fähigkeit zum kindlichen Staunen rettete er aus seiner Kindheit hinüber in das Erwachsenenleben: Seine Neugier, seine Offenheit, die Freiheit seines Denkens legen davon Zeugnis ab. Zeitlebens muss er umsorgt werden wie ein Kind, »weil Einstein von keinen Bedürfnissen abhängig ist«, wie sein Arzt Janos Plesch 1949 schreibt. »Man hat für ihn zu sorgen, weil er von sich aus nie etwas fordern würde. Eine glückliche Natur, fast unabhängig vom Schicksal und von der Umgebung, nimmt er das Einfachste und das Komplizierteste mit gleicher Einstellung entgegen. Ich könnte ihn in dieser Beziehung einen Menschen ohne Körpergefühl nennen. So unbotmäßig er im Denken ist, ist er auch im vegetativen Leben. Er schläft, bis man ihn weckt, er bleibt wach, bis man ihn zum Schlafengehen ermahnt; er kann hungern, bis man ihm zu essen gibt – und essen, bis man ihn zum Aufhören bringt.«

Im Luitpold-Gymnasium, das er ab 1888 besucht, begeistern ihn die Naturwissenschaften; in Physik und Mathematik hat er entgegen anders lautender Legenden stets die besten Noten. Probleme dagegen bereiten ihm Fächer wie Geschichte, Geografie und alte Sprachen. Lieber lässt er sich bestrafen, als dem »idiotischen Lern-Ritual« zu folgen. Und Strafe hieß damals fast immer Prügelstrafe. Lieber räsoniert er über mathematische Probleme – vor allem, nachdem er mit zwölf Jahren sein »heiliges Geometriebüchlein« in die Hand bekommen hat: eine wissenschaftliche Darstellung der »Geometrie der Ebene« von Euklid. Darin findet er Klarheit, Sicherheit und – Schönheit. Damals beginnen sich die ästhetischen Maßstäbe herauszubilden, die auf Einsteins künftige Forschungen einen entscheidenden Einfluss haben. Die Schönheit eines Rechenvorgangs und der daraus resultierenden Formel war bis ans Ende seines Lebens ein wichtiges Motiv für ihn, weiter nach dem Geheimnis zu suchen, das die Welt zusammenhält. Je kürzer eine Formel, desto höher ihr ästhetischer Wert. $E = mc^2$. Wie ein Gemälde von Vermeer oder Picasso, wie eine Fuge von Bach oder eine Symphonie von Beethoven.

Aber bis dahin werden noch Jahre vergehen. Er will sich, wie er sagt, »von den Fesseln des Nur-Persönlichen« befreien, aus einem Dasein, das durch Wünsche, Hoffnungen und primitive Gefühle beherrscht ist. Langsam findet er zu einem inneren Gleichgewicht, als habe die bei Euklid gefundene Sicherheit auch Auswirkungen auf seine Psyche. Damals legt sich auch sein Jähzorn, unter dem vor allem die Schwächeren zu leiden hatten. Die jüngere Schwester Maja ebenso wie Alberts Hauslehrerin, die ihn – wie es damals in großbürgerlichen Familien durchaus üblich war – im Alter von fünf Jahren auf die Schule vorbereiten soll. Mit Altersgenossen gibt sich Albert nur ab, wenn es nicht zu vermeiden ist. Ihre wilden Spiele und Streiche sind ihm fremd. Zeitverschwendung. Tatsächlich muss Einstein schon damals, sicher noch unbewusst, ein besonderes Verhältnis zum Phänomen der Zeit gehabt haben, das er später auf revolutionäre Weise untersuchen sollte. Mehr noch: Er kann sich gleichsam aus der Zeit katapultieren. Wenn er nachdenkt, bleibt sie einfach stehen. »Selbst in größerer Gesellschaft, wenn es laut herging, konnte er sich auf das Sofa zurückziehen ... und in ein Problem so sehr vertiefen, dass ihn das vielstimmige Gespräch eher anregte als störte«, erinnerte sich seine Schwester Maja.

Manche Forscher vertreten heute sogar die Meinung, Einstein könne unter einer Spielart des Autismus gelitten haben – es heißt, das »Asperger-Syndrom« sei bei ihm zu vermuten, das mit Sprachhemmungen in der Kindheit und einem gestörten Sozialverhalten einhergeht, nicht aber mit Lernproblemen. Ganz im Gegenteil: Bei Hochbegabten werden solche »Symptome« sogar überdurchschnittlich häufig beobachtet. Dafür ist ihre Aufmerksamkeit geschärft und ihre Beobachtungsgabe – gepaart mit der Fähigkeit, abstrakt zu denken – ist besonders ausgeprägt. Das Spiel des bunten Herbstlaubs im Wind auf seinem Schulweg in München, den Einzug des Winters – all das nimmt er aufmerksam wahr. Noch in späteren Jahren, in Princeton, kann er sich, wenn der Indian Summer naht, für den Wechsel der Jahreszeiten begeistern. Seine geschärfte Wahrnehmung der Natur mag zu Einsichten geführt haben, wie er sie 1929 in einem Artikel äußert: »Alles wird bestimmt, der Anfang wie auch das Ende, durch Kräfte, über die wir keine Macht haben. Es wird bestimmt für die Insekten wie für die Sterne. Menschen, Pflanzen oder kosmischer Staub, wir tanzen alle nach einer bestimmten Melodie, die aus der Ferne von einem unsichtbaren Pfeifer angestimmt wird.«

Ob er in der Schulzeit noch an einen Schöpfergott glaubt oder bereits erste Zweifel in ihm keimen, ist nicht überliefert. 1927 sagt Einstein: »Ich kann mir keinen persönlichen Gott denken, der die Handlungen der einzelnen Geschöpfe direkt beeinflusste oder über seine Kreaturen direkt zu Gericht säße … Meine Religiosität besteht in einer demütigen Bewunderung des unendlich überlegenen Geistes, der sich in dem Wenigen offenbart, was wir mit unserer schwachen Vernunft von der Wirklichkeit zu erkennen vermögen.«

In seiner Volksschulklasse ist Albert der einzige jüdische Schüler und nimmt am katholischen Religionsunterricht teil. Der Lehrer findet sofort Gefallen an dem aufgeschlossenen, interessierten Jungen. Die Wertschätzung beruht auf Gegenseitigkeit. Bis zu dem Tag, als ihm sein Lehrer drastisch vor Augen führt, dass er unter den christlichen Mitschülern im Grunde nur geduldet ist. Der Lehrer bringt einen langen Nagel mit und erzählt im Unterricht, dass Jesus mit solchen Nägeln von den Juden ans Kreuz geschlagen worden ist. Das befördert natürlich den in jener Zeit ohnehin latent vorhandenen Antisemitismus ungemein, wie sich Einstein später erinnert: »Er gründete sich auf die den Kindern merkwürdig bewussten Rassenmerkmale und auf Eindrücke im Religionsunterricht. Thätliche Angriffe und Beschimpfungen auf dem Schulweg waren häufig, aber meistens nicht gar zu bösartig. Sie genügten immerhin, um ein lebhaftes Gefühl des Fremdseins schon im Kind zu befestigen.« Doch das Fremdsein gehört zu Einstein wie seine Mähne und später das berühmte Bild, auf dem er dem Fotografen die Zunge herausstreckt. In der Schule arrangiert er sich mit der Autorität, die er eigentlich aus tiefstem Herzen ablehnt. Im deutschen Kaiserreich bedeutet Pädagogik zugleich militärischen Drill und vollkommene Anpassung. »Die Lehrer in der Elementarschule kamen mir wie Feldwebel vor und die Lehrer im Gymnasium wie Leutnants.« Ein vernichtenderes Urteil kann er nicht fällen. Er hasst auch jene Paraden, bei denen die Mitschüler Fähnchen schwenkend am Straßenrand stehen. Die Uniformen machen ihm ebenso Angst wie der Gleichschritt. »Wenn ich einmal groß bin«, sagt er zu seinen Eltern, »will ich nicht zu diesen armen Leuten gehören.« Die Eltern akzeptieren diese Einstellung und fördern stattdessen die Leidenschaften ihres Sohnes, seine Liebe zur Mathematik und bald auch zur Musik.

Seine Mutter, Pauline Einstein, warmherzig und liebevoll, aber auch resolut und etwas possessiv, geht ganz und gar in der Musik auf und bietet damit vielleicht einen Ausgleich in diesem Haus, in dem viel über Technik und das Geschäft gesprochen wird. Sie ist eine hervorragende Pianistin. Ihr Traum ist es, eines Tages mit ihrem Sohn musizieren zu können. Kaum ist dieser sechs Jahre alt, engagiert sie für ihn einen Geigenlehrer. Während der Musikstunden ist die Mutter immer anwesend, um ihren Sohn zu ermutigen und etwaige Wutanfälle zu verhindern. Doch die Etüden und technischen Übungen langweilen ihn schlichtweg. Wieder erweist sich jeder Drill als kontraproduktiv. Mit 13 aber verliebt sich Einstein in Mozarts Sonaten und will sie unbedingt spielen können. »Mozarts Musik ist so rein und schön, dass ich sie als die innere Schönheit des Universums selbst ansehe ... Das Bestreben, sie einigermaßen in ihrem künstlerischen Gehalte und in ihrer einzigartigen Grazie wiederzugeben, zwang mich zur Verbesserung meiner Technik, die ich an diesen Sonaten erwarb, ohne je systematisch zu üben. Ich glaube überhaupt, dass Liebe eine bessere Lehrmeisterin ist als Pflichtbewusstsein, bei mir wenigstens sicher«, sagt er später. Sein Arzt Janos Plesch, selbst leidenschaftlicher Musikliebhaber, beobachtete ihn bei Kammermusikabenden im Berlin der zwanziger Jahre: »Er hat eine fleischige, etwas längliche Hand mit langen, zugespitzten Fingern, völlig verschieden von den knochigen Fingern eines Richard Wagner oder eines Franz Liszt. Mit diesen feinen Fingern findet Einstein sehr gut einen klaren Ton. Was ihm fehlt, ist die hohe Technik, und hier wieder besonders die ausgewogene Bogentechnik. Er weiß das. Er ärgert sich über diese Unzulänglichkeit – besonders bei schwierigen Passagen. In solchen grimmigen Momenten überkommt diesen neidlosen Menschen hie und da ein sehnsüchtiger Neid.«

Neben der Musik ist es die Philosophie, die ihn begeistert. Er liest die »Kritik der reinen Vernunft« von Immanuel Kant und spürt sofort, dass dieser einst das gleiche Ziel verfolgte wie er selbst: die Sicherheit und Reinheit des Denkens. Die drei Fragen, die Kant beantworten wollte, werden auch Einstein zeitlebens beschäftigen: Was kann ich wissen? Was soll ich tun? Was kann ich hoffen? Jene etwas bizarren Überlegungen des Königsberger Philosophen (1724–1804) zu Raum und Zeit steigern zudem Einsteins frühes Interesse an diesem Thema. Auch Kants Gedanke, dass Gott vielleicht nicht existiere, hat Einstein nicht mehr losgelassen. Auf dem Luitpold-Gymnasium, auf dem es nun auch jüdischen Religionsunterricht gibt, haben ihn freilich erst einmal die großen Propheten und ihre Weisheit beeindruckt. Er studiert den Prediger Salomo. Die rituellen Vorschriften des Judentums nimmt er ernst, obwohl sie in seinem freigeistigen Elternhaus keine besondere Rolle spielen. Er komponiert Hymnen zur höheren Ehre Gottes und singt sie laut, wenn er von der Schule nach Hause geht. Damals kommt ihm auch »die Nichtigkeit des Hoffens und Strebens lebhaft zum Bewusstsein, das die meisten Menschen rastlos durchs Leben jagt ... Jeder war durch die Existenz seines Magens dazu verurteilt, an diesem Treiben sich zu beteiligen. Der Magen konnte durch solche Teilnahme wohl befriedigt werden, aber nicht der Mensch als denkendes und fühlendes Wesen. Da gibt es als ersten Ausweg die Religion ...« So sucht er schon bald einen zweiten Ausweg – den aus der Schule. Noch sind es genau zehn Jahre bis zu seinem bahnbrechenden Gedankengebäude.

1894 sind Hermann und Pauline Einstein mit Alberts Schwester Maja und der Familie des Onkels Jakob kurzerhand nach Italien gezogen. Mit der Elektrotechnik-Firma waren sie trotz der anfänglichen Erfolge gescheitert. Albert Einstein bleibt allein in München zurück und besucht weiter die Schule. Freunde der Familie kümmern sich dort um ihn. Aber er fühlt sich einsam und will schließlich der Familie nach Italien folgen. Von einem befreundeten Arzt lässt er sich ein Attest schreiben, die Diagnose: »neurasthenische Erschöpfung«, eine Unterbrechung des Schulbesuchs sei notwendig. Und vom Mathematiklehrer lässt er sich schriftlich bestätigen, dass er den Stoff in diesem Fach bis zum Abitur beherrsche und darin der Klassenbeste sei. Dann nimmt er den Zug nach Mailand. Ein neuer Aufbruch. Die ersten Monate verbringt er bei seinen Eltern in Norditalien, Mailand fasziniert ihn. Aber die Eltern sind entsetzt, als der Sohn – ausgerechnet ihr begabter Ältester – plötzlich als Schulabbrecher vor ihnen steht. Der Vater, um seine Existenz kämpfend und vor einem Neubeginn stehend, will Albert überreden, Elektroingenieur zu werden. Anschließend solle er in die Firma eintreten – eine kleine Fabrik, die die Brüder Einstein am Ufer des Naviglio-Kanals errichtet haben – und sie später einmal leiten. Der Sohn reagiert auf den familiären Druck auf seine Weise. Philosophielehrer wolle er werden, sich auf Kant spezialisieren, wirft er den schockierten Eltern an den Kopf.

In Wahrheit hat er Größeres vor und verspürt jetzt noch stärker den Drang, etwas Besonderes zu leisten, vielleicht physikalische Weltbilder zu hinterfragen. Albert holt seinen Trumpf aus der Tasche: die Empfehlung und die exzellenten Bewertungen des Münchner Gymnasiums. Damit will er – nach autodidaktischer Vorbereitung – die Aufnahmeprüfung für das renommierte Eidgenössische Polytechnikum in Zürich machen, zwei Jahre vor dem eigentlichen Zulassungsalter. Wie besessen ackert er sich durch Lehrbücher und physikalische Abhandlungen, versucht so, sich ein breites Grundwissen anzueignen. Schließlich schreibt er – zum Beweis, dass er eigenständig denken kann – seinen allerersten wissenschaftlichen Essay: »Über die Untersuchung des Ätherzustands im magnetischen Feld«. So schnell wie möglich will er auf das Züricher Polytechnikum, zu dieser Zeit ist er noch keine siebzehn. Doch zunächst fällt der Junge durch die Aufnahmeprüfung. Vielleicht ist das sogar ein Glücksfall, denn das folgende Jahr wird ihn tief prägen – vor allem in menschlicher Hinsicht. In der Kantonshauptstadt Aarau, zwanzig Kilometer südlich von Zürich, soll er das Abitur nachholen. Zugleich wird er so dem deutschen Militärdienst entgehen, der in Kürze droht. Allein der Gedanke daran ist ihm ein Graus. Die Kantonsschule gilt als ebenso freiheitliches wie hochkarätiges Gymnasium: »Diese Schule hat durch ihren liberalen Geist und durch den schlichten Ernst der auf keinerlei äußerliche

Autorität sich stützenden Lehrer einen unvergesslichen Eindruck in mir hinterlassen; durch Vergleich mit sechs Jahren Schulung an einem deutschen, autoritär geführten Gymnasium wurde mir eindringlich bewusst, wie sehr die Erziehung zu freiem Handeln und Selbstverantwortlichkeit jener Erziehung überlegen ist, die sich auf Drill, äußere Autorität und Ehrgeiz stützt. Echte Demokratie ist kein leerer Wahn.« Das wird Albert Einstein vierzig Jahre später schreiben. An jener Schule unterrichtete, in einer anderen Abteilung, Jost Winteler als Professor für Griechisch und Geschichte. Dessen Familie, die ihn auf ihrem »Rössligut« als Pensionsgast aufnimmt, wird Einstein zur zweiten Heimat, zum Ersatz für das nun abermals entbehrte Elternhaus.

Pauline und Jost Winteler, die selbst sieben Kinder haben, werden für ihn »Mama«, bald zärtlich »Mamerl« genannt, und »Papa«. Mit den Winterlers teilt er das Interesse an der Natur. Ausgedehnte Wanderungen in den Bergen werden unternommen, Pflanzen bestimmt und seltene Vögel beobachtet. Später wird es ihn mit Genugtuung erfüllen, tatsächlich in eine verwandtschaftliche Beziehung mit der Ersatzfamilie einzutreten – seine Schwester Maja heiratet den Sohn Paul Winteler, sein bester Freund Michele Besso die älteste Tochter Anna. Den sechs Jahre älteren, physikalisch äußerst interessierten Maschinenbauingenieur hat er in Zürich beim Musizieren kennen gelernt. Der dynamische, manchmal leicht chaotische Besso, mit Vollbart und dichtem dunklen Kraushaar, hat einen kosmopolitischen Hintergrund. Seine Familie ist jüdisch, hat ihre Wurzeln in Spanien, die auf das 17. Jahrhundert zurückgehen, und lebt jetzt in Italien. Michele Besso wird Einsteins bester Freund und diese Freundschaft wird ein Leben lang halten. Beide sterben 1955, Besso einen Monat vor Albert Einstein. Als er ihm 1896 die physikalischen Schriften von Ernst Mach zur Lektüre gibt – ein wichtiger Einfluss auf alles Kommende – und immer wieder das philosophische Gespräch sucht, hat sich Einstein bereits am Polytechnikum eingerichtet und studiert mit Nachdruck. Längst ist er den Professoren aufgefallen.

Und ihm selbst ist eine Mitstudentin aufgefallen. Das offensichtliche Interesse des gut aussehenden, durchaus charismatischen jungen Mannes an Mileva Marić versteht niemand so recht. Das Mädchen aus Serbien, mit dunklen Augen und einem sinnlichen Mund, ist vier Jahre älter als Einstein, im Gegensatz zu ihm eher humorlos und hinkt leicht, weil sie an Folgeschäden einer als Kind durchgemachten Tuberkulose leidet. Auch das rechte Hüftgelenk ist betroffen. Später wird Einstein auf die Frage, ob ihn das nicht störe und warum er daran denke, ein solches Mädchen zu heiraten, antworten: »Warum nicht? Sie hat eine liebe Stimme.«

4.
LIEBE UNTER AUSSENSEITERN

Beide sind Außenseiter in der eingeschworenen Gemeinschaft der Schweizer Studenten. Die Serbin und der inzwischen Staatenlose, der über Italien aus Deutschland gekommen war. Mileva, jetzt fast einundzwanzig und die einzige Frau in der Sektion VI des Polytechnikums, wirkt verträumt und hält sich bei Diskussionen in der Gruppe zurück. Ihre seltenen Bemerkungen sind zugleich lakonisch und scharf. Erst wenn sie mit Albert allein ist, blüht sie auf. Dann kommt ein Enthusiasmus zum Vorschein, den andere an ihr nicht kennen. Die geistigen Funken fliegen. Kein Zweifel: Einstein ist verliebt in ihren Intellekt. Überhaupt scheinen sie ein ideales Paar zu sein – Albert mit seiner fast grenzenlosen Vorstellungskraft und seiner Fähigkeit zur Abstraktion, Mileva als logisch denkende Pragmatikerin.

Immer öfter nutzt Einstein nun ihre Fähigkeiten. Sie wendet viel Zeit für ihn auf, fällt sogar durch eine entscheidende Prüfung – auch, weil sie keine Zeit mehr hat, ihren eigenen Stoff zu lernen. Sie beginnt sich aufzuopfern. Albert Einsteins Verstand braucht Partner. Marcel Grossmann, mit dem er Mathematik studierte, gehört ebenso dazu wie Michele Besso. Weil er aber nie, auch nicht abends und nachts, aufhören kann zu denken, ist ihm Mileva sehr willkommen. Gerade, wenn es um Überlegungen zur Relativität geht. Energie und Materie in einer Formel zusammenzubringen ist schon längst sein Traum – der ewige Traum von einer Weltformel. In diesen für ihn sakrosankten Raum seiner Gedanken kann Mileva am weitesten vordringen. Sie ist die Erste, die davon erfährt. Und sie hilft ihm bei Berechnungen, wobei nie ganz geklärt werden konnte, wie entscheidend diese Hilfe für das Entstehen seiner bahnbrechenden Theorie und der Formel war, worin diese zusammengefasst ist. Sein Sohn Hans Einstein schrieb: »Meine Mutter half ihm bei der Lösung mathematischer Probleme, aber niemand konnte ihm bei seiner kreativen Arbeit assistieren, beim ständigen Fluss neuer Ideen.« Immerhin schreibt Einstein 1901 an Mileva: »Wie glücklich und stolz werde ich sein, wenn wir beide zusammen unsere Arbeit über die Relativbewegung siegreich zu Ende geführt haben!«

Die geistige Anziehung wird inzwischen längst von einer körperlichen begleitet. Lange hat Mileva Alberts Avancen abgewehrt. Sie ist eine Frau mit Grundsätzen, hat sich in ihre Studien gestürzt, weil eine nicht gesunde Frau wie sie in ihrer Kultur als »nicht heiratbar« gilt. Sie ist sogar für eine Weile vor ihm aus Zürich geflohen – nach Deutschland, an die Universität von Heidelberg. Und eine Schwangerschaft würde nicht nur ihre Karriere, sondern auch ihren Ruf gefährden. In Serbien würde sie als »kurva« gelten, als Hure. Wenig später überwindet sie ihre Bedenken und gibt dem Drängen des Geliebten nach. Sexualität ist wichtig für Einstein, schon damals. Sie ist ein Ventil, das ihn für kurze Zeit seinen ansonsten vernachlässigten Körper spüren lässt. Oder denkt er weiter an seine Formeln, während er mit Mileva schläft? Ihr gegenüber wird er bald davon sprechen, dass er beim Lesen gelungener physikalischer Abhandlungen Lust empfindet. Sex ist für ihn ein Stimulans, auf das er keinesfalls verzichten will. »Wie schön war es das letzte Mal, als ich Dein Persönchen an mich drücken durfte, wie die Natur es gegeben. Sei mir innigst dafür geküsst«, schreibt er im Nachklang einer Reise nach

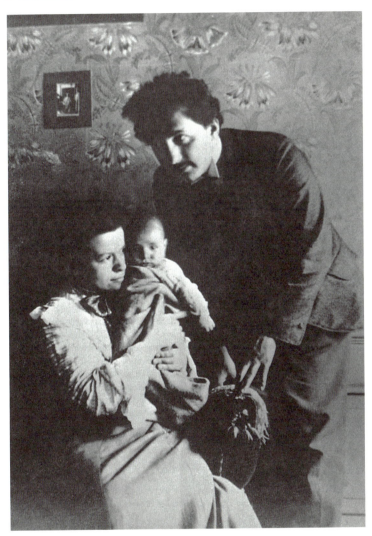

Einsteins Sohn Hans Albert wurde 1904 geboren. Hier mit Albert und Mileva.

Como. Und Mileva wartet ebenso ungeduldig auf seinen nächsten Besuch: »Bis dahin will ich nun recht fleißig sein, um mich ganz frei mit Dir freuen zu können – Gotterl, wie wird da die Welt schön aussehen, wenn ich Dein Weiberl bin. Du wirst sehen, es wird kein glücklicheres Weiberl geben auf der ganzen Welt, und dann muss das Manderl auch so sein.«

Wenig später ist sie schwanger. Die Befürchtungen, im Taumel verdrängt, haben sich bestätigt. Roger Highfield und Paul Carter analysieren später Milevas Seelenzustand dieser Zeit: »Für sie als eine junge Frau, die sich immer mehr als Opfer sah und daran gewöhnt war, auf Schwierigkeiten zu stoßen, wenn sie einmal optimistisch war, muss die Nachricht verheerend gewesen sein. Sie war allein und fern von ihrer Familie, nur zwei Monate vor der Wiederholung der Prüfung, die so wichtig war für ihr Selbstwertgefühl und ihre Hoffnungen auf eine eigene Karriere. Ihr Liebhaber war ein mittelloser Träumer, für den die Ehe in weiter Ferne lag, dessen Eltern sie ablehnten und der erst noch eine Dauerstellung finden musste.« Tatsächlich war das Glück, von dem sie geträumt hatte, in noch weitere Ferne gerückt. Doch sie war stolz darauf, das Kind des zutiefst bewunderten Mannes in sich zu tragen. Im November 1901 kehrt sie nach Novi Sad in Ungarn zurück, wo ihre Eltern, ethnische Serben, leben. Dort bringt Mileva vermutlich Ende Januar 1902 eine Tochter zur Welt.

Diese hat Einstein nie gesehen, am liebsten hätte er das Kind wohl aus seinem Leben gelöscht. Nicht einmal seine engsten Freunde erfuhren von der Geburt seiner Tochter. Für Albert Einstein ist sie eine Belastung und Hindernis für seine weitere Karriere beim Patentamt in Bern, wo er bald seine Tätigkeit aufnehmen soll. Damit hat er nicht Unrecht, denn in der Schweiz haben Beamte Vorbild zu sein. Zudem üben seine Eltern noch immer starken Einfluss auf ihren Sohn aus. Auf keinen Fall solle er Mileva heiraten, was er tatsächlich erst nach dem Tod des Vaters im darauf folgenden Jahr tut. Von der Tochter, die sie »Lieserl« nennen, und ihrem Schicksal gibt es nur wenige verwehte Spuren. Nach ausführlichen Recherchen der New Yorker Einstein-Forscherin Michele Zackheim war sie möglicherweise als Folge einer Scharlachkrankheit geistig behindert und ist im Alter von 21 Monaten gestorben. Das wäre ein weiterer Grund dafür, warum Mileva sie von Einstein, der das kaum ertragen hätte, fernhalten wollte und ohne die Tochter in die Schweiz zurückkehrte. Im Dunkeln bleibt, wer sich zwischen Milevas Abreise aus Novi Sad und dem Tod des Kindes darum kümmerte. Hat Einstein Mileva gezwungen, das Kind zur Adoption freizugeben? Seine Sogwirkung jedenfalls scheint stärker gewesen zu sein als ihr Mutterinstinkt. Noch kurz nach der Geburt hatte sich Einstein nach dem Wohlergehen von Lieserl erkundigt: »Ist es auch gesund und schreit es auch gehörig? Was hat es denn für Augerl? Wem von uns sieht es mehr ähnlich? Wer gibt ihm denn das Milcherl?« Und dann machte es ihm gleich wieder Freude, die Geburt als naturwissenschaftliches Phänomen zu betrachten: »Ich möcht auch selber mal ein Lieserl machen, es muss doch zu interessant sein.« Beobachtungen soll Mileva an dem Kind anstellen und es fotografieren oder zeichnen. Aber in seine Nähe kommen soll es nicht. Es wäre ein Leichtes für Einstein gewesen, von der Schweiz nach Novi Sad zu gelangen – kaum eine Tagesreise. Er wollte es nicht.

Von da an veränderte sich die Beziehung zu Mileva grundlegend. Der älteste, 1904 geborene Sohn Hans Albert gab Anfang der sechziger Jahre, noch bevor die Existenz einer Schwester bekannt wurde, zu Protokoll: »Etwas war zwischen den beiden vorgefallen, doch Mileva sagte mir, es sei ›äußerst persönlich‹. Was immer es sein mochte, sie brütete darüber, und irgendwie schien Albert daran die Schuld zu tragen. Ihre Freunde meinten, sie solle sich aussprechen und so ihr Herz erleichtern. Sie aber blieb dabei, dass es zu persönlich sei, und behielt es ihr Leben lang für sich.« Später wird sich zeigen, wie verheerend die Auswirkungen des vermutlich auch zwischen den beiden nie ausgesprochenen Dramas sind. Aber erst einmal wird geheiratet. Zu dieser Zeit ist Einstein im Grunde schon auf dem besten Wege, sich – zunächst innerlich – aus der Beziehung zu Mileva zu lösen. Warum heiratete er trotzdem? Weil er wusste, dass sie längst von ihm abhängig war und das seiner Bequemlichkeit entgegenkam? Weil er letztlich ein gutmütiger Kerl war oder weil er sie als wissenschaftliches Gegenüber brauchte, als geistige Partnerin? Oder aber, weil er ihr sexuelles Temperament schätzt? Bald folgte sie ihm nach Bern, wo Albert Einstein sich einstweilen am Patentamt einrichtete.

Am 16. Juni 1902 tritt er dort einen Posten als »technischer Experte dritter Klasse« an. Die Arbeit im Patentamt ist reine Routine, aber ihr Gegenstand interessiert ihn, denn es geht dort um das Patentieren von allerlei Apparaten für die Elektroindustrie, Schreibmaschinen und Geräten für den alltäglichen Einsatz im Haushalt. Daneben bleibt ihm genügend Zeit zur Weiterentwicklung seiner Theorien und zum Nachdenken über eigene Erfindungen. Später wird er selbst Patente für einen geräuschlosen Kühlschrank und eine Hörhilfe anmelden. Doch zunächst dringt er, kaum hat er am Abend das Amt verlassen, immer tiefer in die Geheimnisse von Raum und Zeit ein. Er befindet sich jetzt kurz vor dem Ziel.

5.
DIE STRENGEN ENGEL DER NATURWISSENSCHAFT UND DER KRIEG

Nach einem Zwischenspiel in Zürich ist die Familie 1911 nach Prag gezogen. Inzwischen ist es um die Ehe der Einsteins nicht mehr zum Besten bestellt. Albert Einstein investiert alle seine Gefühle in die Physik und zieht sich immer mehr ins Reich der nach eigener Aussage »strengen Engel der Naturwissenschaft« zurück. Er wirft Mileva vor, die Kinder gegen ihn aufzubringen, und entfernt sich immer mehr von der Familie. Längst hat er eine Liaison mit seiner Cousine Elsa begonnen. Dann lässt er sich von Mileva scheiden. Sie wird sich – im Gegensatz zu Einstein selbst – weiter um die Kinder kümmern. Einstein sucht nur noch eine Haushälterin, die das eine oder

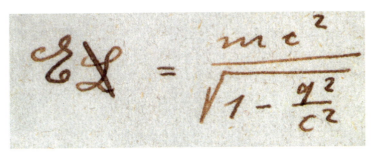

Die Gleichung für die Äquivalenz von Energie und Masse: $e = mc^2$ aus Einsteins Niederschrift der Relativitätstheorie (1907).

andere außereheliche Verhältnis toleriert. Elsa, die er 1919 heiratet, wird für ihn sorgen, ihm sein »Vogelfutter« kochen, wie er es nennt, und seine Süppchen, um seinen kranken Magen zu pflegen.

Ab Ende 1913 lebt Einstein in Berlin. Er ist an die Königlich Preußische Akademie der Wissenschaften berufen worden und wird Direktor des Kaiser-Wilhelm-Instituts für Physik. Endlich ist er, der bis dahin als Außenseiter galt, wissenschaftlich akzeptiert, sein Ruhm wächst mit Lichtgeschwindigkeit. Zwei Jahre später ist er bereits Präsident der Deutschen Physikalischen Gesellschaft und damit unwiderruflich einer der Top-Physiker seiner Zeit. Die Spezielle Relativitätstheorie ist als Revolution anerkannt. Doch damit gibt er sich nicht zufrieden. Ein Gefühl der Unvollkommenheit beschleicht ihn. Seine Theorie ist ihm, auch wenn es paradox klingen mag, zu theoretisch. Sie erklärt zwar die seltsamen Vorgänge um das Licht und dessen Beobachtung, sagt aber nichts über Beschleunigung und Erdanziehung aus. 1915 begründet Albert Einstein die Allgemeine Relativitätstheorie, am 20. März 1916 wird sie in den »Annalen der Physik« veröffentlicht. Neun Jahre zuvor, von seinem Fenster im Patentamt auf die Dächer der Berner Altstadt schauend, hatte er eine Idee gehabt, die er jetzt als »den glücklichsten Einfall meines Lebens« bezeichnet, weil sie ihn geradewegs auf die richtige Fährte und damit ans Ziel geführt hat: »Für einen Beobachter, der sich im freien Fall vom Dach seines Hauses befindet, existiert, zumindest in seiner unmittelbaren Umgebung, kein Gravitationsfeld.«

Wieder rüttelt er an den Grundfesten des Newton'schen Universums. Darin ist die Erdanziehung – die Gravitation – eine Kraft, mit der eine große Masse andere Massen anzieht. Einstein dagegen sieht diese Kraft eingebettet in ein Kontinuum von Raum und Zeit, in dem sich kosmische Objekte bewegen. Jetzt ist das Bild vollendet. Die »Raumzeit«, und mit ihr die vierte Dimension, ist geboren. Die Materie bestimmt in diesem Kosmos den Raum, wie er sich zu krümmen hat, und der Raum sagt der Materie, wie sie sich bewegen soll. Seinem kleinen Sohn Eduard erklärt Einstein 1919: »Wenn ein blinder Käfer an einem gekrümmten Ast entlangkriecht, merkt er nicht, dass der Ast gekrümmt ist. Ich hatte das Glück zu bemerken, was der Käfer nicht bemerkt hatte.«

Von da an beeinflusste er unser Bild vom Weltall entscheidend. Die Idee vom Urknall, die Expansion des Universums, die Vorstellung, dass es parallele Welten geben kann – all das geht auf die Allgemeine Relativitätstheorie zurück. Sogar »schwarze Löcher« und Phänomene wie Quasare (sternähnliche Objekte oder Sternsysteme) sagt Einstein in seinen eleganten Formeln voraus. Um die Allgemeine Relativitätstheorie endgültig zu bestätigen, fehlt nur noch ein Steinchen im großen Puzzle, denn Einstein hatte sehr spezifische Aussagen zur Krümmung des Lichts gemacht – hatte er Recht? /

Eine Expedition britischer Astronomen unter Arthur Eddington bricht 1919 zu der Vulkaninsel Principe im westafrikanischen Golf von Guinea auf, um die Lichtablenkung im Schwerefeld der Sonne zu prüfen. Durch Beobachtungen zum Verhalten des Lichts bei einer Sonnenfinsternis konnte die Allgemeine Relativitätstheorie schließlich verifiziert werden. Das Licht verhielt sich genau so, wie Einstein es in seiner Formel vorausgesagt hatte. Als am 22. September 1919 das Telegramm der britischen Forscher eintrifft, spricht Einstein, der in solchen Momenten zu einem gewissen Überschwang neigt, vom »glücklichsten Tag meines ganzen Lebens«.

Im Jahr zuvor hatte das Deutsche Reich kapituliert. Der Erste Weltkrieg war zu Ende. Der Kaiser dankte ab, die Republik wird ausgerufen. Einstein ist begeistert von der neuen Zeit, die nun anbricht.

Der Krieg hat Millionen das Leben gekostet und deutsche Geistesgrößen haben darin eine dubiose Rolle gespielt. Nicht nur, dass fast alle Physiker für die Kriegsmaschinerie arbeiteten. Pamphlete wie der »Aufruf an die Kulturwelt«, in gespenstisch nationalistischem Ton gehalten, sind in der ganzen Welt verbreitet worden, »… gegen die Lügen und Verleumdungen, mit denen unsere Feinde Deutschlands reine Sache in dem ihm aufgezwungenen schweren Daseinskampfe zu beschmutzen trachten«. Eine Kriegsschuld Deutschlands wird bestritten, Franzosen und Engländern dagegen wird vorgeworfen, dass sie sich »mit Russen und Serben verbünden und der Welt das schmachvolle Schauspiel bieten, Mongolen und Neger auf die weiße Rasse zu hetzen«. Die wild gewordenen Patrioten enden ihren Aufruf, indem sie der Welt versichern, »dass wir diesen Kampf zu Ende kämpfen werden als ein Kulturvolk, dem das Vermächtnis eines Goethe, eines Beethoven, eines Kant ebenso heilig ist wie sein Herd und seine Scholle«. Weder Max Planck noch Wilhelm Röntgen, Walther Nernst oder Fritz Haber sind sich zu schade für die Unterschrift. Letzterer an der Spitze bereitet die Armee mit neuen Erfindungen auf den harten russischen Winter vor, Nernst experimentiert mit Tränengas. Einstein, als Pazifist, unterzeichnet nicht und ist schockiert vom Verhalten der Kollegen. Seine kindliche Naivität – eine wichtige Erklärung für seinen Erfolg – und den Glauben an das Gute im Menschen wird er bis an sein Lebensende bewahren. Elsas Kardiologe, Prof. Georg Nicolai, der auch den Kaiser behandelte, ist ein prominenter Antikriegsaktivist und bittet einhundert Intellektuelle, ein Gegenmanifest zum »Aufruf an die Kulturwelt« zu unterschreiben. »Solche Stimmung ist durch keine Leidenschaft zu entschuldigen«, heißt es dort. »Sie ist unwürdig dessen, was bisher alle Welt unter dem Namen Kultur verstanden hat, und sollte sie Allgemeingut der Gebildeten werden, so wäre das ein Unglück.« Nur vier Personen unterzeichnen den Aufruf, darunter Albert Einstein. An seinen Freund Paul Ehrenfest schreibt er gegen Ende des Jahres 1914: »Die internationale Katastrophe lastet schwer auf mir internationalem Menschen. Man begreift schwer beim Erleben dieser ›großen Zeit‹, dass man dieser verrückten, verkommenen Spezies angehört, die sich Willensfreiheit zuschreibt. Wenn es doch irgendwo eine Insel für die Wohlwollenden und Besonnenen gäbe! Da wollte ich auch glühender Patriot sein.«

In der Tat: Der Krieg nimmt ihn, der die Menschheit liebt, schwer mit. Er schläft kaum mehr, hat apokalyptische Visionen. Dazu kommt die übermenschliche geistige Anstrengung seiner Arbeit an der Allgemeinen Relativitätstheorie. Für seinen Körper ist all das zu viel. Er bricht zusammen, verliert schnell an Körpergewicht, ist nur noch ein Schatten seiner selbst, glaubt, er leide an Krebs und werde daran sterben. Zu dieser Zeit ist er noch nicht einmal 38 Jahre alt. Einstein verlässt seine Wohnung nicht mehr; er leidet einsam. Ein Magengeschwür wird diagnostiziert, Elsa und ihre Töchter pflegen ihn aufopfernd. Er will versorgt sein, betreut, verteidigt gegen den Ansturm der Außenwelt. Wer diese Rolle übernimmt, ist nicht entscheidend.

Und seine eigene Rolle? Die des Vaters zum Beispiel? Einstein, der sich selbst einen kindlichen Kern bewahrt hat, ist zuzeiten ein guter Vater gewesen und hat für seinen ältesten Sohn Hans Albert Seilbahnen aus Streichholzschachteln und Bindfäden gebaut, ihm die Natur erklärt. Aus der Ferne erkennt er jetzt immer deutlicher, wie ähnlich ihm der Sohn ist. Zunehmend entwickelt sich dieser zum »Einspänner« und versteckt sich – vermutlich eine Folge des Scheidungsdramas der Eltern – hinter einer Maske des Schweigens und der Unnahbarkeit. In der Schule nennen sie ihn »Steinli«. Einen Moment lang überlegt Einstein sogar, den Sohn nach Berlin zu holen, sich um ihn zu kümmern, ihn zu unterrichten. Aber im Grunde weiß er, dass dies mit seiner angestrengten Arbeit nicht zu vereinbaren wäre. Er nimmt jetzt, wie zum Trost, wieder öfter die Geige zur Hand und ausgerechnet Hans Albert wird später deren heilsame Wirkung beschreiben: »Immer wenn er das Gefühl hatte, ans Ende eines Weges gekommen zu sein, oder wenn er sich bei seiner Arbeit einer schwierigen Herausforderung gegenübersah, suchte er Zuflucht in der Musik, und das löste all seine Schwierigkeiten.«

Ist die Beziehung zu seinem Ältesten schon schwierig, so könnte sein Kontakt zu Eduard, dem Zweitgeborenen, komplizierter kaum sein. Der Junge mit Kosenamen »Tete« verwirrt ihn zutiefst – von Anfang an. Sehr früh lernt Eduard lesen und kann schon bald lange Passagen aus den Werken Goethes und Schillers auswendig zitieren. Sein Verhältnis zur Sprache ist ungewöhnlich – schon das ist Einstein, der als Kind erst extrem spät sprach, nicht geheuer. Da ist etwas, das er nicht kontrollieren kann. Die Kommunikation zwischen Vater und Sohn ist gestört. Aber es ist nicht nur Tetes Intelligenz, die Einstein beunruhigt, es ist vor allem auch das Verhalten des Kindes. Sehr gefühlsbetont, nervös, leicht reizbar und anfällig für Krankheiten. Vom Vater wird dies sogleich als »weibisch« und hypochondrisch gedeutet. In Wahrheit hat das Kind seelische Probleme, die stetig zunehmen. Doch sobald die Psyche ins Spiel kommt, entwickelt Einstein eine abwehrende Haltung. Das wird ein Leben lang so bleiben und hat mit der Verdrängung der eigenen komplizierten seelischen Konstitution zu tun. Andererseits fällt er selbst das grausame Urteil: Eduard sei schlichtweg geistesgestört und man müsse sich keine Illusionen über seine Zukunft machen. Einstein hält die Krankheit für eine Folge jener Tuberkulose der Lymphknoten, an der Mileva erkrankt war. Zur Zeit der Empfängnis Eduards habe er Schwellungen der Drüsen an ihr bemerkt, sich aber nichts dabei gedacht. Im Übrigen seien die Gene schuld, natürlich von Milevas Seite. Schon früh hatte Einstein mit unvorstellbarer Kälte gesagt: »Wer weiß, ob es nicht besser wäre, wenn er Abschied nehmen könnte, bevor er das Leben richtig gekannt hat.« Und selbst das war noch steigerungsfähig. Er sei »innerlich überzeugt«, sagte der Vater, dass es »im öffentlichen Interesse läge, die Methode der Spartaner nachzuahmen«, sprich: das Kind auszusetzen und einfach den Elementen zu überlassen. Nicht weniger gefühllos war ja seine Einstellung zu »Lieserl« gewesen, der Tochter, die er nie gesehen hat. Zehn Jahre später wird das Drama des jüngeren Sohnes seinen Lauf nehmen und Einstein wird davon ungerührt bleiben. Die Angst vor den Abgründen der Seele wird ein weiteres Mal stärker sein.

Doch zunächst steuert Albert Einstein unaufhörlich auf den Zenit seiner Laufbahn zu. Weit über die Physik hinaus hat die Relativitätstheorie im zweiten Jahrzehnt des 20. Jahrhunderts Furore gemacht. Einstein wird jetzt von den Massen gefeiert und als Weiser verehrt, von Menschen, die keinen blassen Schimmer davon haben, was dieses Gedankengebäude bedeutet. »Das Himmelslicht hängt schief ... Einsteins Theorie triumphiert!«, titelt die »New York Times«. Der Präsident der ehrwürdigen Royal Society in London würdigt die Relativitätstheorie als eindrucksvollstes Zeugnis menschlichen Denkens.

Unterdessen braut sich über Deutschland allmählich Unheil zusammen. Berlin ist auf eine Einwohnerzahl von 3,8 Millionen angewachsen. Ein Koloss, der die Balance zu verlieren droht. Arbeitslosigkeit und galoppierende Inflation sind die Wurzeln der Katastrophe, die sich langsam anzudeuten beginnt. Gleichzeitig ist die Stadt zu einem Kulturmekka geworden. Max Reinhardt und Bertolt Brecht, Walter Gropius und Arnold Schönberg, Max Beckmann und Otto Dix – sie alle bilden den Kern dessen, was Berlin damals sein will und tatsächlich auch ist: kultureller Trendsetter der westlichen Welt. Und das meiste von dem, was das fruchtbare Leben der Weimarer Republik prägt, ist von deutschen Juden geschaffen worden: Einsteins Relativitätstheorie, Sigmund Freuds und Alfred Adlers Arbeiten auf dem Gebiet der Psychoanalyse, Arnold Schönbergs Zwölftonmusik, Magnus Hirschfelds Sexualwissenschaft, Ernst Cassirers neukantianische Philosophie, die expressionistische Lyrik, die Dreigroschenoper von Brecht und Weill sowie Max Reinhardts Neues Theater, aber auch zahllose glamouröse Revuen mit den Tiller Girls oder Josephine Baker. Die Stadt sprüht vor Geist und Erotik. Überall in Kunst und Wissenschaft werden neue Wege beschritten.

Auch Albert Einstein ist schnell vereinnahmt worden. Er gilt als Berliner Genie und ist vielleicht das berühmteste. Man ist stolz auf ihn. Das Publikum strömt nicht nur ins Theater und in große Ausstellungen, sondern auch in den Hörsaal 122 der Universität, in dem Einstein seine Vorlesungen hält. Und wenn er in der neuen Synagoge in der Oranienburger Straße Geige spielt, ist das ein Ereignis. Er ist jetzt der wichtigste Exponent der jüdischen Intellektuellen und er weiß es. Berühmt ist er auch für seinen Humor. So dichtet er: »Schau ich mir die Juden an, hab ich wenig Freude dran. Fallen mir die andern ein, bin ich froh, ein Jud' zu sein.«

Der Schriftsteller und Flaneur Harry Graf Kessler, ebenfalls ein wichtiger Protagonist im Berlin der damaligen Zeit, zeichnet in seinem Tagebuch ein eindrucksvolles Bild von Einsteins Versuch, ihm die Relativitätstheorie zu erklären. 1922 ist er bei den Einsteins zum Abendessen eingeladen. Dabei fällt ihm der Unterschied zwischen den Gastgebern und ihren Gästen auf: »Dieses wirklich liebe, fast noch kindlich wirkende Ehepaar verlieh diesem etwas zu großen und großindustriellen Diner eine gewisse Naivität … Irgendeine Ausstrahlung von Güte und Einfachheit entrückte selbst diese typisch Berliner Gesellschaft dem Gewöhnlichen und verklärte sie durch etwas fast Patriarchalisches und Märchenhaftes.« Als das Essen zu Ende ist und alle Gäste gegangen sind, bleibt Graf Kessler und bittet Einstein, ihm zu erklären, was es nun tatsächlich mit der Relativitätstheorie auf sich habe, von der alle reden. »Ich solle mir eine Glaskugel denken, die auf dem Tisch ruhte und auf deren Spitze ein Licht angebracht sei. Auf der Oberfläche der Kugel flache (zweidimensionale) Kreise oder Käfer, die sich darauf bewegten. Also eine ganz einfache Vorstellung. Die Oberfläche der Kugel sei, wenn man sie zweidimensional betrachte, eine unbegrenzte, aber endliche Fläche. Die Käfer bewegten sich also (zweidimensional) auf einer unbegrenzten, aber endlichen Fläche. Wenn man nun die Schatten betrachte, die die Käfer dank dem Licht in der Kugel auf den Tisch würfen, so sei die Fläche, die diese Schatten auf der Tischplatte und ihren Verlängerungen nach allen Seiten bedeckten, ebenfalls, genau wie die Fläche auf der Kugel, unbegrenzt, aber doch endlich, das heißt, die Zahl der Schattenkegel oder Kegelschnitte durch die ideal vergrößerte Tischplatte entspräche immer nur der Zahl der Käfer auf der Kugel. Und da diese Zahl endlich sei, so sei notwendig auch die Zahl der Schatten endlich. Hier hätten wir also die Vorstellung einer zwar unbegrenzten, aber doch endlichen Fläche. Wenn man sich nun statt der zweidimensionalen Käfer-Schatten dreidimensionale konzentrische Kugeln denke, so könne man auf diese genau dieselbe Vorstellung übertragen und habe dann das Bild eines zwar unbegrenzten, aber doch endlichen Raumes (dreidimensional) ... In diesen Gedankengängen und Vorstellungen beruhe aber gar nicht die Bedeutung seiner Theorie, sondern in der Verknüpfung von Materie, Raum und Zeit, im Nachweis, dass keines von diesen dreien für sich allein bestünde, sondern jedes immer von den beiden anderen bedingt sei.« So befindet sich denn in den lange Zeit vergessenen Tagebüchern Kesslers die vielleicht anschaulichste Erklärung der Relativitätstheorie – von Einstein selbst.

Inzwischen hat sich in der Wissenschaft eine starke Opposition gegen Einsteins Lehren gebildet. Der Physiker Ernst Gehrke und der Physik-Nobelpreisträger Philipp von Lenard greifen Einstein an, bezichtigen ihn des Plagiats. Eine »Arbeitsgemeinschaft« gegen die Relativitätstheorie bildet sich. Am 28. August 1920 organisiert man in der Berliner Philharmonie eine Großveranstaltung, ein Tribunal der Kritikaster, die Einstein freilich auch den Ruhm neiden. In düsterer Atmosphäre blasen zahlreiche Redner im Gehrock zur Attacke gegen den Physiker und sein neues Weltbild, nennen es »undeutsch«. Mehr als zweihundert Jahre hatte man die Sicherheit, dass der Kosmos wie eine Präzisionsuhr lief, nach Newtons Regeln. Und dann kommt da einer und zerstört dieses Bild, nennt es gar »Illusion« – unerhört! Einstein erscheint während des zweiten Vortrags, setzt sich in eine Loge und macht sich Notizen. Wenige Tage später veröffentlicht er im »Berliner Tageblatt« eine Replik mit dem Titel »Meine Antwort an die antirelativistische Gesellschaft mit beschränkter Haftung«. Die Polemik und Arroganz, die er darin an den Tag legt, bringen ihm allerdings jede Menge Ärger ein – selbst bei seinen Freunden. Der Gründer der »Arbeitsgemeinschaft deutscher Naturforscher zur Erhaltung reiner Wissenschaft e. V.« ist der antisemitische Winkeljournalist und spätere SA-Mann Paul Weyland. Von physikalischen Kenntnissen unbeleckt, verhindert er mit Hetzschriften gegen den »wissenschaftlichen Dadaismus eines Juden« jede sachliche Diskussion. Und bis auf wenige Ausnahmen machen die deutschen Physiker gemeinsame Sache mit dem extrem Rechten und seiner wachsenden Gefolgschaft.

Albert Einstein ist drauf und dran, das Land zu verlassen. Er hat Morddrohungen bekommen und nimmt sie durchaus ernst. Spätestens am 24. Juni 1922, als der deutsche Außenminister Walther Rathenau von zwei ehemaligen Offizieren umgebracht wird, glaubt er auch jenen Gerüchten, die ihn auf einer »Abschussliste« mit prominenten Juden sehen. Tatsächlich ist in der nationalsozialistischen »Staatsbürger-Zeitung« über Einstein und seine »Gesinnungsgenossen« zu lesen: »Wir würden jeden Deutschen, der diese Schufte niederschießt, für einen Wohltäter des deutschen Volkes halten.«

Mitten in den Goldenen Zwanzigern zieht sich Einstein aus dem öffentlichen Leben Berlins zurück. Fast in Panik reist er nach Kiel und will seinem Freund Hermann Anschütz-Kaempfe, dem Erfinder des Kreiselkompasses, vorschlagen, in dessen Fabrik zu arbeiten. Mit Elsa besichtigt er eine alte Villa an der Förde und will sich seinen Traum von einem eigenen Segelboot erfüllen. Nach all den Jahren Ruhe finden, vor allem auch vor den Anfeindungen. Doch im letzten Moment wird ihm klar, dass diese Art von Stille leicht zur Grabesruhe werden könnte, und er beginnt sozusagen eine Emigration auf Raten: Beinahe unaufhörlich reist er ins Ausland, ist kaum mehr in der deutschen Hauptstadt. Gleichzeitig kann er auf diese Weise für seine Theorie werben, die zu jener Zeit nicht nur in Deutschland angezweifelt wird. Einstein reist nach Österreich, in die Tschechoslowakei, nach Norwegen und Holland, sogar nach England, wo man ihm kühl begegnet und sich dann, beispielsweise am berühmten Kings College in London, durch sein bezwingendes Auftreten doch überzeugen lässt.

Auch Frankreich kann er erobern. Im März 1922 hält er dort Vorträge über die Relativitätstheorie und tritt als Pazifist auf. Bei einem Besuch in Verdun sagt er: »Man sollte alle Studenten aus Deutschland an diesen Ort holen, alle Studenten der Welt, um ihnen zu zeigen, wie grausam der Krieg ist.« Die deutsche Botschaft in Paris berichtet in bemerkenswerter Offenheit an das Auswärtige Amt: »Wenn der Besuch Einsteins ohne größeren Misston, ja sogar sehr befriedigend verlaufen ist, ist dies hauptsächlich auf zwei Gründe zurückzuführen. Einmal handelte es sich bei Einstein um eine Sensation, die der geistige Snobismus der Hauptstadt sich nicht entgehen lassen wollte. Zum anderen war Einstein für Paris sorgfältigst ›möglich‹ gemacht worden dadurch, dass in der Presse allenthalben schon vor seinem Eintreffen festgestellt wurde, er habe das ›Manifest der 93‹ nicht unterzeichnet, er habe im Gegenteil ein Gegenmanifest unterschreiben wollen, seine oppositionelle Haltung zur deutschen Regierung während des Krieges sei bekannt, endlich sei er überhaupt Schweizer und nur aus Deutschland gebürtig. Wie dem aber auch sei, es unterliegt keinem Zweifel, dass Herr Einstein, der eben schließlich noch als Deutscher angesehen werden musste, deutschem Geist und deutscher Wissenschaft hier Gehör verschafft und neuen Ruhm erworben hat.«

Einstein ist endgültig zur unumstrittenen Galionsfigur der deutschen Pazifisten geworden. Noch kann er nicht ahnen, dass er sich zwei Jahrzehnte später – bis ans Ende seines Lebens – fast ausschließlich mit dem Krieg und seinen Folgen beschäftigen wird, dass der Pazifismus all seine anderen Anliegen und Ziele überlagern wird.

6.
EINE WELT IN UNORDNUNG

Den Sommer 1925 verbringt er, diesmal mit seinem Sohn Hans Albert, bei seinem Kieler Freund Anschütz-Kaempfe. Diesen berät Einstein, soeben von Sitzungen beim Völkerbund zurückgekehrt, bei der Entwicklung eines militärisch höchst interessanten Kugelkompasses als Alternative zum herkömmlichen Magnetkompass. Der Vorteil dieses »Gyroskops« besteht darin, dass es dank eines ausgeklügelten Rotationssystems auch in der abgeschlossenen Metall-

Einstein mit seinem Sohn Hans Albert im Jahr 1927.

kapsel eines U-Bootes funktioniert. Der mechanische Effekt des sich schnell drehenden Kreisels führt dazu, dass die Nadel sich jeweils parallel zur Erdachse ausrichtet.

Bedenken scheint Einstein nicht zu haben, zumal die Beratung nicht schlecht bezahlt ist, und wieder legt er jene merkwürdige Gabe an den Tag, Dinge, die ihm unangenehm sind, einfach abzuschütteln. Bereits ein Jahr später wird der Kompass auf einem Torpedoboot der Reichsmarine erprobt – das im Versailler Vertrag festgelegte Verbot des Exports militärisch relevanter Güter wird dabei mittels einer Gesellschaft in Holland geschickt umgangen. Bald übernehmen auch die italienischen, französischen und japanischen Seeflotten das System, und Einstein ist über seinen Vertrag mit Anschütz-Kaempfe finanziell daran beteiligt. 1939 bleiben dann die Zahlungen aus, die Firma befindet sich in Liquidation. Biograf Albrecht Fölsing merkt an: »So brauchte Einstein im Zweiten Weltkrieg, als deutsche U-Boote und japanische Flugzeugträger auf ihren Vernichtungskursen von Instrumenten gesteuert wurden, an denen er nicht nur technisch, sondern auch geschäftlich beteiligt war, wenigstens nicht über die Legitimität von Tantiemen aus diesem Engagement nachzudenken. Ein temperamentvoller Wutausbruch über diese Verwendung seiner Erfindung in Feindeshand ist nicht überliefert, nicht einmal ein kleiner Kommentar.«

Einstein, der Erfinder – ein wenig bekanntes Kapitel. Gemeinsam mit dem genialen jungen ungarischen Physiker Leo Szilard entwickelt der Nobelpreisträger in Berlin einen geräuschlosen Kühlschrank. Davon werden zwar Prototypen gebaut, ein marktfähiges Produkt aber hat es aus verschiedenen Gründen nie gegeben. Doch darum geht es Einstein auch nicht: »Ein bisschen Technik dann und wann / auch Grübler amüsieren kann. Drum kühnlich denk ich schon so weit:/ Wir legen noch ein Ei zu zweit«, dichtet er für den Leiter eines Berliner Forschungslabors, mit dem er zusammenarbeiten will, um ein neuartiges Hörgerät zu entwickeln.

Jede Art der Anwendung technischer Ideen fasziniert ihn seit seiner Zeit im Berner Patentamt. Fast scheint es, als befasse er sich mit solchen Tüfteleien, um sich von den neuen wissenschaftlichen Hürdenläufen abzulenken, die vor ihm liegen. Denn allmählich stellt sich heraus, dass die Lehre von der Relativität zwar im Großen, im Universum, funktioniert, aber im Mikrokosmos der Atome keineswegs. Das Gedankengebäude der Quantenmechanik wird gerade errichtet. Als der junge Physiker und Vater dieser Theorie, Werner Heisenberg, der unter Allergien litt, im Frühjahr 1928 von Göttingen auf die Nordseeinsel Helgoland flieht, kommt ihm ein revolutionärer Gedanke: Wolle man messen, wie schnell sich ein Elektron um den Atomkern bewegt, könne man niemals gleichzeitig den Ort bestimmen, an dem es sich befindet. Umgekehrt könne man zwar den Ort feststellen, aber die Geschwindigkeit des Elektrons lasse sich nicht messen. In der subatomaren Welt müsse man mit statistischen Wahrscheinlichkeiten leben, mit einer »Unschärfe«, wie Heisenberg es nennt. Das ist nichts für Einstein. Zwar hatte er selbst revolutionäre Ideen, doch im Grunde seines Herzens war er nichts anderes als ein Klassizist der Wissenschaft. Mit einem Mangel an Gewissheit will er nicht leben: »Gott würfelt nicht«, so seine feste Überzeugung. Mit dem dänischen Quantenforscher Niels Bohr führt Einstein darüber eine erbitterte Auseinandersetzung und gerät immer mehr in die Randzonen der aktuellen Forschung.

Unterdessen hat der Börsenkrach im Oktober 1929 die Welt in eine beispiellose Rezession geführt. Die Arbeitslosenzahlen in Deutschland steigen dramatisch. Im selben Jahr kauft Einstein vor den Toren Berlins, in Caputh, ein Stück Land und lässt sich von dem Architekten Konrad Wachsmann ein modernistisches Holzhaus bauen, fern von der umtriebigen Stadt mit ihren Ablenkungen und dem nicht enden wollenden Besucherstrom. Sooft es geht, ist Einstein hier draußen, denkt, rechnet, schreibt, musiziert. Zum Templiner See sind es nur fünf Minuten. Endlich kann er sich seinen Traum vom eigenen Boot erfüllen, auf dem See allein sein. Seinem Sohn Eduard schreibt er, die Zeit auf dem Wasser sei »unvergleichlich majestätisch«. Schon vier Jahre später wird das Haus in Caputh von der Gestapo geplündert werden, Einstein längst ausgewandert sein und nie mehr an diesen so lieb gewonnenen Ort zurückkehren. Die Nationalsozialisten gewinnen 1930 nahezu ein Fünftel der Sitze im Reichstag. Straßenkämpfe zwischen Kommunisten und Nazis sind an der Tagesordnung, der liberalen Weimarer Republik, die seit 1919 besteht, wird bald die letzte Stunde schlagen. Hitlers immer aggressiver werdende Propaganda schiebt die Schuld an der deutschen Misere dekadenten Demokraten und geldgierigen Juden zu. Erneut kommt es zu Angriffen auf die »jüdische Physik«, der gefürchtete Professor Lenard hetzt gegen »ihren hervorragendsten Vertreter, den reinblütigen Juden Albert Einstein«. Es wird gefährlich in Deutschland, doch noch sieht Einstein das nicht. Im Dezember 1930 antwortet er auf die Frage, wie er die Zukunft der deutschen Politik beurteile und die Rolle Hitlers, der lebe ja vom leeren Magen Deutschlands und werde, sobald es mit der Wirtschaft wieder bergauf gehe, schnell vergessen sein.

Seit dem Sommer ist er abgelenkt durch Probleme mit seinem jüngeren Sohn Eduard, der in Zürich im ersten Jahr Medizin studiert. Psychiater will er werden, ausgerechnet. Sigmund Freuds Ideen haben es ihm angetan, mit der Psychoanalyse und ihren Methoden hat er sich eingehend beschäftigt. Albert Einstein hat für die Entscheidung seines Sohnes nichts als Unverständnis übrig. Freud, den er in Berlin getroffen hat, schätzt er später als Bundesgenossen im Kampf gegen den Krieg, doch seine Ideen nennt er »zweifelhaft«, seine Methoden gar »betrügerisch«. Eduard dagegen verehrt Freud wie einen Halbgott, hat über seinem Bett ein Foto des Meisters aus Wien aufgehängt. Jetzt, im zweiten Semester, auf dem Weg zum Ziel seines Lebens, überfällt ihn eine tiefe Depression. Höchst sensibel und anfällig war er von jeher. Er verkriecht, isoliert sich, geht nicht mehr zu den Vorlesungen. War es die enttäuschte Liebe zu einer älteren Frau, wie man annimmt? Einstein gibt ihm brieflich Ratschläge: »Beim Menschen ist es wie beim Velo. Nur wenn er fährt, kann er bequem die Balance halten.« Gemeint ist die Arbeit als Heilmittel, denn: »Selbst ein Genie wie Schopenhauer wurde zermürbt durch die Berufslosigkeit.«

Mileva versucht es vor Ort mit Gesprächen. Es nützt alles nichts.

Und Eduards Briefe an den Vater bestehen nur aus Hasstiraden. Mileva reist nach Berlin, um mit Einstein die Lage zu erörtern. Sie will den Sohn zu Hause pflegen. 1932 gibt sie auf und Eduard wird in die Zürcher Nervenklinik Burghölzli eingewiesen, Diagnose »Schizophrenie«. Tatsächlich hört er Stimmen, hält sie für real, Insulintherapie und Elektroschocks werden verordnet. Albert Einstein wird seinen Sohn noch ein einziges Mal sehen, 1933, bei einem kurzen Besuch in Zürich, schon vom belgischen Zwischenexil aus. Bei dieser Krankheit seines Sohnes versagen all seine Erklärungsmuster – für Einstein der Alptraum schlechthin. Ein Geist, der nicht mehr kontrollierbar, eine Krankheit, die nicht heilbar ist, machen ihm Angst. Das sei alles genetisch bedingt, sagt er und schiebt flugs die Bemerkung hinterher, die Neigung zu schweren psychischen Problemen stamme aus der Familie seiner ersten Frau.

7.
DIE SPÄTEN JAHRE: RUHM UND NARRENFREIHEIT

Ein weiteres Mal lenkt sich Einstein mit Reisen ab. In London ist er Ehrengast bei einem Wohltätigkeitsdinner für die osteuropäischen Juden, deren Schicksal ihm besonders am Herzen liegt. Der Ballsaal des Savoy-Hotels vibriert. Die Society Englands will ihn als Ikone sehen – den »jüdischen Heiligen«, wie er sich selbst spöttisch tituliert – und sich in seiner magischen Ausstrahlung sonnen. Baron Rothschild fungiert als Gastgeber, der damals berühmteste englische Schriftsteller George Bernard Shaw als eine Art Zeremonienmeister. Als sich Letzterer erhebt, hoch gewachsen und mit eindrucksvollem weißen Bart, wird es still im Saal: »Ptolemäus und Aristoteles, Kepler und Kopernikus, Galileo und Newton, Erdanziehung und Relativität, die moderne Astrophysik und weiß der Himmel was noch alles – darüber muss ich jetzt sprechen. Lassen Sie mich am besten alles in einem Satz zusammenfassen: Ptolemäus schuf ein Universum, das zweitausend Jahre hielt, Newtons Universum hielt dreihundert Jahre, Einstein hat ein Universum geschaffen, von dem Sie wahrscheinlich hören wollen, dass es nie enden wird – aber ich kann nicht sagen, wie lange es halten wird ... Jedenfalls ist er der größte Zeitgenosse.«

Ab 1930 reist dieser regelmäßig mit Elsa in die USA. Sie werden überall begeistert empfangen – New York, Chicago, San Diego, Pasadena. Jedes Mal erwarten ihn Tausende als Popstar der Wissenschaft. Zur Uraufführung seines Films »City Lights« lädt Charlie Chaplin das Paar nach Hollywood ein. Hunderttausende Schaulustige säumen die Straßen. Als sie ihn in Chaplins Limousine entdecken, geraten sie außer sich, woraufhin dieser zu Einstein meint: »Mir jubeln sie zu, weil mich jeder versteht, und Ihnen, weil Sie keiner versteht.« Für die Zeit der Reise vergisst Einstein die wachsenden Probleme in Deutschland (»Ich führe dieses Zigeunerleben auf meine alten Tage nicht aus angeborenem Drang, sondern auch wegen der wackeligen Verhältnisse im so genannten Vaterland«). Und natürlich überlegt er, wie es wohl wäre, künftig in den USA zu arbeiten.

Noch im Dezember 1932 bereitet Einstein das kommende Frühjahrssemester in Berlin vor, nimmt kleine Änderungen an Seminarplänen vor, trifft die eine oder andere Verabredung. Dann fahren Albert und Elsa hinaus nach Caputh, um das Haus winterfest zu machen. Es ist ein sonniger Tag, der See schimmert silbern durch die kahlen Äste im Garten. Das Boot liegt längst in Pleschs Bootsgarage in Gatow. Ruhig sagt Einstein zu seiner Frau: »Sieh's dir gut an. Du wirst es nie wiedersehen.«

Der Exodus hat begonnen. Mit dem Schiff geht es nach Pasadena. Einen Monat später ergreift Hitler die Macht. Nie wieder wird Albert Einstein deutschen Boden betreten. Dies erklärt er am 11. März 1933 in Amerika öffentlich, zwei Wochen später gibt er seinen Austritt aus der Preußischen Akademie der Wissenschaften und die Beendigung aller Verbindungen mit offiziellen deutschen Institutionen

Einstein und seine zweite Frau Elsa zusammen mit Charlie Chaplin bei der Premiere von »Lichter der Großstadt« (1931).

bekannt. Das Land hat seinen größten Geist vertrieben. Inzwischen hat die Gestapo das Haus in Caputh geplündert. Angeblich werden von Kommunisten versteckte Waffen dort gesucht, gefunden wird lediglich ein Brotmesser. Einstein ahnt, dass die Deutschen die braune Lawine nicht aus eigener Kraft werden aufhalten können. Vom britischen Southampton aus reisen die Einsteins auf der »Westernland«, einem amerikanischen Schiff, nach New York. Diesmal soll, so hat es Einstein verlangt, »kein Aufhebens« um seine Ankunft gemacht werden. Keine Cheerleader und johlenden Massen. Alles sollte so diskret wie möglich vonstatten gehen. Mit einer Barkasse werden Einstein, Elsa, Helene Dukas und der Assistent Walther Mayer zur Erledigung der Einreiseformalitäten direkt zur New Yorker Battery gebracht. Nach zweistündiger Autofahrt wartet in Princeton schon das neue »Institute for Advanced Study«, für dessen mathematischen Zweig Albert Einstein arbeiten wird. Dort genießt er nahezu totale Narrenfreiheit. Die Polizei bittet er, auch auf hartnäckige Nachfragen seine Adresse nicht herauszugeben.

Am 20. Dezember 1936, einen Monat vor ihrem 61. Geburtstag und ein Jahr nach ihrer Ankunft in Princeton, stirbt Elsa. Vier Wochen später schreibt ihr Mann an seinen Kollegen Max Born, den Tod seiner Frau erwähnt er nur nebenbei: »Habe mich in Princeton vortrefflich eingelebt und hause hier wie ein Bär in seiner Höhle. Diese Bärenhaftigkeit ist durch den Tod der mehr mit den Menschen verbundenen Kameradin noch gesteigert.« Später erzählt er dem jungen Archivar Gillet Griffin, er habe die Einsamkeit »vor allem als köstlich« empfunden. Ganz allein leben will er dennoch nicht, Frauen sollen ihn umsorgen. Der »Weise von Princeton«, wie er jetzt auch genannt wird, lebt mit Elsas Tochter Margot und seiner Sekretärin Helen Dukas unter einem Dach. 1939 wird seine geliebte Schwester Maja zu ihm ziehen.

Längst schon hat Einstein den Rang eines »elder statesman« der Forschung erreicht, doch seine wissenschaftliche Arbeit ist noch nicht ganz abgeschlossen. Zusammen mit den Physikern Banesh Hoffmann und Leopold Infeld gelingt es ihm, die Allgemeine Relativitätstheorie so zu erweitern, dass sie nun nicht nur Raum, Zeit und Gravitation beschreibt, sondern auch die Dynamik der Materie. Wer mit ihm arbeitet, kann jetzt mehr noch als zuvor erleben, dass er eher wie ein Künstler arbeitet, durchaus spielerisch, für alles offen und mit jenem »Blick des Kindes«, wie Henri Matisse ihn für sich in Anspruch nahm. Auch der Physiker Einstein baut auf seine Intuition und operiert mit Begriffen wie »Schönheit«. Damit, so weiß er inzwischen, lassen sich die Naturgesetze eher erfassen und beschreiben als mit Logik allein. Einen Sinn dafür zu haben – von einer natürlichen mathematischen Begabung abgesehen – macht den Unterschied aus. Das Ergebnis ist im besten Fall das, was Matisse eine – in seinem Fall optische – Beruhigung für das Gehirn genannt hat: bei ihm ein gelungenes Gemälde, bei Einstein eine besonders klare, kurze und damit schöne Formel.

Albrecht Fölsing erkennt noch eine andere Ursache für Einsteins außergewöhnliches Denken: »Dass es einfache Gesetze gibt und dass sie aufgefunden werden können, war ein tief verwurzelter Glaube von religiöser Identität, seine ›kosmische Religion‹. Er, der, abgesehen von einer kurzen pubertären Phase, mit der Vorstellung des persönlichen Gottes der jüdisch-christlichen Tradition nie etwas anzufangen wusste, hatte schon in jungen Jahren den Herrgott als Garanten für die Gesetzlichkeit der Natur bemüht. Klang das früher eher spielerisch, als wäre die Frage, wie Gott die Welt erschaffen habe, nur eine andere Ausdrucksweise dafür, dass die Suche nach Naturgesetzen ein sinnvolles Unterfangen sei, so verschob sich diese Metapher mit zunehmendem Alter zu einer Art heuristischem Prinzip, indem Einstein versuchte, selbst in die Rolle des Erschaffers der Welt und der Gesetze zu schlüpfen.« Einstein beschreibt es so: »Wenn ich eine Theorie beurteile, dann frage ich mich, ob ich, wenn ich Gott wäre, die Welt in dieser Weise eingerichtet hätte.«

Jeden Morgen wacht er mit diesem Gedanken auf. Sein eigentliches, hochgestecktes Ziel wird der Gigant nicht mehr erreichen können: die Weltformel zu finden, jene »Theorie von allem«, nach der noch drei Generationen später Forscher auf der ganzen Welt mit immer aufwendigeren Methoden suchen. In Princeton arbeitet Einstein, weitgehend isoliert von der wissenschaftlichen Gemeinschaft, an der Einheitlichen Feldtheorie. Sie soll schließlich zu jener Weltformel führen, indem sie alle physikalischen Kräfte in einer möglichst kurzen Gleichung verbindet. Aber Gottes Antlitz, in das er damit blicken will, verschließt sich. Und das ist bis heute so geblieben.

8.
DER FLUCH DER BOMBE

Im Juli 1939 wird Einstein, der nun seit vier Jahren in den USA lebt, jäh aus seinen Gedanken gerissen. Zwei Kollegen, Leo Szilard und Eugene Wigner, haben sich nach Long Island aufgemacht. Dort, in Nassau Point an der Great Peconic Bay, am östlichen Ende der Halbinsel, hat Einstein von einem gewissen Dr. Moore eine einfache Strandhütte gemietet und segelt jeden Tag in der geschützten Bucht. Die Physiker sind alarmiert: Es gibt Hinweise darauf, dass die Nazis an der Atombombe arbeiten. Im Jahr zuvor hatten Otto Hahn und Fritz Straßmann am Kaiser-Wilhelm-Institut in Berlin Urankerne gespalten, Lise Meitner hatte die theoretische Basis nachgeliefert und gezeigt, dass Einsteins Formel »$E = mc^2$« der Schlüssel zu dem gigantischen Freiwerden von Energie bei der Kernspaltung ist. Enrico Fermi mit Leo Szilard in New York und Frédéric Joliot-Curie in Paris haben diese Arbeiten weitergeführt und dabei eine entscheidende Entdeckung gemacht: Wenn man einen Urankern durch ein Neutron spaltet, werden wiederum zwei Neutronen frei. Auch diese können Uran spalten – die Kettenreaktion ist gefunden und kann die Zerstörungskraft einer Bombe ins Unendliche steigern. In einem 15-minütigen Gespräch erklären die Besucher Einstein den Stand der Dinge. Er, dem diese Zusammenhänge bisher vage bekannt sind, versteht sofort und zeigt sich zugleich höchst überrascht. Hatte er doch gerade erst in der »New York

Einstein in seinem Arbeitszimmer in Princeton.

Times« vorausgesagt, dass die Idee von der Nuklearenergie zu seinen Lebzeiten nicht mehr praktisch anwendbar sein würde. Was aber wollen die beiden Physiker an diesem schwülen Sommertag von ihm? Er soll einen Brief an die belgische Königin schreiben, mit der er befreundet ist und eine bisweilen rege Korrespondenz führt. In Belgisch-Kongo gibt es wichtige Uranvorkommen, auf die es die Amerikaner abgesehen haben. Sie wollen die Bombe bauen und damit den Nazis zuvorkommen. Das Schreiben wird verfasst, zwar nicht an die Königin selbst, aber an die belgische Regierung. Doch kurze Zeit später, nach Rücksprache mit einem engen Berater des amerikanischen Präsidenten, wird daraus ein Brief an Franklin D. Roosevelt. Einstein ruft diesen darin auf, alles zu tun, um möglichst schnell eine amerikanische Bombe zu bauen, schneller als die Deutschen es können. Denn, so heißt es in dem Brief, »eine einzige Bombe dieser Art, auf einem Schiff befördert oder in einem Hafen explodiert, könnte sehr wohl den ganzen Hafen zusammen mit Teilen des umliegenden Gebiets zerstören«.

Ein Nazideutschland, das mit einer solchen Waffe in der Hand die zivilisierte Welt unterjocht, ist für jeden denkenden Menschen eine Horrorvorstellung. Die Grausamkeit eines solchen Krieges – ganz gleich, von wem die Bombe eingesetzt wird – kann sich Einstein sehr wohl klarmachen. Aber in diesem Moment hat er keine Wahl, er unterschreibt. Hitler und Mussolini haben zwei Monate zuvor einen Pakt geschlossen: Europa solle faschistisch werden, um jeden Preis. Am 1. September 1939 werden Hitlers Truppen in Polen einfallen. Der Zweite Weltkrieg nimmt seinen Lauf. Noch zwei Jahre wird es dauern, dann fällt der Startschuss für das größte Forschungsvorhaben aller Zeiten: das »Manhattan Project« zum Bau der amerikanischen Bombe. Die besten Wissenschaftler werden in den Geheimlabors von Los Alamos in New Mexico versammelt. Einstein ist nicht dabei. Er beobachtet nur, wie sich sein Institut in Princeton langsam leert und die Kollegen eine mysteriöse Postadresse in Santa Fe, New Mexico, hinterlassen. Den Behörden ist er höchst suspekt, er gilt als Sicherheitsrisiko. Seit er amerikanischen Boden betreten hat, bespitzelt ihn das FBI unter dem fast paranoiden Chef J. Edgar Hoover. Dieser hegt den Verdacht, Einstein sei Kommunist und spioniere für die Sowjetunion. 1427 Seiten umfasst eine inzwischen veröffentlichte Akte, die nicht nur Einsteins Aktivitäten in den USA minuziös auflistet – vom Privatleben bis zu seinen pazifistischen Äußerungen –, sondern auch sein Vorleben in Deutschland.

Im März 1945 kommen den Physikern, die in Los Alamos dabei sind, ihre Arbeiten an der Bombe erfolgreich zu beenden, erste Bedenken. Was wird mit ihrem Teufelswerkzeug geschehen? Deutschland steht kurz vor der Niederlage – von dort ist keine Gefahr mehr zu erwarten, die Superwaffe wird nicht mehr kommen. Wie also soll eine amerikanische Atombombe eingesetzt werden? Und was geschieht nach dem Krieg? Schließlich ist die neue Kategorie der Bedrohung nicht mehr aus der Welt zu schaffen. Einstein hat darüber nicht weiter nachgedacht. Leo Szilard ist derjenige, den das alles am meisten umtreibt. Noch einmal will er das Bewusstsein des Präsidenten für die epochalen Gefahren schärfen. Er besucht Einstein und bittet ihn erneut um einen Brief an Roosevelt – schließlich hatte der Präsident auch zuvor auf dessen Rat gehört. Der Brief wird geschrieben und mit dem Vermerk »persönlich« an Roosevelt geschickt. Unter anderem steht darin: »Die Schweigepflicht, unter der Dr. Szilard gegenwärtig arbeitet, verbietet es ihm, mich über seine Arbeiten zu unterrichten. Ich habe jedoch erfahren, dass er gegenwärtig eine große Sorge hat, und zwar über den Mangel ausreichender Kontakte zwischen den Wissenschaftlern, die in dieser Arbeit stehen, und den für die Formulierung politischer Richtlinien verantwortlichen Mitgliedern Ihres Kabinetts. Unter diesen Umständen sehe ich es als meine Pflicht an, Herrn Dr. Szilard diese Einführung zu geben, und möchte die Hoffnung aussprechen, dass Sie seiner Darstellung der Angelegenheit Gehör schenken mögen. Ihr sehr ergebener Albert Einstein.« Keine explizite Warnung vor den Folgen der Bombe, kein besonderes Engagement. Nicht mehr als unbedingt notwendig. Ohnehin wird Roosevelt diese Zeilen nicht mehr lesen, er stirbt am 12. April. Einsteins Brief wird ungeöffnet auf seinem Schreibtisch gefunden und an Präsident Truman weitergeleitet, der ihn dem designierten Außenminister James F. Byrnes übergibt. Dann kommt es in einem »Interimskomitee« zu Gesprächen zwischen Forschern und Politikern. Man sieht jedoch »keine annehmbare Alternative zu dem direkten militärischen Einsatz« der Bombe.

Den Sommer verbringt Einstein am Sagaponac Lake, der See ist ein ideales Segelrevier. Aber Einstein arbeitet auch, seine Sekretärin Helen Dukas ist mitgereist. Am frühen Nachmittag des 6. August, als Einstein nach dem Mittagessen ruht, hört sie Radio. Die Meldung in den Nachrichten ist knapp formuliert: Über der japanischen Stadt Hiroshima sei von den Amerikanern eine neuartige Bombe abgeworfen worden. Sie sagt es Einstein, als er aufwacht und nach einem Tee verlangt. Seine Reaktion ist noch knapper als die Nachricht: »O weh, das war's!« Drei Tage später folgte der Abwurf einer Plutoniumbombe über Nagasaki. Am 12. August gibt Einstein in der »New York Times« zu Protokoll: »Ich habe an der Entwicklung der Atombombe nicht mitgearbeitet, nicht im Geringsten.«

Damit hatte er Recht. Aber es arbeitet in ihm: Hätte er den Brief an Roosevelt 1939 wirklich schreiben sollen? Als dieser veröffentlicht wird, geht er sofort in Verteidigungsstellung: Er habe ihn einzig und allein deshalb geschrieben, weil er die Entwicklung einer deutschen Bombe fürchtete. Dann wieder versucht er, mit Logik und Nüchternheit zu argumentieren und sich auf diese Weise selbst zu beruhigen. Er kommt zu der eher absurden Aussage: »Ich glaube nicht, dass die Zivilisation durch einen Krieg mit Atomwaffen ausgelöscht würde. Vielleicht würden zwei Drittel der Erdbevölkerung getötet. Aber es blieben genug geistig fähige Menschen und genügend Bücher für einen Neuanfang übrig, und die Zivilisation könnte wiederhergestellt werden.« Und dennoch wird Albert Einstein in den Jahren bis zu seinem Tod nichts so sehr beschäftigen wie die Sorge, die Menschheit vor einer atomaren Katastrophe zu bewahren.

Wissenschaftlich kommt Einstein gegen Ende seines Lebens nicht mehr weiter. Dafür engagiert er sich immer mehr politisch – gegen die Rüstung, für die Schwarzen, die unter der Rassentrennung zu leiden haben. Für das FBI Gründe genug, Einstein in den USA fast lückenlos zu überwachen und seine Umgebung von Agenten aushorchen zu lassen. Den »Weisen von Princeton« selbst zu befragen wagen die FBI-Leute denn doch nicht. 1940 wird Einstein amerikanischer Staatsbürger, bleibt aber gleichzeitig Schweizer. Der amerikanischen Navy ist er immerhin gut genug, sie beim Einsatz hochexplosiver Sprengstoffe zu beraten. Die optimale Zündung von Torpedos ist sein Thema und er genießt wieder einmal die damit verbundene Tüftelarbeit, die mit 25 Dollar pro Tag entlohnt wird. Im Übrigen, so scherzt er, sei er »der Einzige in der Navy, der sich nicht die Haare schneiden lassen muss«.

Natürlich sind die kleinen Arbeiten im Auftrag der Marine kein Ersatz für eine Beteiligung an dem epochalen »Manhattan Project«. Insgeheim schmerzt es ihn, dass man ihn nicht darum gebeten hatte.

Aber das Leben geht weiter auf seiner »Schicksalsinsel«, wie er Princeton nennt, »auf die kaum die wirren Stimmen des menschlichen Kampfes dringen«. Die Einsamkeit des Steppenwolfs bleibt. Robert Oppenheimer, der bald »Vater der Atombombe« genannt wird und das »Institute for Advanced Study« als Leiter übernimmt, sieht Einstein fast täglich, wenn dieser in seinem Arbeitszimmer in der »Fine Hall« nach der Weltformel sucht und eine große Schultafel mit Formeln und Berechnungen vollkritzelt. »Einstein war der freundlichste Mensch, den ich gekannt habe«, erinnert er sich später. »Ich hatte den Eindruck, dass er sehr allein war. Viele große Männer sind einsam. Aber bei ihm hatte ich den Eindruck, dass, obwohl er ein loyaler Freund war, die tieferen menschlichen Gefühle keinen zentralen Raum in seinem Leben einnahmen.«

Auch mit sich selbst ist und bleibt er hart, obwohl das Herz ihm Schwierigkeiten macht, Magen, Darm und Leber angegriffen sind. Ärztliche Behandlung lehnt er im Wesentlichen ab, in die Hände der »Quacksalber, die in den seltensten Fällen über exaktes Wissen verfügen«, begibt er sich nur im Notfall. Meist erst im letzten Moment lässt er sich, in stoischer Ruhe, in eine Klinik einweisen und operieren. »Die alte Maschine«, wie er den Körper nennt, auf den er jahrzehntelang nicht geachtet hat, beginnt sich zu rächen. Aber ein Teil seiner Beschwerden ist eindeutig psychosomatischer Natur. Hiroshima und wenige Tage später Nagasaki – der Einsatz der furchtbarsten Waffe, die die Menschheit je gekannt hat, macht ihm zu schaffen. Und das Bewusstsein, dass diese Waffe wohl für immer in der Welt sein wird, steigert dieses Gefühl noch. Immer wieder habe er ganz konkret mit seiner Rolle gehadert, mit der Tatsache, dass er den Brief an Roosevelt geschrieben hat, berichten Mitarbeiter später.

Als Leo Szilard, Initiator des Briefes, kurz nach dem Abwurf der Bombe nach Princeton kommt, findet er Einstein grübelnd in seinem Arbeitszimmer vor. Der Schreibtisch ist mit Papieren bedeckt, mit Formeln zur Einheitlichen Feldtheorie beschrieben. Dazwischen Pfeifenasche, Tabakkrümel, ein halb voller Becher mit Haferschleim. Lange sagt Einstein nichts, beachtet Szilard kaum, dreht sich lediglich eine Locke über der Stirn. Dann erklärt er: »Ich glaube, dass die alten Chinesen Recht hatten. Es ist nicht möglich, alle Konsequenzen des eigenen Handelns vorauszusehen. Deshalb beschränkt sich der Weise auf die Kontemplation.« Hätte er den Elfenbeinturm nur nicht verlassen. Dass seine Entdeckung, die Formel als Ergebnis seiner Kontemplation, für das Dilemma mitentscheidend gewesen ist, weil sie die Grundlagen dazu geliefert hat, will der »Weise von Princeton« nicht wahrhaben. »Warum haben Sie an der Erzeugung der Atombombe mitgewirkt?«, wollte der Chefredakteur der größten japanischen Zeitung »Kaizo« wissen. Einsteins Antwort: »Ich war mir der furchtbaren Gefahr wohl bewusst, die das Gelingen dieses Unternehmens für die Menschheit bedeutete. Aber die Wahrscheinlichkeit, dass die Deutschen am selben Problem mit Aussicht auf Erfolg arbeiten dürften, hat mich zu diesem Schritt gezwungen. Es blieb mir nichts anderes übrig, obwohl ich stets ein überzeugter Pazifist gewesen bin. Töten im Krieg ist nach meiner Auffassung um nichts besser als gewöhnlicher Mord.«

Das Kontradiktorische in diesem Charakter, an diesem Leben, das Tragische darin – hier ist es noch einmal zum Greifen nahe. Als ihn Antonina Vallentin, die scharfe Beobachterin aus Berliner Zeiten, 1948 noch einmal in Princeton besucht, entgeht ihr Einsteins Zustand nicht: »Die erschütterndste Veränderung ist mit seinen Augen vor sich gegangen. Ihr Umkreis ist umgeben von einem wie angesengten Braun, das in große violette Ringe übergeht, die bis zu den Wangen reichen. Die Augäpfel sind in die tiefen Höhlen gesunken, aber nichts hat den blitzenden Blick, dieses unlöschbare dunkle Feuer anzugreifen vermocht. Wohl ist das bleiche Gesicht von innen her verzehrt.« Eine tragische Gestalt erkennt sie in ihm, obwohl sein Humor noch vorhanden ist. »Aber sein Lachen ist kurz und wie ausgetrocknet. Es kommt nicht mehr aus voller Kehle, es ist nur ein Lachen der Lippen, das sich selbst überlebt hat.«

Albert Einstein setzt sich ab dem Ende des Krieges mehr und mehr für die Idee einer Weltregierung ein. Sie soll Rüstungskontrollen durchsetzen und eine internationale Friedensstreitmacht aufstellen.

Zusammen mit Thomas Mann und prominenten Amerikanern unterschreibt er eine Erklärung, in der sie fordern: »Wir müssen eine Verfassung der Welt, das heißt eine wirksame weltweite internationale Ordnung, anstreben, die uns hilft, einen Atomkrieg zu verhüten.« Die Charta der Vereinten Nationen, am 26. Juni 1945 von 51 Staaten unterzeichnet, reiche dafür nicht aus und werde sich als »tragische Illusion« erweisen. Am 10. Dezember wird Einstein in einer Rede in New York sagen: »Der Krieg ist gewonnen – aber nicht der Friede.« Das klingt wie ein Motto, unter dem seine letzten zehn Lebensjahre stehen. Mit Argusaugen beobachtet er jetzt das vehement einsetzende Wettrüsten und den mit immer neuen Drohgebärden der Großmächte beginnenden Kalten Krieg. Er rechnet mit dem Schlimmsten und verliert zunehmend den einst so tief in ihm verwurzelten Glauben an die Menschheit: »Wenn aber alle Bemühung nicht hilft, und die Menschen in Selbstzerstörung enden, so wird ihnen der Kosmos keine Träne nachweinen.«

1946 wird das »Emergency Committee of Atomic Scientists« gegründet, mit Einstein als Vorsitzendem. Die Großmächte, so fordert er offen, sollten in Sachen Atomwaffen zusammen statt gegeneinander arbeiten. Nur so sei eine Katastrophe zu vermeiden. Die Bombe in den Händen aller – unglaublich! Solche Vorstellungen gelten als zutiefst antiamerikanisch und machen Einstein abermals verdächtig. Wird er aufgrund seiner guten Beziehungen zu den Atomforschern womöglich Geheimnisse an andere weitergeben? Die Behörden geraten erneut in Panik. Was das FBI inzwischen mit ihm anstellt, grenzt an eine Hexenjagd. Hoover will ihn am liebsten ausbürgern und des Landes verweisen. Inzwischen ist auch der »Kommunistenjäger« Joseph McCarthy auf dem Plan und wird für ein halbes Jahrzehnt die Atmosphäre in Amerika vergiften. Angesichts der als »Committees« bezeichneten Tribunale, die Senator McCarthy veranstalten lässt, schreibt Einstein in einem offenen Brief an einen dort vorgeladenen Lehrer: »Jeder Intellektuelle, der vor eines der Committees vorgeladen wird, müsste jede Aussage verweigern, d. h. bereit sein, sich einsperren und wirtschaftlich ruinieren zu lassen, kurz, seine persönlichen Interessen den kulturellen Interessen des Landes zu opfern. Wenn sich genug Personen finden, die diesen harten Weg zu gehen bereit sind, wird ihnen Erfolg beschieden sein. Wenn nicht, dann verdienen eben die Intellektuellen dieses Landes nichts Besseres als die Sklaverei, die ihnen zugedacht ist.«

Er fordert zum zivilen Ungehorsam auf: »Ich sehe offen gestanden nur einen Weg der Verweigerung der Zusammenarbeit, im Sinne Gandhis.« Selbst die großen Zeitungen des Landes wenden sich jetzt gegen den Physiker. Die Lage ist prekär, aber Albert Einstein führt den Kampf gegen das atomare Wettrüsten unbeirrt weiter. Die Ereignisse überschlagen sich. Der Präsident regt den Bau einer Wasserstoffbombe an. Diese soll unendlich größere Zerstörungskraft besitzen als die bis dahin entwickelten Atomwaffen. Seine Kollegen in Princeton arbeiten bereits an diesem Konzept. Robert Oppenheimer versammelt die erfahrensten Kollegen um sich – von Enrico Fermi bis Edward Teller. Einstein weiß, was im Konferenzraum über seinem Büro vor sich geht, aber er spricht nicht mit den Kollegen darüber, ist längst isoliert. Stattdessen wendet er sich am 12. Februar 1950, zum ersten Mal über das neue Medium Fernsehen, an die amerikanische Nation. Er wird jetzt sehr konkret: »Die Wasserstoffbombe erscheint am Horizont der Öffentlichkeit als wahrscheinlich erreichbares Ziel. Ist sie erfolgreich, so bringt sie radioaktive Verseuchung der Atmosphäre und damit die Vernichtung alles Lebendigen auf der Erde in den Bereich des technisch Möglichen. Das Gespenstische dieser Entwicklung liegt in ihrer scheinbaren Zwangsläufigkeit. Jeder Schritt erscheint als unvermeidliche Folge des vorangehenden. Als Ende winkt immer deutlicher die allgemeine Vernichtung.«

Aus diesen Gedanken geht später, kurz vor Einsteins Tod am 18. April 1955, sein eigentliches Vermächtnis hervor, jenes Manifest, das er gemeinsam mit dem Philosophen Bertrand Russell verfasste und das zur Grundlage der weltweiten Friedensbewegung wurde. Ebenso wie bei seinen Zielen in der Physik hatte Einstein den Kampf gegen das Wettrüsten bis zum Schluss nicht aufgegeben.

ANHANG

Die Autoren

GERO VON BOEHM
Geboren 1954 in Hannover, hat mehr als sechzig Dokumentarfilme aus den Bereichen Kultur und Wissenschaft gedreht und sich damit einen internationalen Ruf als Autor und Regisseur erworben. Er porträtierte Persönlichkeiten wie Henri Matisse, Alberto Giacometti, Henry Moore, David Hockney, Balthus, den Architekten I. M. Pei und Schauspieler wie Maximilian Schell, Armin Mueller-Stahl und Isabella Rossellini. Für das ZDF realisierte er die Sendereihen *Odyssee 3000, Paläste der Macht* und *Giganten*. Für Arte produziert er das Kulturmagazin *Metropolis*. Seit April 2002 moderiert er bei 3SAT die Interviewreihe *Gero von Boehm begegnet ...* Er lebt in Paris.

HERMANN GLASER
Geboren 1928 in Nürnberg. Studium der Germanistik, Anglistik, Geschichte und Philosophie in Erlangen und Bristol (Dr. phil.). Nach Schuldienst von 1964 bis 1990 Schul- und Kulturdezernent der Stadt Nürnberg. Mitglied des PEN, Honorarprofessor für Kulturvermittlung der TU Berlin. Autor zahlreicher kultur- und geisteswissenschaftlicher Bücher. Zuletzt erschienen: *Kleine Kulturgeschichte Deutschlands im 20. Jahrhundert* (2002), *Wie Hitler den deutschen Geist zerstörte. Kulturpolitik im Dritten Reich* (2005), *Die 50er Jahre. Deutschland zwischen 1950 und 1960* (2005).

INGO HERMANN
Geboren 1932 in Bocholt/Westfalen. Studium der Theologie, Religionsgeschichte und Pädagogik in Münster, Innsbruck und München (Dr. theol.). Redakteur beim WDR, Redaktionsleiter beim ZDF bis 1997. Seit 1997 freier Rundfunk-, Fernseh-, Presse- und Buchautor. Fernsehgespräche u. a.

mit Jean Améry, Rudolf Arnheim, Bruno Bettelheim, Walter Dirks, Hans Jonas, Richard von Weizsäcker. Arbeitsschwerpunkte: Theologiegeschichte, Medien, Religionsgeschichte, Geschichte des 18. Jahrhunderts. Letzte Buchveröffentlichung: *Hardenberg. Der Reformkanzler* (2003).

HANS HELMUT HILLRICHS
Geboren 1945 in Barsinghausen am Deister/Niedersachsen. Studium der Germanistik, Psychologie und Philosophie in Göttingen und Mainz. Seit Dezember 1977 beim ZDF; von 1994 bis 2005 Leitung der Hauptredaktion Kultur und Wissenschaft, einem der größten Programmbereiche des Senders. Er etablierte zahlreiche neue Dokumentationsreihen auf dem geisteswissenschaftlichen und naturwissenschaftlichen Sektor. Autor und Herausgeber zahlreicher Veröffentlichungen zu kulturgeschichtlichen Themen und Medienfragen. Für den Hoffmann und Campe Verlag zusammen mit Gisela Graichen Herausgabe des Buches *Und weil sie nicht gestorben sind. Briefe an Märchenfiguren*; für die dtv-Reihe »Kleine Philosophie der Passionen« verfasste er den Band *Pilze sammeln*.

HANS-CHRISTIAN HUF
Geboren 1956 in Starnberg. Studierte Geschichte und Politik in Deutschland und Frankreich. Beim ZDF verantwortlich für zahlreiche erfolgreiche Primetime-Reihen sowie historisch-politische und kulturwissenschaftliche Sendungen. Seine Bücher sind Bestseller und wurden in zahlreiche Sprachen übersetzt. Zuletzt erschienen: *Söhne der Wüste. Expeditionen in die Stille* (2002), *Mit Gottes Segen in die Hölle. Der Dreißigjährige Krieg* (2003), *Imperium. Vom Aufstieg und Fall großer Reiche* (2004), *Das Bibelrätsel. Geheimnisse der Heiligen Schrift* (2005), *Imperium II. Vom Aufstieg und Fall großer Reiche* (2006).

GÜNTHER KLEIN
Geboren 1956 in Flensburg. Studierte evangelische Theologie, Kunstgeschichte und Journalistik in München, Wien, Berlin und Mainz. Seit 1983 ist er als Autor und Regisseur bei verschiedenen Sendern tätig und hat seitdem etwa 60 Dokumentationen und Fernsehfilme realisiert. Seit 1991 ist er Redaktionsleiter der IFAGE-Filmproduktion in Wiesbaden. Für das Fernsehspiel *Eifel* wurde er mit der Belobigung des Europäischen Fernsehpreises ausgezeichnet. Die 13-teilige Reihe *2000 Jahre Christentum,* deren Gesamtleitung er übernahm, erhielt den Bayerischen Fernsehpreis. Für die Reihe *Imperium* zeichnet er für Idee und Gestaltung verantwortlich.

Literatur- und Quellenverzeichnis

MARTIN LUTHER

Luther, Martin: Briefe von der Wartburg, Eisenach 1991
Bott, Gerhard (Hrsg.): Martin Luther und die Reformation in Deutschland, Frankfurt 1983
Diwald, Hellmut: Luther. Eine Biographie, Bergisch-Gladbach 2003
Herrmann, Horst: Martin Luther. Eine Biographie, Berlin 2003
Läpple, Alfred: Martin Luther. Leben, Bilder, Dokumente, München 1982
Lilje, Hanns: Luther, Reinbek 2003
Loewenich, Walther von: Martin Luther. Der Mann und das Werk, München 1983
Lorenz, Ludwig: Luther im Urteil deutscher Dichter und Denker, Altenburg 1917
Lortz, Joseph: Die Reformation in Deutschland, 6. Aufl., Freiburg 1982
Mayer, Hans: Martin Luther. Leben und Glaube, Gütersloh 1982
Schorlemmer, Friedrich: Hier stehe ich. Martin Luther, Berlin 2003
Sichelschmidt, Gustav: Der deutsche Prophet. Versuch über Luther, Starnberg 1983
Wartburg-Stiftung: Wartburg-Jahrbuch 1996. Sonderband, Eisenach 1996
Wessel, Klaus: Luther auf der Wartburg, Eisenach 1955
Zahrnt, Heinz: Martin Luther in seiner Zeit, für unsere Zeit, München 1983
Zeller, Reimar: Luther wie ihn keiner kennt, Freiburg 1982

JOHANN WOLFGANG VON GOETHE

Bertaux, Pierre: Gar schöne Spiele spiel ich mit dir. Zu Goethes Spieltrieb, Frankfurt am Main 1986
Conrady, Karl Otto: Goethes Leben und Werk, Königstein 1980 u. ö.
Damm, Sigrid: Christiane und Goethe, Frankfurt am Main 1998 ff.
Eissler, Kurt R.: Goethe. Eine psychoanalytische Studie 1775–1786, Detroit 1963 (deutsche Ausgabe Basel 1983–1985)
Friedenthal, Richard: Goethe – sein Leben und seine Zeit, 9. Aufl., München 1995
Goethe, Johann Kaspar: Die Reise durch Italien, 1745 (deutsche Ausgabe 1986)
Kühn, Paul: Die Frauen um Goethe. 2 Bde., Leipzig/Salzburg 1949
Safranski, Rüdiger: Schiller oder die Erfindung des deutschen Idealismus, München 2004
Staiger, Emil: Goethe. 3 Bde., Zürich 1970–1979

ALEXANDER VON HUMBOLDT

Humboldt, Alexander von: Reise in die Äquinoktial-Gegenden des Neuen Kontinents, hrsg. von Ottmar Ette, 2 Bde., Frankfurt am Main 1991
Humboldt, Alexander von: Ansichten der Natur, mit wissenschaftlichen Erläuterungen, Frankfurt am Main 2004
Alexander von Humboldt. Netzwerke des Wissens, hrsg. von der Kunst- und Ausstellungshalle der Bundesrepublik Deutschland, Berlin/Bonn 1999
Beck, Hanno (Hrsg.): Gespräche Alexander von Humboldts, Berlin 1959
Beck, Hanno: Alexander von Humboldt, 2 Bde.; Bd. 1: Von der Bildungsreise zur Forschungsreise 1769–1804, Wiesbaden 1959; Bd. 2: Vom Reisewerk zum »Kosmos« 1804–1859, Wiesbaden 1961
Biermann, Kurt R. (Hrsg.): Alexander von Humboldt. Aus meinem Leben. Autobiographische Bekenntnisse, München 1987
Biermann, Kurt R./Schwarz, Ingo: »Sibirien beginnt in der Hasenheide« – Alexander von Humboldts Neigung zur Moquerie, in: Internationale Zeitschrift für Humboldt-Studien, II, 2 (2001)

Botting, Douglas: Alexander von Humboldt – Biographie eines großen Forschungsreisenden, München 2001

Faak, Margot (Hrsg.): Alexander von Humboldt. Reise auf dem Río Magdalena, durch die Anden und Mexico; Teil I: Texte. Aus seinen Reisetagebüchern. Mit einer einleitenden Studie von Kurt-R. Biermann, Berlin 1986 (Beiträge zur Alexander-von-Humboldt-Forschung, Bd. 8)

Feist, Werner: Alexander von Humboldt 1769–1859. Das Bild seiner Zeit in 200 zeitgenössischen Stichen, Wuppertal 1978

Kehlmann, Daniel: Die Vermessung der Welt, Hamburg 2005

Kessler, Herbert (Hrsg.): Die Dioskuren. Probleme in Leben und Werk der Brüder Humboldt, Mannheim 1986

Krätz, Otto: Alexander von Humboldt – Wissenschaftler Weltbürger Revolutionär, München 1997

Meyer-Abich, Adolf: Alexander von Humboldt, Reinbek 1967

Nelken, Halina: Alexander von Humboldt. Bildnisse und Künstler. Eine dokumentierte Ikonographie, Berlin 1980

Pfeiffer, Heinrich (Hrsg.): Alexander von Humboldt. Werk und Weltgeltung, München 1969

Rübe, Werner: Alexander von Humboldt. Anatomie eines Ruhms, München 1988

Schleucher, Kurt: Alexander von Humboldt, Berlin 1988

Scurla, Herbert: Alexander von Humboldt, Berlin 1955

Taylor, Bayard: An Hour with Humboldt. The Living Age, Bd. 52, Nr. 664 (14. Februar 1857), S. 40–403 (Übers. des Autors nach dem Exemplar der Cornell University Library)

Terra, Helmut de: Alexander von Humboldt und seine Zeit, Wiesbaden 1959

Ludwig van Beethoven

Ludwig van Beethoven. Sämtliche Briefe, hrsg. von Emerich Kastner, Leipzig 1910

Ludwig van Beethoven. Tagebuch, hrsg. von Sieghard Brandenburg, Mainz 1990

Ludwig van Beethoven. Briefwechsel. Gesamtausgabe in 8 Bänden, hrsg. von Sieghard Brandenburg, München 1996

Ludwig van Beethoven. Briefe, hrsg. von Wolfgang Müller, Stuttgart o. J.

Adorno, Theodor W.: Beethoven. Philosophie der Musik, Fragmente und Texte, Fragment gebliebene Schriften, Bd. 1, hrsg. von Rolf Tiedemann, Frankfurt am Main 1993

Bekker, Paul: Beethoven, Berlin 1916

Benz, Richard: Goethe und Beethoven, Stuttgart 1948

Bloch, Ernst: Das Prinzip Hoffnung, Bd. 1–3, Frankfurt am Main 1959

Buch, Esteban: Beethovens Neunte. In Etienne François und Hagen Schulze (Hrsg.): Deutsche Erinnerungsorte, Bd. 3, München 2001

Cadenbach, Rainer: Mythos Beethoven (Ausstellungskatalog), Laaber 1986

Canisius, Claus: Beethoven. Sehnsucht und Unruhe in der Musik. Aspekte zu Leben und Werk, München 1992

Dahlhaus, Carl: Ludwig van Beethoven und seine Zeit, Laaber 1987

Engelhardt, Günter: Zwei große Geister, einander fremd und fern. Ludwig van Beethoven trifft Johann Wolfgang von Goethe. In: Rheinischer Merkur, 15. Dezember 1996

Franken, Franz Hermann: Zuweilen tief seufzend. Krankheit und Tod Ludwig van Beethovens. In: Frankfurter Allgemeine Zeitung, 3. November 1979

Freud, Sigmund: Der Dichter und das Phantasieren. In: Sigmund Freud. Studienausgabe, Bd. 10, hrsg. von Alexander Mitscherlich u. a., Frankfurt am Main 1969

Geck, Martin: Ludwig van Beethoven, Reinbek 1996

Grillparzer, Franz: Sämtliche Werke, hrsg. von Albert Zipper. Fünfter Band, Leipzig o. J.

Hermand, Jost: Beethoven, Werk und Wirkung, Köln 2003

Herttrich, Ernst: Ludwig van Beethoven. Eine Biographie in Bildern, Bonn 2000

Hildebrandt, Dieter: Die Neunte. Schiller, Beethoven und die Geschichte eines musikalischen Welterfolgs, München 2005

Irmen, Hans-Josef: Beethoven und seine Zeit, Zülpich 1998

Kaiser, Joachim: Ludwig van Beethoven. In: Süddeutsche Zeitung, 12./13. Dezember 1970

Kämpken, Nicole/Ladenburger, Michael: Alle Noten bringen mich nicht aus den Nöthen. Beethoven und das Geld (Ausstellungsbegleitbuch), Bonn 2005

Kropfinger, Klaus: Beethoven. Kassel, Basel u. a. 2001

Kunze, Stefan u. a. (Hrsg.): Ludwig van Beethoven. Die Werke im Spiegel seiner Zeit. Gesammelte Konzertberichte und Rezensionen bis 1830, Laaber 1987

Küster, Konrad: Beethoven, Stuttgart 1994

Mann, Thomas: Doktor Faustus. Das Leben des deutschen Tonsetzers Adrian Leverkühn erzählt von einem Freunde (1947), Frankfurt am Main 1981

Marcuse, Herbert: Über den affirmativen Charakter der Kultur. In: Kultur und Gesellschaft I, Frankfurt am Main 1965

Nettl, Paul: Beethoven und seine Zeit, Frankfurt am Main 1958

Nietzsche, Friedrich: Werke I-V, hrsg. von Karl Schlechta, Frankfurt am Main/Berlin/Wien 1979

Riethmüller, Albrecht/Dahlhaus, Carl/Ringer, Alexander L. (Hrsg.): Beethoven. Interpretationen seiner Werke, Laaber 1994

Riezler, Walter: Beethoven, Zürich 1990

Robbins Landon, H. C.: Ludwig van Beethoven. Leben und Werk in Zeugnissen der Zeit, Ostfildern 1995

Sadie, Stanley/Latham, Alison: Das Cambridge Buch der Musik, Frankfurt am Main 1994

Schiller, Friedrich: Philosophische Schriften und Dichtungen, Berlin o. J.

Schmidt-Görg, Joseph: Ludwig van Beethoven. In Hermann Heimpel u. a. (Hrsg.): Die großen Deutschen. Deutsche Biographien, Bd. 2, Gütersloh 1978

Sloterdijk, Peter: Die schöne Politik und der hohe Ton. Nicht Konsensus, sondern Enthusiasmus. Überlegungen zum Ideenhimmel von Beethovens Neunter Symphonie. In: Frankfurter Allgemeine Zeitung, 4. Oktober 2000

Solomon, Maynard: Beethoven. Eine Biographie, München 1979

Solomon, Maynard: Beethovens Tagebuch 1812–1818, Bonn 1990

Ulm, Renate (Hrsg.): Die 9 Symphonien Beethovens. Entstehung, Deutung, Wirkung, München/Kassel 1994

Sigmund Ffreud

Freud, Sigmund: Studienausgabe in zehn Bänden, Frankfurt am Main 1969

Freud, Sigmund: Unser Herz reist nach dem Süden. Reisebriefe 1895–1923, hrsg. von Christfried Tögel, Berlin 2002

Behling-Fischer, Katja: Zu Tisch bei Sigmund Freud, Wien 2000

Bodenheimer, Aron Ronald (Hrsg.): Freuds Gegenwärtigkeit. Zwölf Essays, Stuttgart 1989
Brenner, Charles: Grundzüge der Psychoanalyse, Frankfurt am Main 1976
Freud, Anna: Das Ich und die Abwehrmechanismen, München 1971
Gardiner, Muriel (Hrsg.): Der Wolfsmann vom Wolfsmann. Mit der Krankengeschichte des Wolfsmannes von Sigmund Freud, dem Nachtrag von Ruth Mack Brunswick und einem Nachwort von Anna Freud, Frankfurt am Main 1972
Gay, Peter: Freud. Eine Biografie für unsere Zeit, Frankfurt am Main 1989
Glaser, Hermann: Sigmund Freuds zwanzigstes Jahrhundert. Seelenbilder einer Epoche, Frankfurt am Main 1979
Goldschmidt, Georges-Arthur: Als Freud das Meer sah. Freud und die deutsche Sprache, Zürich 1999
Jones, Ernest: Das Leben und Werk von Sigmund Freud. 3 Bde., Bern/Stuttgart 1960–1962
Jordan, Stefan/Wendt, Gunna: Lexikon Psychologie. Hundert Grundbegriffe, Stuttgart 2005
Matt, Peter von: Literaturwissenschaft und Psychoanalyse, Stuttgart 2001
Mitscherlich, Alexander und Margarete: Die Unfähigkeit zu trauern. Grundlagen kollektiven Verhaltens, München 1967
Mitscherlich, Alexander und Margarete: Die Idee des Friedens und die menschliche Aggressivität. Vier Versuche, Frankfurt am Main 1969
Pethes, Nicolas/Ruchatz, Jens (Hrsg.): Gedächtnis und Erinnerung, Ein interdisziplinäres Lexikon, Reinbek 2001
Tögel, Christfried: Freud für Eilige, Berlin 2005

Albert Einstein

Einstein, Albert: The Meaning of Relativity, Princeton 1953
Einstein, Albert/Marić, Mileva: Am Sonntag küss' ich dich mündlich, München 1994
Einstein, Albert: The World as I See It, New York 2000
Brian, Denis: Einstein. A Life, New York 1996
Calaprice, Alice (Hrsg.): The Expanded Quotable Einstein, Princeton 2000
Dukas, Helen/Hoffmann, Banesh: Albert Einstein. The Human Side, Princeton 1979

Flückiger, Max: Albert Einstein in Bern, Bern 1972
Fölsing, Albrecht: Albert Einstein, Frankfurt am Main 1993
Highfield, Roger/Carter, Paul: The Private Lives of Albert Einstein, London 1993
Michelmore, Peter: Einstein. Profile of the Man, New York 1962
Plesch, Janos: Janos. Ein Arzt erzählt sein Leben, München 1949
Schulmann, Robert u. a.: The Collected Papers of Albert Einstein. Bd. 8, Princeton 1998
Stachel, John (Hrsg.): The Collected Papers of Albert Einstein. Bde. 1/2, Princeton 1989
Vallentin, Antonia: Das Drama Albert Einsteins. Eine Biographie, Stuttgart 1955
Zackheim, Michele: Einstein's Daughter, New York 1999

Namensregister

Adenauer, Konrad 49
Adler, Alfred 257 f., 304
Agricola, Johann 38
Albrecht von Brandenburg 29
Albrechtsberger, Johann Georg 195
Amenda, Karl 182
Amsdorf, Nikolaus von 38
Andreas-Salomé, Lou 262
Anna Amalia (v. Sachsen-Weimar-Eisenach) 100
Anna, hl. 42
Anschütz-Kaempfe, Hermann 307 f., 310
Antonini, Faustina 90 f.
Arago, Dominique François Jean 166
Aristoteles 150, 313
Arndt, Ernst Moritz 49
Arnim, Bettina von 203 ff., 216 f.
Augstein, Rudolf 84
Axthelm, Lena Louise 96

Bach, Johann Baptist 191
Bach, Johann Sebastian 187, 286
Baker, Josephine 304
Balkenhol, Stephan 83
Bauer, Karl 53
Beckmann, Max 304
Beethoven, Johann van 191 ff.
Beethoven, Johanna van 181, 206, 209
Beethoven, Karl van 191, 206, 208 f.
Beethoven, Kaspar Karl van 181, 184, 192, 202, 206
Beethoven, Ludovica 209
Beethoven, Ludwig Maria van 192
Beethoven, Ludwig van 177–219, 286, 301
Beethoven, Ludwig van (der Ältere) 191
Beethoven, Maria Magdalena 191 ff.
Beethoven, Nikolaus Johann 184, 192, 206
Behrisch, Ernst Wolfgang 105

Bekker, Paul 210, 218
Bell, Alexander Graham 282
Bergson, Henri 276
Berlepsch, Hans von 54
Bernays, Minna 265
Bernstein, Aaron 277, 283
Bertaux, Pierre 92
Berthollet, Claude-Louis 166
Bertuch, Friedrich Justin 114
Besso, Anna 292
Besso, Michele 292, 294
Biermann, Kurt R. 136 f., 143
Bigot, Marie 202
Bloch, Ernst 196, 214
Blumenbach, Johann Friedrich 146
Bohr, Niels 311
Bonpland, Aimée 135, 138, 155–158, 161 f., 166, 173
Born, Max 316
Börne, Ludwig 85
Böttiger, Karl August 84
Brandt, Willy 34
Brecht, Bertolt 304
Brentano, Antonie 204 f.
Brentano, Clemens 203
Brentano, Franz 205
Breuning, Eleonore von 182, 194, 201
Breuning, Helene von 182, 194
Breuning, Stephan von 201
Brion, Friederike 90, 105
Brod, Max 280
Brunsvik, Josephine 204
Brunsvik, Minona 204
Brunsvik, Therese 204
Buch, Esteban 211

Buff, Charlotte 90, 106
Busch, Fritz 212
Byrnes, James F. 321

Caletta, N. N. 90
Campe, Joachim Heinrich 142
Carl August (v. Sachsen-Weimar-Eisenach) 77, 95, 111, 116, 122
Carter, Paul 296
Carus, Carl Gustav 234
Cassirer, Ernst 304
Chaplin, Charlie 314 f.
Charcot, Jean Martin 224, 261
Chirico, Giorgio de 179
Chodowiecki, Daniel 142
Cisneros, Francisco Ximenes de 59
Conrady, Karl Otto 102, 124
Cook, James 147
Corinth, Lovis 33
Cotta, Ursula 42
Coudenhove-Kalergi, Richard Nikolaus von 213
Cranach, Lucas 13, 39, 47, 50, 52, 55, 66, 71
Crick, Francis 112
Czerny, Carl 194

Dalí, Salvador 259
Damm, Sigrid 108, 116
Darwin, Charles 133
Delambre, Jean-Baptiste 166
Deuticke, Franz 237
Diderot, Denis 164
Dix, Otto 304
Dohm, Christian Wilhelm 142
Dörpfeld, Wilhelm 230

Dressler, Christoph   194
Dukas, Helene   316, 321

Eban, Abba   272
Eckermann, Johann Peter   108, 124, 164
Eddington, Arthur   300
Edison, Thomas Alva   282
Ehrenfest, Paul   301
Eigen, Manfred   94
Einstein, Albert   243, 271–326
Einstein, Eduard   269, 300, 303, 311 ff.
Einstein, Elsa   298 f., 301 f., 307, 314 ff.
Einstein, Hans Albert   294 f., 297, 302, 308 f.
Einstein, Hermann   282, 284, 290
Einstein, Jakob   282, 290
Einstein, Maja   287, 290, 292, 316
Einstein, Mileva   279, 293–298, 303, 312 f.
Einstein, Pauline   284, 289 f.
Eissler, Kurt   84, 86, 88, 90, 92, 109
Elisabeth von Thüringen, hl.   46
Ender, Eduard   135
Erasmus von Rotterdam   58
Euklid   286

Faak, Margot   159
Falk, Johannes   94
Fanta, Bertha   280
Fechner, Gustav Theodor   235
Fermi, Enrico   318, 326
Fichte, Johann Gottlieb   110
Fichtl, Paula   264

Fiennes, Joseph   37
Fischer, Cäcilie   193
Fischer, Gottfried   193 f.
Flückiger, Max   269
Fölsing, Albrecht   284, 310, 317
Fontane, Theodor   139 f.
Forster, Georg   147 f.
Francia, José Gaspar de   173
Franz II. Joseph Karl (Kaiser d. Hl. Röm. Reiches)   196
Freud, Adolfine   232
Freud, Amalie   233 f.
Freud, Anna   232, 264
Freud, Eva   259
Freud, Jacob   232, 238
Freud, Julius   232
Freud, Maria   232
Freud, Martha   237, 264
Freud, Pauline Regine   232
Freud, Sigmund   188, 223–267, 304, 312
Friedenthal, Richard   115, 120
Friedrich II. (v. Preußen, »der Große«)   48, 129
Friedrich III. (v. Sachsen, »der Weise«)   20 f., 38
Friedrich Wilhelm II. (v. Preußen)   139
Friedrich, Caspar David   234
Froben, Johann   58
Furtwängler, Wilhelm   213

Galilei, Galileo   313
Gardiner, Muriel   246
Gay, Peter   238
Gay-Lussac, Joseph Louis   166
Geck, Martin   206

Gehrke, Ernst 306
Gerbel, Nicolaus 38, 40
Giannatasio, Fanny del 191
Giovanni, Agostino di 90
Glaser, Hermann 232
Glover, Friedrich 85
Goebbels, Joseph 213
Goethe, Alma 124
Goethe, Cornelia 109
Goethe, Johann Kaspar 91
Goethe, Johann Wolfgang von 23, 45 f., 48, 77–125, 127, 129, 149, 151 f., 164, 167, 174, 188, 190, 204, 214, 216–219, 227, 234, 301, 303
Goethe, Julius August Walter 114, 123
Goethe, Ottilie 124
Goethe, Walter 124
Goethe, Wolfgang 124
Griffin, Gillet 316
Grillparzer, Franz 175, 180 f., 212
Grimm, Jacob 234, 242, 246
Grimm, Wilhelm 95, 234, 242, 246
Gropius, Walter 304
Grossmann, Marcel 293
Guicciardi, Giulietta von 202
Günther, Wilhelm Christoph 117

Haber, Fritz 301
Hackert, Friedrich 90
Haeften, Reinhardt von 152 f.
Hahn, Otto 318
Hartmann, Eduard von 235
Harvey, Thomas 274
Haydn, Joseph 195, 198

Hegel, Georg Wilhelm Friedrich 18, 234
Heine, Heinrich 65, 85
Heisenberg, Werner 112 f., 311
Herder, Johann Gottfried 48, 98
Herder, Karoline 104
Herz, Henriette 143
Herz, Marcus 143
Hieronymus, hl. 58
Highfield, Roger 296
Hirschfeld, Magnus 304
Hitler, Adolf 72, 210, 213, 312, 314, 320
Hof, Walther 103, 114
Hofbauer, Johann 209
Hoffmann, Banesh 316
Hölderlin, Friedrich 216, 234
Holz, Karl 187
Homer 228
Honrath, Jeanette d' 201
Hoover, J. Edgar 320, 325
Horney, Karen 262
Hugo, Victor 223
Huizinga, Johan 94
Humboldt, Alexander Georg von 139
Humboldt, Alexander von 129–174, 283
Humboldt, Marie Elisabeth von 139
Humboldt, Wilhelm von 140, 147, 164, 227
Hume, David 278
Hus, Jan 15
Hüttenbrenner, Anselm 181

Infeld, Leopold 316

Jagemann, Caroline 110
Jean Paul 265
Jefferson, Thomas 163
Jesus Christus 12, 21, 26, 51, 59, 64 f., 105, 215, 288
Johann von Staupitz 24
Johannes (Evangelist) 37, 57
Joliot-Curie, Frédéric 318
Jonas, Justus 38
Joseph II. (Kaiser d. Hl. Röm. Reiches) 196
Joyce, James 274
Jung, Carl Gustav 258

Kalb, Johann August Alexander von 97, 99
Kant, Immanuel 121, 188, 190, 214 f., 219, 278, 289 ff., 301
Karl V. (Kaiser d. Hl. Röm. Reiches) 20
Karlstadt, Andreas 55
Kauffmann, Angelika 90
Kaulbach, Wilhelm von 284
Kehl, Klaus 98
Kehlmann, Daniel 132
Kepler, Johannes 313
Kessler, Harry Graf 305 f.
Kestner, Johann Christian 106
Klebelsberg, Graf 77
Klein, Günther 125
Klemperer, Otto 212
Klimt, Gustav 178, 203
Klinger, Max 178 f.
Klopstock, Friedrich 84
Knebel, Carl Ludwig 98
Kopernikus, Nikolaus 313

Körner, Christian Gottfried 97, 120
Kotzebue, August von 84
Kraus, Karl 258
Kunth, Gottlieb Johann Christian 142

Lalande, Joseph Jérôme 166
Lamarck, Jean-Baptiste de 166
Lange, Friedrich Albert 237
Laplace, Pierre Simon 166
Lavater, Johann Casper 100
Lenard, Philipp von 306, 312
Lengefeld, Caroline und Charlotte von 118
Leo X. (Papst) 30
Lessing, Gotthold Ephraim 227
Levetzow, Amalia von 77
Levetzow, Amalie von 77 f.
Levetzow, Bertha von 77
Levetzow, Ulrike von 77 f., 80 f., 123
Lichnowsky, Karl 195
Lind, N. N. 188
Lips, Johann Heinrich 115
Liszt, Franz 289
Lotze, Rudolph Hermann 235
Löwenthal, Margot 316
Luder, Hans 40
Ludwig XVI. (von Frankreich) 121
Lukas (Evangelist) 12
Luther, Elisabeth 46
Luther, Martin 11–74

Mach, Ernst 292
Magalhães, Fernão de 61

Malfatti, Johann 203
Mann, Thomas 91, 178, 213, 221, 259, 325
Marc, Franz 284
Marcuse, Herbert 199
Maria Ludovica Beatrice (Kaiserin d. Hl. Röm. Reiches) 218
Maria, hl. 21
Marić, Lieserl 296 f., 303
Marie Bonaparte (Prinzessin v. Griechenl. u. Dänemark) 262
Matisse, Henri 317
Matt, Peter von 254
Max Franz zu Köln (Kurfürst) 187
Maximilian I. (Kaiser d. Hl. Röm. Reiches) 20
May, Karl 132
Mayer, Walther 316
McCarthy, Joseph 325
Meitner, Lise 318
Melanchthon, Philipp 38, 52, 56 f.
Mentel, Johannes 58
Meyer, Conrad Ferdinand 9
Michelangelo 27
Mitscherlich, Alexander 248
Mitscherlich, Margarete 249
Molière 164
Moore, N. N. 318
Moritz, Karl Philipp 90
Moses (Prophet) 59
Mozart, Wolfgang Amadeus 187, 190, 193, 198, 289
Mussolini, Benito 320

Napoleon I. (Bonaparte) 129, 139, 155, 164, 218
Neefe, Christian Gottlob 194, 216
Neesen, Joseph 189
Nernst, Walther 301
Newton, Isaac 112 f., 274, 277, 300, 306, 313 f.
Nicolai, Georg 301
Nietzsche, Friedrich 19, 212 f., 235, 276

Oppenheimer, Robert 323, 326

Paulus (Apostel) 17, 26, 64, 67
Peter der Große (Zar) 32
Pfeiffer, Tobias 193
Pfitzner, Hans 212
Picasso, Pablo 274, 286
Pinkerneil, Beate 108
Planck, Max 301
Plesch, Janos 286, 289, 314
Plinius der Ältere 146
Proust, Marcel 276
Ptolemäus 313 f.

Rasumowsky, André 200
Rathenau, Walther 307
Reinhardt, Max 304
Riemer, Friedrich Wilhelm 95
Ries, Ferdinand 194, 201, 203
Ries, Franz Anton 194
Rochlitz, Friedrich 200
Rolland, Romain 213
Röntgen, Wilhelm 301
Roosevelt, Franklin D. 319, 321 ff.

Rosenberg, Alfred   212
Rothschild, Baron von   313
Rousseau, Jean-Jacques   216
Russell, Bertrand   272, 326

Salieri, Antonio   195
Salomo (Prediger)   290
Schaden, Josef Wilhelm   190
Schelling, Friedrich Wilhelm von   226
Schiller, Charlotte von   118
Schiller, Friedrich von   97, 118–122, 129, 149, 151, 188, 190, 199, 210, 212, 214, 216, 219, 227, 236, 260, 303
Schindler, Anton   187, 190
Schliemann, Heinrich   228, 230 f.
Schmid, Julius   215
Schönberg, Arnold   304
Schönemann, Anna Elisabeth (Lili)   90, 106 f.
Schönkopf, Käthchen   104 f., 109
Schopenhauer, Arthur   312
Schubert, Franz   187
Schur, Max   259
Schuren, Elias von der   215
Sebbers, Ludwig   79
Seckendorff [Familie]   97
Seidel, Philipp   87, 115
Seifert, Johann   170
Shakespeare, William   254 f.
Shaw, George Bernard   313
Sloterdijk, Peter   214, 266
Sokrates   215
Solomon, Maynard   193, 198, 204
Sophokles   227, 252 f.
Spalatin, Georg   38, 52

Spann, Franz von   84
Spann, Martin   84
Spinoza, Baruch   278
Stein, Charlotte von   87, 91, 97 f., 100, 102 ff., 108, 114, 122
Stein, Friedrich von   91, 100
Stein, Fritz von   102
Stieler, Joseph Karl   197
Stolberg, Graf Wolfgang zu   52
Straßmann, Fritz   318
Stritetz, Joseph Deym von   204
Suchart, Günter   46
Szilard, Leo   310, 318, 321, 323

Teller, Edward   326
Thales von Milet   149
Tischbein, Johann Heinrich Wilhelm   89 f.
Tögel, Christfried   230
Trippel, Alexander   90
Truman, Harry S.   321

Vallentin, Antonina   324
Vermeer, Jan   286
Voigt, Christian Gottlob   110
Volkert, Andreas   32
Voltaire   164
Voß, Johann Heinrich   228
Vulpius, Christiane   95, 97, 101–104, 108, 113 ff., 117 f., 122, 217
Vulpius, Ernestine   115

Wachsmann, Konrad   311
Wagner, Cosima   211
Wagner, Richard   37, 46, 211 f., 289
Walter, Bruno   212

Watson, James 112
Weckherlin, Jakob Friedrich 119
Wegeler, Franz Gerhard 182, 191, 194, 202
Weill, Kurt 304
Wellington, Arthur Wellesley 139, 218
Werner, Abraham Gottlob 149 f., 172
Westerholt, Maria Anna von 202
Weyland, Paul 306
Wigner, Eugene 318
Willdenow, Carl Ludwig 143
Willemer, Johann Jacob von 107 f.
Willemer, Marianne von 107 ff.
Willmann, Magdalena 202
Winand von Diedenhofen 24
Winckelmann, Johann Joachim 227
Winteler, Jost 292
Winteler, Paul 292
Winteler, Pauline 292

Zackheim, Michele 296
Zahn, Wilhelm 95
Zelter, Carl Friedrich 123
Zimmermann, Johann Georg 100
Zweig, Stefan 259

Ortsregister

Aachen 190
Aarau 291
Acapulco 162
Altenburg 38
Amazonas 157
Ansbach 151
Antisana 161
Athen 229
Auerstedt 117
Augsburg 190

Bad Steben 151
Bad Teplitz 205, 217 f.
Baden 203
Basel 58
Bayreuth 151 f.
Berlin 129, 139, 142 f., 151, 163 f., 167–170, 172 f., 195, 212, 244, 247, 250, 262, 273, 282, 289, 299, 302, 304–307, 310–314, 318, 324
Bern 269, 275, 282, 296, 298 f., 310

Bogotá 159 f.
Bologna 28
Bonn 164, 182, 185, 188, 190, 192–195, 202, 206, 215
Bordeaux 163
Brindisi 230

Caputh 311, 314, 316
Caracas 157
Cartagena 159
Cartago 160
Chemnitz 194
Chicago 314
Chimborazo 130, 161, 165
Coburg 35
Como 296
Cotopaxi 161
Cumana 154, 157

Dresden 195, 211
Düsseldorf 164

Eisenach 12, 42

Eisleben 35, 70
Erfurt 11, 14, 27, 41–44, 70

Frankenhausen 68
Frankfurt am Main 106, 108
Frankfurt an der Oder 142
Freiberg (Mähren, heute Příbor) 232
Freiberg (Sachsen) 148, 150, 152, 172

Gatow 314
Genf 163
Gerbermühle 108
Göttingen 144, 146, 311
Guayaquil 162

Havanna 163
Heidelberg 294
Heiligenstadt 184 f., 192, 196
Helgoland 311
Higuerote 136
Hiroshima 321, 323
Hollywood 314
Honda 159

Ilmenau 87, 110
Innsbruck 87

Jena 81, 95, 99, 110, 116 ff., 120, 152

Karlsbad 80, 87, 205, 217
Kickelhahn 123
Kiel 307 f.
Köln 193, 201
Königsberg 164, 290

Konstanz 15
Korfu 230
Kuba 143, 158 ff., 173

La Coruña 163
La Rochelle 138
Leipzig 92, 104 f., 178, 187, 217, 237
Lima 162
Linz 206
London 247, 251, 264, 304, 307, 313
Los Alamos 320
Löwen 191
Lüttich 192

Madrid 156, 160
Mailand 291
Mansfeld 41 f., 44
Marienbad 77 f., 80 f., 123
Maypures 136
Mecheln 191
Mekka 155
Möhra 40
Moskau 244
München 87, 244, 282, 287, 290 f.
Münster 190

Nagasaki 322 f.
Nassau Point 318
Neapel 90 f.
New York 232, 246, 296, 314, 316, 318, 325
Novi Sad 296 f.
Nürnberg 61

Oranienburg 140
Orinoco 130, 133–136, 138, 142, 154 f., 157, 163

Paestum 90 f.
Palermo 91
Paris 138, 147 f., 163 ff., 167 ff., 224, 247, 307 f., 318
Pasadena 314
Petersburg 244, 247
Philadelphia 163
Pichincha 161
Pico de Teide 154
Pompeji 91
Potsdam 169
Prag 195, 280, 298
Princeton 272, 287, 316, 318 ff., 322 ff., 326
Principe 300

Quindiu 160
Quito 159, 161 f.

Radebeul 133
Rio Magdalena 159
Rom 17, 19 f., 26 f., 61, 88 ff., 228, 240 f.
Rudolstadt 118, 120

San Diego 314
Santa Fe 320
Seefeld 87
Sesenheim 105
Sevilla 61
Sibirien 129, 170
Sizilien 91, 103

Smyrna 170
Southampton 316
Spandau 140
Straßburg 40, 58, 78, 105
Stuttgart 118, 120

Talsen 182
Tegel (Schloss) 139 f., 164
Teneriffa 154
Theben 252
Theresienstadt 232
Treblinka 232
Troja 228, 231

Ulm 282

Veracruz 163
Verdun 307
Versailles 148, 310

Wartburg 12, 19, 22 ff., 31 f., 35, 37, 45 f., 51, 56 f., 61 f., 67, 74
Weimar 78, 81, 88, 96–99, 103, 109–112, 114, 117 f., 120–123, 151 f., 164, 212, 217
Wetzlar 106
Wien 164, 178, 180, 182, 185 f., 188, 190 f., 194 ff., 198 ff., 202, 204, 206, 210, 224, 232, 234, 237, 244 f., 312
Wittenberg 15, 24 f., 30, 35, 38, 44, 50, 52, 54 f., 57, 62, 73 f.
Worms 14, 19, 61

Zürich 291 f., 294, 298, 312 f.
Zwickau 52

Bildnachweis

Die Bilder aus dem Luther-Kapitel stammen von Günther Klein.
Archiv der Berlin-Brandenburgischen Akademie der Wissenschaften: S. 135
Archiv für Kunst und Geschichte, Berlin: S. 93, 203
Artothek: S. 89
Beethoven Haus, Bonn: S. 183, 189, 197, 207, 211, 215
Albrecht Fuchs: S. 83
Goethe-Museum, Frankfurt: S. 119, 141
Klassik Stiftung, Weimar: S. 111
Museum der bildenden Künste, Leipzig: S. 179
Ullstein Bild, Berlin: S. 6, 79, 101, 123, 131, 145, 149, 171, 225, 229, 233, 239, 245, 251, 259, 263, 273, 275, 281, 295, 299, 309, 315, 319

Die Abbildungen auf S. 155 und 165 stammen aus dem Buch »Ansichten der Kordilleren und Monumente der eingeborenen Völker Amerikas« von Alexander von Humboldt (Frankfurt am Main 2004).

Wir danken allen Rechteinhabern für die Erlaubnis zum Abdruck der Abbildungen. Trotz intensiver Bemühungen war es nicht möglich, alle Rechteinhaber zu ermitteln. Wir bitten diese, sich an den Verlag zu wenden.

Hans-Christian Huf (Hg.)
Imperium II

Vom Aufstieg und Fall großer Reiche

Mit zahlreichen farbigen Abbildungen
336 Seiten. Gebunden mit Schutzumschlag.
ISBN-13: 978-3-471-79537-8 | ISBN-10: 3-471-79537-5

Das chinesische Kaiserreich, das russische Zarenreich, das Reich der Osmanen und das Deutsche Kaiserreich – all diese Imperien waren nach einer Zeit der beeindruckenden Machtentfaltung dem Untergang geweiht. Die Geschichte vom Ende der großen Imperien ist auch eine Geschichte gewaltiger Katastrophen. Es scheint, als hätten die großen Imperien zu Beginn des 20. Jahrhunderts eine Schwelle erreicht, die sie nicht überwinden konnten. Was waren die Gründe hierfür? Welche Faktoren haben zum Entstehen der Imperien beigetragen und welche zu ihrem Niedergang? Kenntnisreich und spannend zeichnen Hans-Christian Huf und sein Autorenteam die Geschichte dieser Großreiche nach und zeigen Ursachen für ihren Erfolg wie ihr letztendliches Scheitern auf.

Angelika Overath, Manfred Koch, Silvia Overath
Genies und ihre Geheimnisse

100 Biographische Rätsel

208 Seiten. Gebunden mit Schutzumschlag
ISBN-13: 978-3-471-78310-8 | ISBN-10: 3-471-78310-5

Von Alfred Andersch bis Oscar Wilde, von Hannah Arendt bis Ludwig Wittgenstein, von Louis Armstrong bis Billy Wilder – Geheimnisse hatten sie alle. In unterhaltsamen Rätseln werden die kleinen Schwächen der großen Genies vorgestellt. »Genies und ihre Geheimnisse« ist eine Bildungsreise der ungewöhnlichen Art, eine Zusammenstellung unerwähnter Besonderheiten: ob Aberglaube oder Hypochondrie, ob Genusssucht, Geltungsdrang oder geradezu rührende Schüchternheit im Verhältnis zum anderen Geschlecht. Die Eigenheiten der historischen Berühmtheiten werden lebendig, und damit die menschliche Seite dieser Geistesgrößen.

»Dieses Buch steckt voller Überraschungen, weil es Geheimnisse lüftet über die Abgründe, Schrullen und Peinlichkeiten berühmter Persönlichkeiten.«

Stern